북한과 국제정치

2018년 6월 30일 초판 1쇄

공저 김태진·송태은·유재광·이중구·이택선·장기영·조은정·차태서
펴낸곳 (주)늘품플러스 펴낸이 전미정 책임편집 최효준 디자인·편집 윤종욱 정윤혜 최하영
출판등록 2011년 5월 17일 제300-2011-91호 주소 서울 중구 퇴계로 182 가락회관 6층
전화 070-7090-1177 팩스 02-2275-5327 이메일 go5326@naver.com 홈페이지 www.npplus.co.kr

ISBN 979-11-88024-12-4 93300 정가 15,000원

이 저서는 2016년 대한민국 교육부와 한국연구재단의 지원을 받아 수행된 연구임(NRF-2016-S1A3A2924409).

 늘품은 항상 발전한다는 순수한 우리말입니다.

북한과 국제정치

—

김태진·송태은·유재광·이중구·이택선·장기영·조은정·차태서
공저

늘품플러스

Contents

제2부 북한문제의 현황과 해법

서문

북한과 국제정치

―

차태서

북한문제, 나아가 남북한의 분단과 통일문제는 이 땅에서 국제정치를 연구하는 거의 모든 이들에게 일종의 천형(天刑)과도 같은 사안이다. 자신이 공부하는 구체적 주제가 무엇이건 간에 상관없이 한국의 국제정치학자들은 끊임없이 사활적인 안보적 긴장을 양산하는 분단문제에 천착할 수밖에 없다. 그런 점에서 저마다 상이한 관심사로 박사학위논문을 작성한 젊은 연구자들이 모여 함께 2년간 세미나 모임을 갖기로 했을 때, <북한과 국제정치>라는 토픽을 정하게 된 것은 어쩌면 당연한 결과였을 수도 있다. 머리 위를 무겁게 짓누르며 전쟁과 평화라는 본질적 문제를 제기하는 북한이슈를 국제정치학자로서 회피할 수 있는 길을 찾는다는 것은 처음부터 불가능한 일이었다. 특히 한반도를 둘러싼 국가 간의 치열한 외교전이 작년부터 빠르게 급물살을 타며 반전에 반전을 거듭하고 있는 상황은 매달 서울대학교 사회과학대학에 모여 진행해온 우리들의 논의에 더더욱 생동감과 무게감을 더하는 것이었다.

　이 책은 크게 역사와 현재를 담은 두 개의 부분으로 구성되어 있다. 제1부 '북한문제의 역사적 전개'는 북한이슈의 과거를 다룬 네 편의 논문을 담고 있다.

　제1장 '신체정치 계보에서 보는 북한 유기체 국가론: 생명, 국가, 그리고 정치적인 것'(김태진)은 마르크스주의에서의 신체은유, 헤겔의 유기체론, 근대초극론에서 나타나는 교토학파의 신체론, 19세기 독일의 유기체설과 그 수용으로서의 메이지 시기의 국가유기체설, 동양의 전통적 신체정치 담론, 기독교를 경유한 신학적 삼위일체론 등과의 비교를 통해 북한의 통치담론을 역사적으로 검토하고자 한다. 이들 비교를 통해서 볼 때, 북한에서의 수령론과 사회정치적 생명체론은 역사적으로 보자면 이질적 논의들이 뒤섞여 새로운, 하지만 전혀

낯설지만은 않은 통치담론을 만들어 냈다. 역사적인 비교를 통해 필자가 내린 결론은 다음과 같다. 이는 첫째 시간적 차원에서 생명체의 삶과 죽음의 문제와 관련된다. 즉 사회생명체라는 집단적 신체(body politic) 내의 계승문제와 관련해서 통치권의 영속성이 요청되는 과정에서 생명의 논리가 등장한다. 그러나 이는 단순히 계승문제에 한정되는 것이 아니라 보다 큰 나로서, 공동체로서의 국가의 생명의 영속성을 부여하게 하는 논리 속에 자리한다. 둘째 내부적 차원에서 수령론이 제기하는 삼위일체론은 지배의 정당성 문제에 답한다. 즉 권력의 공간적 측면에서 보자면 뇌수가 온몸을 지배하듯이 수령이라는 최고 뇌수는 영도자로서 생명체인 인민을 지도하고, 당은 신경으로서 이 둘을 결속시키는 역할을 한다. 그러나 이는 수령 개인의 절대적 통치를 절대화하는 방식이 아니라, 이론적으로나마 한 몸을 이루는 집단적 신체를 구성함으로써 운명적 공동체 관계를 상기시킨다. 셋째 대외적 차원에서 집단적 생명은 대외적으로 자주적 가치를 강조하며 방역의 논리를 구성한다. 외부와 절대적으로 독립해서 밖으로부터의 안을 보호하고 지켜야 하는 원리를 강조한다. 내부적으로는 서로 분리될 수 없지만 바깥에 대해서는 절대적으로 독립성, 자주성을 지켜야 생명을 유지할 수 있다는 논리다. 그리고 이 세 차원의 문제가 하나로 연결되어 내부적으로 하나로 결속된 집합은 이로써 외부와 대적할 수 있으며, 영속 가능한 생명을 얻어, 이를 통해 '전체로서의 영생'이 가능하다는 수령 중심의 사회정치적 생명론이 구성된다.

제2장 '미국과 소련의 한반도 정책과 한국전쟁의 발발: 공격적 현실주의의 시각을 중심으로'(이택선)는 국제 체제적 요소를 강조하는 공격적 현실주의를 이론적 틀로 하고 미국과 소련의 1차 문서를 사용하여, 1945년 8월부터 1950년 6월 한국전쟁까지의 미국과 소련의 대 한반도 정책을 재구성하였다. 미국의 고립주의적 전통과 동원해

제령, 그리고 유럽 집중 전략이 낳은 책임 전가와 소련의 국가안보보장을 위한 지역패권 추구에 의해 한반도에 전쟁발발 가능성이 가장 높은 불균형적 다극체제가 형성되었으며 한국전쟁으로 이어지게 되었다는 것이 본 연구의 주장이다. 1945년 8월부터 1946년 12월까지 미국은 고립주의와 동원해제령에 따라 소련과의 협상을 통해 한반도에서 철수하려고 하였다. 생존을 위해 동북아시아 지역의 패권을 추구하고 있었던 소련 역시 미국과의 타협을 통해 한반도에 대한 지배권을 확보하고자 하였다. 그러나 1947년부터 미국은 중국 대륙의 공산화로 인해 소련에 맞서 세력균형을 이룩해야만 하게 되었다. 유럽에 집중하고 있었던 미국은 책임을 전가할 국가들을 찾았지만 중국과 일본은 이를 수행할 수 없었다. 미국은 미소공동위원회 결렬 이후에 국제연합으로 한반도 문제를 이관시켜 책임을 전가했지만, 한편으로는 1947년 7월부터 1948년 8월까지 약 1년 동안 한국의 국가건설을 지원해주었다. 미국이 유럽에 계속 집중함으로써 1948년 8월 이후부터 1950년 6월까지 미국의 한반도 정책은 군사적 봉쇄가 아닌 경제적, 이념적 봉쇄였다. 그러나 소련이 중국과 함께 북한에 대한 군사지원을 증가시킴으로써 1949년 9월부터 남과 북의 군사력의 균형이 무너졌고, 한반도에는 전쟁 발발 가능성이 가장 높은 불균형 다극체제가 성립되었다. 결국, 한국전쟁이 발생하여 소련이 동북아시아를 지배할 가능성이 커지게 되었지만, 이는 미국의 국가이익과 배치되었고 더 이상 책임전가 전략을 택할 수 없게 된 미국이 적극적인 봉쇄정책을 실시하게 됨으로써 한국전쟁은 전면적인 국제전으로 확대되었다.

제3장 'KEDO의 해체와 북한 핵에너지 정책의 방향전환: 국제적 핵통제 긍정론에서 국제적 핵통제 부정론으로'(이중구)는 북한의 평화적 핵활동이 국제적인 핵통제를 거부하는 것으로 언제 변화되었으며, 그 변화요인이 무엇인지를 탐구했다. 이를 위하여 북한의 평화적 핵활동

담론을 국제적 핵통제 긍정론과 국제적 핵통제 부정론으로 구분하고, 각 논의의 담론적 표현방식(언표)을 파악하였다. 그에 따르면, 국제적 핵통제 긍정론은 북미합의 내에서 얻어질 경수로와 북한의 평화적 핵활동 권리를 제시하는 방식으로 표현되어 왔으며, 국제적 핵통제 부정론은 북미합의 밖의 "자립적 핵동력 공업"과 NPT 내에서도 인정받지 못하는 일부 국가의 평화적 핵활동 문제를 언급하는 것으로 표출되어 왔다. 북한 노동당의 정책담론 상의 평화적 핵활동 담론의 추이를 국제적 핵통제 긍정론과 부정론 구분을 기준으로 보면, 북한의 평화적 핵활동 담론은 제네바합의문이 체결된 1994년부터 국제적 핵통제 긍정론 위주로 뚜렷이 진행되었으나, 2005년에 국제적 핵통제 긍정론과 부정론이 공존하는 양상을 보이가다 2005년 말 이후에는 계속 국제적 핵통제 부정론이 지배하는 양상으로 전개되었다고 할 수 있다. 이 2005년의 방향전환 과정을 재조명한다면, 핵개발과 함께 핵에너지 이용에 의지를 보이기 시작하던 북한은 2005년 핵보유성명 발표 시점에서는 국제적 핵통제 밖에서라도 핵에너지의 이용을 추구하려는 입장을 제시하게 되었으나, 9.19 공동성명을 통해 국제적 경수로제공 가능성을 타진함으로써 국제적 핵통제를 일부 받아들이더라도 핵에너지의 이용을 모색하고자 하였다. 그리고 이 과정 끝에 북한은 2005년 말 KEDO가 해체되자 국제적 핵통제 긍정론의 대안(경수로제공방안)을 실현가능성이 없는 것으로 보게 되고, 국제적 압력을 받더라도 자체적 핵동력 공업을 건설하는 방향으로 나아가게 되었다. 특히, 북한이 2005년 경수로제공방안을 포함하여 핵에너지의 이용을 폭넓게 모색하다가 KEDO의 해체 이후 정책방안을 자립적 핵동력 공업 창설로 다시 좁히게 되었다는 점에서, 2005년 말 제네바합의문 체제의 청산이 북한의 핵무기 정책만이 아니라 핵에너지 정책의 전환에도 심대한 영향을 주었음을 알 수 있다.

제4장 '위기의 서해, 평화의 서해: 무력분쟁 재발이론으로 보는 서해교전의 발발원인'(송태은)은 북한의 빈번한 NLL 침범이 모두 남북한 무력충돌로 발전되지 않았던 사실에 주목하고 비슷한 형태의 해상전투가 재발된 원인을 이슈해결의 문제, 강제의 문제, 재협상 유인의 문제, 그리고 불완전 정보의 문제를 통해 다각도로 고찰한다. 서해 NLL 부근에서의 남북한 어선의 활발한 어업활동에 의한 우발적 충돌 가능성과 북한 내부 정치상황에 대한 정보의 결여로 서해교전의 원인을 밝혀내는 것은 쉽지 않다. 기존 연구는 북한의 서해도발 이유를 북한 정권의 강성대국론과 선군정치 기치에 의한 정권의 내부 결속 목적이나 군부의 강성전략, 남남갈등 유발의 심리전 및 한국과의 이전 교전에 대한 복수로써 해석했다. 북한은 한국과의 제한적인 저강도 국지전을 통해 NLL의 지위를 문제 삼을 수 있는 정전협정의 불안정성을 부각하고 이후 진행될 북미협상에서 평화협정 체결의 명분을 만드는 구실로 서해도발을 이용했다. 하지만 서해에서의 무력충돌을 방지하기 위한 논의가 남북한 간에 이루어진 경우 북한은 해상도발 명분을 찾지 못했고, 한국의 강화된 대응과 아울러 북한의 해상전투에서의 반복된 패배는 전장의 학습효과를 가져와 결국 북한은 2010년부터 새로운 도발방식을 선택했다.

제2부 '북한문제의 현황과 해법'은 북미관계, 북한정권, 북한이슈 인식문제 등을 다루는 네 편의 글로 구성되어 있다.

제5장 '트럼프 vs. 닉슨: 패권하락기의 이단적 대통령들과 미국의 대북정책'(차태서)은 트럼프 독트린의 내용을 이해하기 위해 미국 현대사의 두 이단적 대통령들인 리처드 닉슨과 도널드 트럼프의 역사적 평행성에 주목한다. 특히 미국의 상대적 하락이라는 동일한 국제구조적 현실이 닉슨과 트럼프 행정부가 공히 "현실주의"라는 비주류적

진로를 채택하게 만들었음을 주장한다. 1970년대 초반 미국의 지도부는 정치양극화가 심화되던 국면에서 비정통적인 국가전략을 추구함으로써 전후 초기와 달리 미국의 세계지배력이 더 이상 확고하지 않던 당대 현실에 적응하고자 노력하였다. 그리고 유사해 보이는 상황이 현 미국정권에서도 진행되고 있다. 기성권력집단의 국내외 자유주의적 컨센서스를 공격함으로써, 트럼프 정부는 또다시 미국 패권이 난국에 처한 시대에 "미국을 위대하게 만들기" 위해 노력하고 있다. 다극적 국제체제가 부상하고 기존의 국가적 합의가 붕괴되고 있는 상황에 직면하여, 세계무대에서의 패권적 지위를 유지하기 위해 극적인 정책상의 변동이 시도되고 있는 것이다. 이에 필자는 이러한 오늘날 미국대전략의 변동을 닉슨 시기와의 비교를 통해 분석하고, 나아가 이런 대변환이 미국의 대북정책에 미치는 영향을 탐구해보고자 하였다.

제6장 '김정은 정권의 극단적 핵 및 미사일 위협 원인 고찰: 북한의 '전략 문화' 및 '체제 불안정성'을 중심으로'(유재광)는 정치 체제의 불안정성(regime instability)이 김정은 정권의 극단적 핵 및 미사일 도발의 디테일(detail)을 결정한다고 주장한다. 북한의 지속적인 핵 도발은 한반도와 그 주변국을 넘어 국제적인 우려의 대상으로 빠르게 전환되고 있다. 이러한 북한의 지속적인 핵 도발과 관련하여 지금까지의 학술적 논의들은 북한이 처한 안보딜레마(security dilemma)와 북한 김정일 김정은 정권의 정치적 생존(regime survival)을 위한 수단이라는 시각이 지배적이었다. 하지만 이런 시각은 지난 김일성, 김정일 정권에 비해 김정은 정권이 가장 두드러지게 보여주는 현상 즉 미국에 극단적 적개심의 표출과 이를 이용한 핵무기 혹은 대륙 간 탄도미사일에 대한 집착을 설명하기 어렵다. 이를 설명하기 위해 본 논문은 구성주의 입장에서 발전된 "전략문화(strategic culture)"와 "레짐의 불안

정성(regime insecurity)" 변수를 혼합해 설명하려고 한다. 전략문화는 한 국가가 국제정치의 근본적인 특징인 무정부성하의 안보딜레마라는 국제정치 환경의 극복수단으로 군사력을 어떻게 사용해 나갈지에 관한 신념체계(belief system)를 의미하며 이는 북한 외교정책의 기조를 결정한다. 필자는 2011-2017년간 북한의 외교정책을 중요 사례(crucial case)로 설정해 위의 주장을 경험적으로 뒷받침하고 이 연구의 정책적 함의를 이끌어 낸다.

제7장 '"북한 위협론"의 비판적 검토: 인식론적 전환의 필요성'(조은정)은 주류 안보 담론에서 간과한 '북한 위협'의 성격을 면밀히 검토함으로써 북한 발 국제 안보 경색의 근원적 이유를 보다 정확히 이해하고 남북 긴장 해소를 위한 근본적 방안을 모색하고자 한다. 기존 연구와 달리 본 연구에서 북한 위협은 북핵문제로만 국한되지 않고, 국내문제라기보다 국제문제이며, 개별 행위자의 문제라기보다는 지역 안보질서의 구조적 취약성의 문제이므로 북한이 핵을 포기하거나 북한 정권이 붕괴한다고 해도 '북한 위협'은 사라지지 않을 것이라고 진단한다. 오히려 북한 위협은 특정 시기 특정한 사건에 의해 촉발되기 보다는 지난 70여 년간 그 위협이 일상화됨으로써 구조화된 신경성 폭력의 성격을 띠고 있음을 강조한다. 따라서 북한의 행위자성에 초점을 맞춘 전통적 위협인식과 대량파괴나 외과적 수술과 같은 냉전적 안보처치 대신, 상시적 위협에 대해 면역력을 증강할 수 있는 안보 구조 개선이 급선무이다.

제8장 '북핵해법에 대한 세대 간 인식차이: 누가 대북 선제공격을 지지하는가?'(장기영)는 북한에 대한 선제타격의 필요성에 대하여 한국 국민들의 세대 간 또는 연령 간 인식이 어떻게 다른지 규명한다. 최근 한국이나 미국이 유사시 북한 핵시설에 대하여 선제공격을 할 수 있는가에 대한 논의는 선제공격 이후 군사적 갈등이 전면전으로

확대되어 막대한 피해를 야기할 수 있다는 가능성 때문에 많은 논란이 되고 있다. 그러나 선제공격이 초래할 수 있는 많은 위험에도 불구하고 현재 선제타격을 점차 긍정적으로 인식하고 있는 한국 국민들이 많아지고 있다. 본 연구에서는 언론에서 흔히 언급되는 10세 단위 연령 집단뿐만 아니라 특정시점에 주요한 역사적·정치적 사건을 함께 경험한 세대를 주요 세대 변수로 간주하였다. 필자의 경험적 분석에 따르면 민주당 정권 10년(1998-2007)에 걸쳐 20대였던 30·40대는 상대적으로 대북 선제공격에 대하여 우려하는 경향이 있는 반면에 촛불 세대(1988~)와 전후 산업화 세대(1942~1951) 및 한국전쟁 세대 (~1941)는 대북 선제공격을 더욱 찬성하는 경향이 있음을 보여준다.

이 책이 나오기까지 여러 분들의 도움이 있었다. 무엇보다도 나날이 치열해지는 학계 생존경쟁의 장에 내몰려 힘겹게 고생하면서도 서로를 격려하며 북한공부모임에 기꺼이 동참해주신 여러 선배 박사님들께 감사드린다. 본 편집서는 서울대학교 국제문제연구소가 한국연구재단의 지원을 받아 진행하고 있는 한국사회기반연구사업(SSK)의 '신흥권력의 부상과 중견국 미래전략' 연구에 그 토대를 두고 있다. 작업의 태동부터 마무리까지 모든 과정을 세세히 챙겨주시고 격려해주신 김상배 국제문제연구소장님께 깊은 감사의 말씀을 드린다. 또한 흔쾌히 이 책의 출판을 수락해주신 ㈜늘품플러스의 전미정 대표님, 최효준 팀장님께도 감사 말씀을 전한다. 마지막으로 연구과정의 행정적 작업들을 도맡아준 하가영 주임에게도 고마운 마음을 표한다.

2018년 5월
저자들을 대표하여
차 태 서

제1부

북한문제의
역사적 전개

제1장

신체정치의 계보에서 보는 북한의 통치담론: 생명, 국가 그리고 정치적인 것*

———

김태진

* 이 글은 『한국국제정치논총』 제58집 2호(2018)에 게재한 논문을 수정, 보완한 것임을 밝힙니다.

I. 들어가며

신체은유는 정치학에서 자주 사용되어 온 담론 중의 하나이다. 플라톤, 아리스토텔레스, 키케로, 아우구스티누스, 솔즈베리, 그로티우스, 홉스, 로크, 루소, 아담 스미스, 칸트, 헤겔, 뒤르켐 등 고전적 공화주의자들로부터 중세 사상가, 근대 현실주의 사상가들에 이르기까지 수많은 사상가들이 신체-정치 은유(body politic metaphor)를 사용하고 있음은 이를 보여준다.[1] 뿐만 아니라 이는 현대에도 우리가 사용하고 있는 단어들, 가령 조직(organization), 조합(corporation), 조합주의(corporatism), 시민적 덕성(civic virtue), 헌법(constitution), 수장(head of state), 공동체 성원(member of community), 군대(armed forces), 사회 질병(social disease), 경제성장(economic growth), 보이지 않는 손(invisible hand) 등 많은 용어들이 인간의 신체나 유기체와 어원적 근거를 공유하고 있다는 점에서도 여전히 중요한 정치담론으로 작동하고 있다. 즉 신체정치 은유는 동서고금을 통해 일반적으로 국가

---

[1] 바디폴리틱의 역사적 분석에 대해서는 Zavadil(2006), Harvey(2007), Musolff(2004), Musolff(2010) 등 참고. 동아시아의 전통적인 신체은유에 대해서는 黃俊杰(2004) 참고.

내지 주권을 설명, 이미지화하기 위해 사용된 논리였다.

북한에서도 국가 내지 지배라는 관념을 신체라는 은유를 통해 이미지화하고, 구체화해왔으며, 이것이 통치의 중요한 담론으로 작동해왔음은 많은 연구자들이 지적하고 있다.[2] 그러나 지금까지 연구에서는 정치담론으로서의 북한의 신체은유를 너무 일면적으로 다루어왔다. 즉 그것이 갖는 전체주의적 성향에만 주목해 왔던 것이다. "사회정치적 생명체론은 수령에 대한 절대적이고 무조건적인 충성을 역설하는 형태로 논리가 비약하고 있으며 국가체제는 자연히 개인적 신권국가로 전락했으며, 인민 대중은 역사의 주체에서 수령의 신민으로 전락하고 말았다"(김동근 2006, 422)는 인식이 대체적으로 공유되고 있다.

물론 북한에서의 신체담론이 억압적인 지배이데올로기로서 작동하고 있다는 평가는 타당하다. 하지만 유기체론, 좀 더 넓게 신체담론이 갖는 논리구조를 좀 더 다각적으로 볼 필요가 있다. 우리는 유기체론을 생각할 때, 그것이 공동체 내부의 다양한 대립을 부정하고, 공동체의 일체성을 표현하는 것을 목적으로 한다고 손쉽게 평가하고 끝내버린다. 하지만 신체정치(body politic), 즉 신체를 통해 국가나 공동체를 은유하는 담론의 역사를 살펴보면 이것이 그렇게 간단하게 설명될 수 없다. 국가-신체 은유는 각각의 시대와 장소에 따라 다양하게 변주되며, 그 담론의 내용과 목적을 달리한다. 따라서 신체정치 담론 역시 그 결들을 나누어 다각적으로 살펴볼 필요가 있다.

----

[2]   그동안 북한의 수령제 내지 사회정치적 생명체론은 스즈키 마사유키(鐸木昌之)의 분석 이래 북한 연구에서 중요한 부분을 차지해왔다. 鐸木昌之(1990), 鐸木昌之(1992), 鐸木昌之(1994), 鐸木昌之(1997). 생명체론 자체에 주목한 논문으로는 박노자(2007), 김동근(2006), 최경희(2016) 등이 있다.

그렇다면 북한식의 특유의 신체정치가 갖는 논리적 구조를 살펴보는 데 신체정치 담론에 대한 역사적 전개를 살펴보는 것이 필요할 것이다. 이른바 '사회정치적 생명체론'에서 '생명'이 의미하는 바는 무엇인가? 이때 생명과 '죽음'의 관계는 어떠한가? 수령론에서 '수령(首-領)'이 의미하는 바와 역할은 무엇인가? 수령론은 어떤 '머리'와 '사지' 관계를 상정하고 있는가? 머리가 영도한다고 할 때 '영도(領導)' 개념은 어떤 통치성(governmentality)을 상정하고 있는가? 이러한 질문들은 보다 근본적인 질문과 연결된다. 왜 통치담론에서 생명담론을 가지고 오는가라는 질문이다.

이를 생각하기에 앞서 우선 북한의 통치 담론 속에서 은유의 의미를 생각해 볼 필요가 있다. 이는 북한 헌법에 등장하는 '위대한 수령', '일심단결된 하나의 대가정', '민족의 태양이시며 조국통일의 구성' 등의 '은유'들을 어떻게 볼 것인가의 문제와도 관련된다. 어찌 보면 너무 낡은 것처럼 보이는 이러한 은유들은 북한 통치담론에서의 언어 사용이라는 특징과 관련된다. 즉 통치담론에서 은유는 일반적으로 대중들에게 효과적으로 이데올로기를 전달하기 위한 수사적 차원으로 이해된다. 북한에서는 이를 보다 적극적이고, 의식적으로 활용하고 있다. 북한에서 통치 언어는 인민 대중이 누구나 다 쉽게 이해할 수 있을 뿐 아니라 그들의 심금을 세차게 울리며 인민 대중을 혁명과 건설로 더욱 힘있게 불러일으키고자 하는 것을 목적으로 한다(전미영 2001, 47-51).

그렇다면 신체 내지 생명을 통한 통치담론은 아래로의 이데올로기 확산이라는 점에서 효과적인 은유로 작동할 수 있는 조건을 갖추고 있다. 실제로 탈북자들의 회고록에서 북한 인민들이 수령론과 사회정치적 생명체론에 깊게 자기동일시하고 있음을 보면 그것이 효과적인 통치 이데올로기로서 작동함을 알 수 있다. 그러나 북한의 신체정치를 단순히 전체주의적 지배이데올로기로 비판하는 것으로 끝낼 수 없다. 북한 인민들이 거짓된 이데올로기에 속아서 '역사의 주체' 됨을 포기하고 '복종하는 신민'이 되었다고만 볼 수 있을까? 이 논리가 단순히 시대착오적 이론에 불과하다고 평가절하하고 마는 것은 오히려 북한의 통치 논리의 중요한 부분을 놓치게 만드는 것이 아닐까? 오히려 그들의 언어를 역사적 차원에서 분석하는 내재적 접근이 필요한 이유다. 그렇다면 이를 단순히 허구적이라고 비판하는 것을 넘어, 통치의 합리성이 어떻게 구현되는가라는 관점에서 보다 면밀하게, 종합적으로 접근할 필요가 있다.[3]

이 글은 사회정치적 생명체론을 직접적으로 비판하는 데 목적이 있지 않다. 오히려 필요한 것은 그들이 주장하는 논리를 '정치'적이 아니라 '정치사상'적으로 분석하고, 이를 '역사'적인 관점에서 재구성하는 것일지 모른다. 그럴 때만이 그동안 잘 읽히지 않았던 그들의 언어, 논리 체계를 이해할 수 있고, 이것이 바탕이 되어야 적절한 비판 역시 가능할 것이다. 따라서 본 논문은 신체정치라는 역사적 담론과의 비교를 통해 북한의 통치담론을 살펴보는 것을 목적으로 한다. 첫째 신체정치의 전통 속에서 북한 생명체론이 갖는 연속성과 불연속성의 측면을 살펴본다. 둘째, 이러한 분석을 통해 수령이나 사회정치적 생명이라는 단어 자체만이 아니라 보다 넓은 의미에서의 생명과 '정치적인 것'의 만남을 살펴보고자 한다. 셋째, 이를 통해 신체정치적 개념들을 통해 어떻게 통치의 정당성이 확보되는가의 문제를 본다.

---

3   여기서 말하는 통치의 합리성으로서의 통치성(governmentality) 개념에 대해서는 미셸 푸코(2011a) 참조.

Ⅱ. '생명정치'의 사상사

우선 북한헌법의 서문을 살펴보자.

"조선민주주의인민공화국은 위대한 **수령** 김일성동지와 위대한 **령도자** 김정 일동지의 사상과 **령도**를 구현한 **주체**의 사회주의 **조국**이다. 위대한 **수령** 김일성동지는 조선민주주의인민공화국의 **창건자**이시며 사회주의조선의 **시조**이시다. 김일성동지께서는 **영생불멸**의 주체사상을 창시하시고 그 기치 밑에 항일혁명투쟁을 **조직령도**하시여 영광스러운 혁명전통을 마련하시고 조국광복의 력사적 위업을 이룩하시였으며 정치, 경제, 문화, 군사 분야에서 자주독립 국가건설의 튼튼한 토대를 닦은데 기초하여 조선민주주의인민 공화국을 창건하시였다. … 김정일동지께서는 김일성동지께서 창시하신 **영생불멸**의 주체사상, 선군사상을 전면적으로 심화발전시키고 자주시대의 지도사상으로 빛내이시였으며 주체의 혁명전통을 견결히 옹호고수하시고 **순결하게 계승**발전시키시여 조선혁명의 명맥을 굳건히 이어놓으셨다. … 김일성동지와 김정일동지께서는 '이민위천'을 좌우명으로 삼으시여 언제나 인민들과 함께 계시고 인민을 위하여 한평생을 바치시였으며 숭고한 **인덕 정치**로 인민들을 보살피시고 이끄시여 온 사회를 일심단결된 하나의 **대가 정**으로 전변시키시였다. 위대한 수령 김일성동지와 위대한 령도자 김정일 동지는 민족의 **태양**이시며 조국통일의 **구성**이시다."(조선민주주의 인민공 화국 사회주의 헌법 서문)4

위에서 볼 수 있듯이 '수령', '주체', '시조', '영생불멸', '조직령도' 등 헌법 서문에서 생명의 언어들이 넘쳐나고 있다. 그렇다면 이들의 의미는 무엇인가? 그리고 이러한 언어들이 통치 담론에 포함된 것은 언제부터인가?

우선 북한 통치 담론에서의 핵심이라고 이야기되는 수령론에 대해서 살펴보자. '수령(首領)'이라는 말은 전통적으로 ≪좌전≫의 "죽음으로서 생명을 보존하다(得保首領以沒)"에서와 같이 머리나 목숨을 의미하는 말로 쓰이는 것이 대부분이었다.[5] 물론 집단의 지도자로 쓰이는 예가 없는 것은 아니다. ≪북사(北史)≫에는 북방의 민족들에서 지도자의 의미로 수령을 사용한 예가 보인다. 스즈키 역시 지금의 사용례와 다르지만 발해에서 하급관리나 지방 부족의 우두머리를 일컬을 때 수령이란 말이 쓰인 용례가 있음을 지적한 바 있다(鐸木昌之 1992, 6). 하지만 수령은 이러한 의미로 자주 쓰이던 말도 아닐 뿐더러, 지금의 지도자의 의미는 더더욱 아니었다.

수령이라는 말이 언제부터 지도자를 의미하는 말로 쓰였는지는 불분명하다. 분명한 것은 식민지 조선에서 수령이란 말이 많이 등장한다는 점이다. 이는 일본식 번역어를 가지고 온 것으로 보인다. 일본에서는 1870년대 메이지 초기부터 번역서들에서 정당의 최고 지도자(party leader)를 '수령'이라고 번역한 용례들이 보인다.[6] 이러한 용례

---

4   수령론이나 생명체로서의 국가론은 1998년에 신설된 헌법 서문에 등장했으며, 김정일에 대한 내용을 추가해 지금의 헌법에 유지되고 있다. 헌법 내에서는 "조선민주주의인민공화국은 사람중심의 세계관이며 인민 대중의 자주성을 실현하기 위한 혁명사상인 주체사상, 선군사상을 자기 활동의 지도적지침으로 삼는다"(제3조)라거나 "국가는 사상혁명을 강화하여 사회의 모든 성원들을 혁명화, 로동계급화하며 온 사회를 동지적으로 결합된 하나의 집단으로 만든다"(제10조)는 조항이 보인다.

5   『삼국유사』, 『고려사』, 『조선왕조실록』 등에 수령이라는 말은 이미 빈번하게 등장하고 있다. 그러나 이때도 목숨이라는 의미로 쓰일 뿐, 본 논문에서 말하는 지도자로서의 수령을 의미하는 것은 아니다.

들은 1900년대 초반 이후에 더욱 자주 보이는데, 이것이 식민지 조선에도 건너왔을 것으로 판단된다. 조선에서도 1900년대 들어 "폭도 수령", "과격파 수령" 등과 같은 표현들이 보이고 있다. 주목할 만한 점은 이때 수령은 긍정적 의미로 사용된 예가 없는 것은 아니지만 주로 부정적인 의미에서의 조직의 우두머리를 가리키는 말로 많이 쓰였다는 점이다. 특히 중국공산당 수령, 일본공산당 수령과 같은 사용례가 보이는 점은 특이하다.

북한에서도 수령이란 말은 초기에 '스탈린 수령'과 같이 소련 공산당의 지도자를 의미하는 말로만 쓰였다.7 하지만 이때 수령은 단순히 최고 영도자(領導者)의 의미로밖에 쓰이지 않았다. 수령이란 말을 꾸며주는 말은 '경애하는' 수령, '위대한' 수령, '어버이' 수령과 같은 말로 사용할 뿐 신체적 의미를 담고 있지 않다.8 그러던 것이 1966년 이후 이른바 '수령론'이라 불리는 논의가 등장하면서 본격적으로 사용된다.

하지만 중요한 것은 수령이란 말 자체가 언제 등장하고, 그것이 어떻게 사용되었는가라는 좁은 의미의 '개념사(Begriffsgeschichte)'적 작업보다 이것이 신체정치적으로 갖고 있는 의미일 것이다. 그렇다면 수령론 역시 신체정치라는 보다 큰 그림 속에서 다루어질 필요가

---

6 가령 마틴(W.A.P Martin)의 책을 번역한 『政家必携各国年鑑』(1874)에서도 '수령'이 목차에 등장하며, 프란시스 리베르(Francis Lieber)의 책을 번역한 『政経: 一名 · 政治道德学』(1884)에서 '정당의 수령'과 같은 말이 등장한다. 1880년대 후반 들어서는 관보에서도 '자유당의 수령', '애국당의 수령' 등 수령이란 말이 자주 등장하고 있는 것으로 보아 처음은 번역어로서 등장한 것이라 보아야 할 것이다.

7 김일성은 1946년 연설에서 스탈린을 '소련인민의 위대한 수령'으로 불렀다. 초기에 김일성은 '김일성 수상', '수상동지', '김일성 원수'로 불렸으며, 1952년에 처음으로 공식석상에서 수령으로 불렀다(鐸木昌之 1992, 52-53).

8 북한이 출판하는 일본어판 서적에서는 '수령(首領)'이 '영수(領袖)'로 번역된다는 것도 초기의 수령론에서의 신체정치적 의미가 그렇게 크지 않다는 증거일지 모른다.

있다. 생명 담론을 정치 담론에 사용한 시작은 수령론과 관련해서가 아니라 그 이전부터 등장한 정치적 생명과 관련된 논의에서였다. "당원에게 당생활을 정치적 생명"으로 규정하는 논의가 1959년에 처음 등장한 이래, 정치적 생명론은 60년대에도 종종 나타나고 있다. 항일빨치산의 투사들의 육체는 죽었어도 그들의 정치적 생명은 영원히 남는다는 내용이 소개되고 있기도 한다. 이후 1972년 김일성이 마이니치신문과의 인터뷰에서 공식적으로 "사람에게 있어서 자주성은 생명이다. 사람이 사회적으로 자주성을 잃어버리면 사람이라고 말할수 없으며 동물과 다름없다. 사회적 존재인 사람에게 있어서는 육체적 생명보다도 사회정치적 생명이 더 귀중하다고 말할 수 있다"라고 말한 것이 사회정치적 생명체론의 시작으로 평가된다.[9] 이를 더 적극적으로 주체사상의 핵심 통치 논리로 채용한 것은 김정일이었다. 김정일은 1982년 「주체사상에 대하여」라는 논문 속에서 공식적으로 "육체적 생명이 생물 유기체로서의 인간의 생명이라면, 사회적·정치적 생명은 사회적인 존재로서의 인간의 생명"이라고 언급한 이래 북한의 공식화된 담론으로서 발전하였다.

수령론이 신체정치적으로 유의미한 담론 속에 위치 지을 수 있게된 것은 이른바 '사회생명체' 담론과 함께 쓰이기 시작하면서부터였다.

....

[9]　북한에서 나온 『철학사전』에는 사회정치적 생명에 대해 다음과 같이 설명한다. "사회정치적 생명은 사람들의 사회정치 생활과 결부되어 있는 생명이다. 육체적 생명은 부모에 의하여 주어지고 인간 유기체의 생리적 기능인 신진대사에 의하여 유지된다. 육체적 생명은 발생, 발전, 사멸의 전 과정에 생물학적 법칙의 지배를 받는다. 육체적 생명과는 달리 사회정치적 생명은 정치적으로 결합된 사회적 집단과 운명을 같이하는 사람들이 지니게 되는 생명이다. … 만일 사람에게서 사회정치 활동을 떼어버린다면 남는 것은 육체적 생명이나 유지하고 보존하기 위한 생활일 뿐이다. 정치도 모르고 나라도 모르고 사회도 모르고 오직 육체적 생명만을 보존하기 위하여 사는 사람은 참다운 사회적 인간이라고 말할 수 없다. 사회정치 생활을 통하여 정치적 생명을 보존하고 빛내기 위한 활동을 통해서만 사람은 사람다운 생활을 할 수 있다.(사회과학원 철학연구소 편, 1970, 337)"

"위대한 수령 김일성 동지께서는 역사상 처음으로 개인의 육체적 생명과 구별되는 사회정치적 생명이 있다는 것을 밝혀주시었습니다. 영생하는 사회 정치적 생명은 수령, 당, 대중의 통일체인 사회정치적 집단을 떠나서는 생각할 수 없습니다. 개별적인 사람들은 오직 이러한 사회정치적 집단의 한 성원으로 됨으로써만 영생하는 사회정치적 생명을 지닐 수 있습니다. **영생하는 사회정치적 생명**은 많은 사람들로 이루어져 있는 것인 만큼 거기에는 사회적 집단의 **생명활동을 통일적으로 지휘하는 중심**이 있어야 합니다. 개별적 사람들의 생명의 중심이 뇌수인 것같이 사회 정치적 집단 의 생명의 중심은 이 집단의 **최고수령인 최고뇌수인 수령**입니다. **수령을 사회정치적 생명체의 최고 뇌수라고 하는 것은 수령이 바로 이 생명체의 생명활동을 통일적으로 지휘하는 중심**이기 때문입니다. … 개개의 사람의 육체적 생명에는 끝이 있으나 지적인 **사회정치적 생명체로 결속한 인민 대중의 생명은 불멸**합니다. … 수령, 당, 대중이 **하나로 결합**되어서만 영 생하는 사회정치적 생명체를 이루는 것만큼 그것을 서로 분리시키거나 대치시켜서는 안 됩니다. 당과 수령의 영도를 떠난 대중이 역사의 자주적 인 주체로 될 수 없는 것처럼 대중과 떨어진 당과 수령도 역사를 향도하는 정치적 영도자로서의 생명을 가질 수 없습니다. **대중과 떨어진 수령은 수령이 아니라 하나의 개인이며 대중과 떨어진 당은 당이 아니라 하나의 개별적인 집단**에 지나지 않습니다. 그렇기 때문에 나는 수령, 당, 대중을 분리시켜 생각하여서는 안 된다는데 대하여 늘 강조하여 왔습니다."(김정일 1987, 13)

1986년 7월 15일 김정일이 당중앙위원회 책임간부들에게 연설한 '주체사상 교양에서 제기되는 몇 가지 문제에 대하여'(이하 715담화) 라는 글은 이른바 '사회정치적 생명체론'을 정식화했다고 알려져 있다. 이 담화에는 '사회정치적 생명체', '수령', '생명체의 최고 뇌수', '생명 활동을 통일적으로 지휘하는 중심', '영생하는 사회 정치적 생명' 등 여러 신체적 은유가 등장하고 있다. 그렇다면 단순히 수령이라는 '단어'의 사용례만이 아니라 생명체, 영생, 뇌수 등 신체정치적 '개념' 속에서 북한의 수령론 및 사회정치적 생명체론의 의미망을 살펴볼 필요가 있다.

앞서 지적했듯이 역사적으로 신체정치 담론들을 통해 국가와 통치를 설명하는 논의들이 있어왔음을 고려하면, 혁명적 수령을 중심으로 하는 사회정치적 생명체론이 전혀 새롭게 튀어나온 것으로 보기 힘들다. 그렇다면 그 논리가 어떻게 작동하는지, 어떤 효과를 나타내는지 보기 위해서도, 그 뿌리 내지 역사적 전거들을 찾아보는 일이 필요해 보인다.[10] 715담화에서 나오는 생명의 중심으로서의 '뇌수', 인민 대중의 생명의 '불멸'성, '사회정치적 생명체', 하나의 생명으로서 분리불가능한 대중-당-수령이라는 논리 등이 어디에서 왔는가라는 문제다. 이는 몇 가지 가설을 세워 볼 수 있을 것이다. 일단 마르크스주의에서의 모델, 그리고 이것이 뿌리내리고 있는 헤겔적인 독일식 국가론, 그리고 독일식 국가유기체설을 수용한 메이지 시기 국법론 내지 천황제론, 이것의 연장으로서 제국주의적 파시즘, 혹은 전통적 유교에서의 충효론, 영생과 삼위일체를 강조하는 기독교에서의 신체정치 등등이 그것이다. 하지만 강조해 두고 싶은 점은 본 논문이 북한의 신체정치 논의가 어떤 하나의 단일한 기원을 찾을 수 있다고 주장하고자 하는 것이 아니라는 점이다. 푸코의 계보학 논의가 잘 보여주었듯이 기원을 찾는다는 것은 불가능할 뿐더러 바람직하지도 않다. 오히려 기원의 다양성을 검토해 봄으로써 역사적인 신체정치담론과의 차이와 공통성을 찾을 필요가 있다.[11]

....

10   이에 대한 선행적 연구로서 박노자의 연구를 들 수 있다. 그는 주체사상 생명체론의 사상사적 계보를 다양한 관점, 불교, 기독교, 헤겔식 국가유기체설, 애국계몽기 민족주의 등 다양한 기원 속에서 연결지어 사유하고 있다(박노자 2007, 197-209). 박노자의 연구가 사회정치적 생명체론의 다양한 역사적 기원을 검토하는 선구적 연구임은 분명하지만 다양한 생명담론에 대한 구체적 분석을 결여하고 있으며, 김일성 개인사와 관련한 분석에 초점을 맞추고 있다는 점에서 본 연구와 차이가 있다.

11   이는 니체와 이를 이어받은 푸코의 이른바 '계보학의 문제의식과 유사하다. 즉 '족보학'이 뿌리 내지 기원을 추적하고, 그것에 정당성을 부여하는 작업에 가깝다면 '계보학'은 그 반대로 자명하고 확실해서 의심의 여지가 없다고 여겨졌던 개념이 실제로는 매우 다층적이며 유동적이었다는 사실을 밝히는 데 있다. 이에 대해서는 미셸 푸코(2011b) 참조.

Ⅲ. 수령론과 사회정치적 생명체론의 기원의 다양성들

1. 마르크스주의의 신체은유-마르크스, 스탈린, 헤겔

우선 마르크스주의에서 시작하는 것이 적절한 출발점이 될 것이다. 기본적으로 북한의 통치담론이 마르크스주의와의 차별성 속에서 이야기되지만, 그 출발은 어찌 되었든 마르크시즘의 논리에 기반하고 있기 때문이다. 이후에 더 자세히 다루겠지만 유기체로서 국가를 파악하는 대표적 사상가로 헤겔을 꼽을 수 있다. 마르크스주의는 헤겔에 뿌리를 두고 있기는 하지만, 유기체라는 관점에 대해서 헤겔 논의에 비판적이다. 즉 헤겔이 시민사회와 국가의 구별 속에서 국가를 절대시한다는 것이다. 마르크스는 헤겔의 설명을 '공허하고 신비화한' 도피로 규정한다. 헤겔이 정치체를 유기체라고 설명함으로써 아무 것도 설명해 내지 못했다는 것이다. 왜냐하면 그가 보기에 헤겔은 각각의 다른 권력을 갖고 다르게 작동하는 부분들 사이의 투쟁의 양상을 상상적인 '유기적 조화'라는 원칙으로 숨어버렸기 때문이다(마르크스 2011, 46-52). 그런 점에서 마르크시즘과 유기체론은 서로 잘 접합될 수 없는 논리구조를 갖고 있다.

그러나 마르크스-레닌주의에서 신체은유가 사용되지 않았다는 점이 사회정치적 생명체론이 사회주의적 통치 논리와 무관하다는 증거가 될 수는 없다. 마르크스와 엥겔스가 다윈을 높이 평가한 것은 주지의 사실이며, 이들의 사회에 대한 관점 역시 다윈의 생명에 대한 관점에 영향을 받았으리라 추측해 볼 수 있다. 특히 19세기는 사회를 생명체로 유비하는 사상이 강력한 영향을 끼치던 시기였다. 콩트, 뒤르켐, 헤켈, 스펜서 등의 사상에서 보이듯이 생물학적으로 사회를 상상하는 방식은 일반적이었다. 이른바 '생물학의 시대'의 분위기 속에서 마르크시즘 역시도 자유로울 수 없었다. 그런 점에서 마르크스의 철학이 환원주의나 원자주의(reductionism/atomism)라기보다 전체론/유기체론(holism/organicism)에 가까운 것은 분명하다.[12]

대표적으로 카우츠키(Karl Kautsky) 같은 마르크스주의자는 사회를 유기체로 그려왔다. 에릭 반 리(Erik van Ree)가 카우츠키의 철학을 '마르크시즘과 다위니즘의 혼종'으로 명명할 만큼 그는 사회를 '살아 있는 유기체' 내지 '통합된 경제적 유기체'에 종종 비유하며 유기체 은유들을 자주 사용해왔다. 이러한 그의 유기체론적 사고의 본질은 노동의 분업을 통해 개인(organ)들이 조화로운 유기체(organism)를 이루어야 한다는 것이었다(Ree 1993, 46-49). 이러한 발상은 19세기 사회를 유기체적으로 바라보는 여러 사회학자들과 공유되는 바였고, 카우츠키 역시 분업화되고, 조화로운 사회상을 생물학적 은유 속에서 전개한다. 물론 모든 마르크스주의자들이 그런 것은 아니었다. 플레하노프나 레닌의 경우에는 이러한 신체 은유의 남용을 경고한 바 있다. 이러한 이미지들이 이상주의적이고 유토피아적 결론으로

---

12   물론 마르크스적 사고에서 유기체적 사고란 단순히 조화로운 전체로서가 아니라 사회를 전체적으로 파악해야 함에 가깝다고 해야 할 것이다.

이끌 위험성이 있다는 이유에서였다(Ree 1993, 55-56).

에릭 반 리는 이어서 이를 스탈린과의 연속성을 통해 설명한다. 스탈린 역시 초기 저작들에서부터 당을 '하나의 중앙화된 조직(organization)'으로 언급하며, 유기체 담론을 가지고 온다. 그는 개인들의 우연한 집합이 아니라 닫혀있고, 중앙화된 조직으로서의 당을 규정하는데, 이로써 당은 단순한 유기체들이 모여 복잡한 유기체를 이룬다. 스탈린에게 당이란 '하나의 통합된 의지' 속에서 구성되는 유기체로, '공동의 생명'을 이끄는 주체로 상정된다.[13] 이는 앞서 러시아의 초기 사회주의자들이 수용한 다원적 마르크스주의의 영향하에서 구성된 것일지 모른다(Ree 1993, 51-54).

북한의 통치담론에서 집단주의적 성격은 스탈린주의에서 연유했을 가능성이 큰 만큼 북한에서의 유기체로서의 국가담론 역시 이와 관련 있어 보인다. 그러나 스탈린의 논의에서 생명과 정치를 연결시키는 경우는 당의 유기적 성격을 강조하기 위한 차원으로 국한된다. 북한에서도 초기 1950년대에 나오는 정치적 생명론은 인민까지 포함하는 것이 아니라 당에 한정된 이야기였다. 생명체로서 유기체를 비유하는 방식의 시작은 스탈린식의 통치 담론에서 가지고 왔다고 볼 수 있을 것이다. 그러나 사회정치적 생명체론과는 달리 당 중심의 논의에 국한되어 있다는 점에서, 그리고 이러한 집단주의적 사고를 유기체적 발상으로 표현하는 것이 반드시 스탈린을 거쳐서만 가능한 사고는 아니라는 점에서 이것을 하나의 원천으로 연결시키기는 어려운 면이 있다.

그렇다면 다시 헤겔로 눈을 돌려보자. 마르크스가 비판한 헤겔식의

---

13 물론 당시 바흐친의 '카니발적 신체(carnival body)', '그로테스크적 신체(Grotesque body)' 논의에서 보듯이 스탈린 시대의 신체은유 담론이 꼭 전체주의적 논의만은 아니었다(Livers 2004, 7-8). 바흐친의 신체은유에 대해서는 최진석(2017), pp. 330-414 참조.

유기체적 국가관은 그가 『법철학』에서 이야기하는 '배와 구성원의 우화'를 통해 잘 볼 수 있다. 이솝우화에 나오는 이 이야기는 신체의 각 부분들이 일은 안 하고 먹기만 하는 위장에 반란을 일으키지만, 결국 위장이 일을 안 해 모두 굶게 되자 몸 전체를 위해 힘을 합친다. 헤겔은 이 우화를 인용하며 "이러한 일체성에는 위와 나머지 신체 부분에 관한 우화가 그대로 들어맞는다. 만약 유기체의 모든 부분이 동일성으로 귀일되지 않고 어떤 한 부분이라도 독립된 것으로 자리 잡게 된다면 전체가 괴멸할 수밖에 없는 것이 유기체의 본성"이라고 말한다(헤겔 2008, 463). 이러한 배와 구성원 간의 관계를 신체에 유비하는 것은 존 솔즈베리의 경우에서도 볼 수 있듯이 정치체의 조화를 강조하는 중세의 정치담론 속에서 자주 인용되던 바였다(Salisbury 1990, 256).

그러나 헤겔이 이 유비를 든 것은 중세적 신체를 다시 언급하기 위함이 아니었다. 그에게 유기체란 결국 단순히 조화로운 신체나 각 기관이 제 역할을 하는 것에 머무르는 것이 아니라, 국가라는 절대 정신을 구체화하기 위한 방식이기 때문이다. 그가 유기체로서 국가를 강조한 것은 시민사회, 즉 사회적인 것과 구별되는 '국가적인 것'을 강조하기 위해서였다. 따라서 헤겔에게 유기적 조직이 각각의 기능을 분담하며 위계적 질서를 보이는 것은 유기체의 결과로서 등장한 것이지, 이것이 핵심적 논의가 될 수는 없다. 더욱이 헤겔의 논의의 방점은 군주 자체에 대한 강조는 아니었다. 헤겔에게 유기체의 핵심은 군주도 국민도 같은 단일의 정신에 구속되는 것이기 때문이다. 군주를 포함해 국가 내의 모든 존재자의 유기적인 연관과 정태적인 질서로서 국가의 이미지를 말하는 것이 헤겔의 국가유기체설이었다. 그것은 절대주의나 민주주의, 개인주의적 혹은 분권주의적인 자유주의, 나아가 혁명을 거부하면서도, 군주와 국민과의 유기적인 연관을 부정하지 않는 정도의 자유주의를 요구하는 것이었다(嘉戶一將 2010, 11).

이처럼 국가 그 자체를 강조하는 헤겔식의 유기체론은 북한식의 수령론과 차이가 있지만, 헤겔식의 국가에 대한 강조가 국가를 하나의 생명체로 바라보는 논의의 바탕이 되고 있다고 추측할 수 있을 것이다. 이는 박노자가 지적했던 대로 수령론의 이데올로그였던 황장엽의 회고와 연결하여 생각하면 타당해 보인다(박노자 2007, 202-204). 수령론이 1970년대 중반 이후에야 본격적으로 논의되었다는 점, 특히 주체사상이 정통 마르크시즘과의 결별하며 나온 점을 고려하면 더욱 그렇다. 황장엽은 본인의 인간중심주의 철학이라는 생각의 전환을 통해 기존의 마르크스주의에서 벗어나 완전히 새로운 철학을 세울 수 있게 되었다고 자평한다. 인간중심의 철학적 원리에 의해 모든 문제를 새롭게 해명한 뒤에 마르크스 이론의 오류가 명백히 보이고, 환상도 사라졌다는 것이다(황장엽 2006, 197-198).

그는 소련에서 학위논문을 쓰던 시기에 헤겔에게 집중했던 시기가 있음을 밝힌 바 있다. "마르크수주의 철학에서 인생관의 문제, 특히 인간의 삶의 목적과 행복의 본질에 관한 문제가 소홀히 취급"되고 있음을 절감했고, "장차 이런 문제를 가지고 마르크스주의 철학을 발전시켜 보았으면 하는 희망을 가지게 되었다"고 회고하고 있다. 또한 조선에 들어가면 이러한 책을 구하기 어려울 수 있기 때문에 소련 유학시절 독일고전철학에서의 기본문제인 인식론에 관한 책들을 많이 읽었다고도 밝히고 있다.[14] 이 4년의 유학생활은 그가 밝히고 있듯이 자신의 일생을 규정하는 '귀중한 밑천'이 되었고, '사랑도, 지식도, 인류의 미래에 대한 신념'도 이 시기에 마련되었다고 밝히는

----

14 황장엽이 유학시절에 헤겔에 대한 관심을 보여주는 대목과 마르크스주의에 대해서 그다지 열심히 공부하지 않았음을 밝히는 그의 자서전을 참고. 황장엽(2006), pp. 107-114.

점에서 명시적으로 그가 밝히고 있지는 않지만 사회정치적 생명체론에서 헤겔철학의 영향을 추측해 볼 수 있다.

2. 동아시아의 신체은유-메이지, 제국 시기 일본과 전통

그러나 북한에서의 생명체 담론을 곧바로 헤겔의 유기체론과 이어 붙이는 것은 성급한 결론처럼 보인다. 왜냐하면 앞서 보았듯이 이 둘 사이, 즉 헤겔식의 국가 그 자체에 대한 강조로서의 유기체설과 수령론의 간극은 너무 크기 때문이다. 따라서 만약 이 둘이 사상적 연관성이 있다면 이 중간에 매개가 되는 제국 일본에서의 헤겔 이해가 징검다리가 되었을 가능성이 크다. 황장엽이 헤겔을 접한 것은 소련에서 박사 논문을 쓰기 전인 일본에서 유학했을 당시였으리라고 보는 것이 타당하다. 자서전에 따르면 황장엽은 1942년 20세 때 일본 통치하의 평양상업학교를 졸업하고 일본에 건너간 다음 해 추오(中央)대학 야간전문부 법과에 입학했다. 거기서 헌법 강의를 들었지만, 당시 천황 찬미의 국체 사상이 주류였던 것에 실망하고, 시간강사로 형법을 강의하고 있던 마키노 에이치(牧野英一)의 강의를 들었다고 한다(후루타 히로시 2004, 279). 그런데 이 당시 제국 일본의 국체론자들뿐만 아니라 이른바 사회주의에서 전향한 지식인들 사이에서도 헤겔식의 논리가 자주 사용되고 있음은 주목해 볼 필요가 있다.

이는 일본뿐만이 아니라 식민지 조선에서도 마찬가지였다. 가령 식민지 시기를 대표하는 비평가 중 한 명인 박치우의 경우 「전체주의의 철학적 해명」이라는 글에서 "한 개의 유기체에 있어서 '지체'는 괴롭다고 함부로 불평을 중얼거려서는 아니 된다. 눈이 주인과 싸우고 빠져 달아난다면 그는 즉석에서 죽어야 하며 손이 발과 싸워서는 망해야만 한다. 그러하기 때문에 개인은 각자의 이익을 돌보고 있을

처지가 아니다. 아니 한 개의 유기체에 있어서 '개체의 이익'이란 것은 처음부터 있을 수조차 없는 한 개의 허구에 지나지 않는다. 개인은 처음부터 민족, 또는 국가라는 한 개의 전체를 위하여서 사는 것이요, 그렇게 함으로써만 살 수가 있는 것이다. 이것이 소위 유기체적 논리의 핵심"이라고 말한다(박치우 2010, 147-148). '개인에 매개되는 전체성'이 진정한 유기체의 모습으로 나타나고 있으며, 이는 박치우 뿐만이 아니라 서인식 등 당시 식민지 조선의 전향한 사회주의자들의 이론적 구성에 헤겔식의 유기체적 사유가 강하게 드러나고 있음을 보여준다.[15]

이러한 헤겔에 대한 이해는 당시 제국 일본의 논의에서 영향을 받은 것이었다. 서구의 개인주의, 자유주의에 대한 비판으로서 유기체설은 근대의 초극을 논하던 당시 제국의 지식인들이 자주 사용하던 국가론이었다. 그러나 앞서 박치우의 경우에서 보았듯이 이른바 '근대초극론'은 단순히 전체주의, 제국주의를 옹호하기 위한 논의는 아니었다. 이는 개체와 전체의 관계에서 개체에만 매몰되는 자유주의에 대한 비판이자, 동시에 개체를 방기하는 전체주의에 대한 이중적 비판이었다.[16] 이는 헤겔의 유기체적 논의가 그 앞 시기의 계약론적 모델에 대한 안티테제로서 등장한 것과 같은 맥락에 있다 할 수 있다(헤겔 2008, 442). 즉 개체의 합이 아닌 방식, 개체를 포섭하는 전체가 아닌 방식은 어떤 방식인가가 그들을 사로잡은 문제였다. 이러한 문제의식, 즉 교토학파를 포함한 제국의 지식인들과 식민지 지식인들이

---

15   서인식은 "'리베랄리즘'은 개인을 개성 일반, 인류 일반으로 정립하고 민족을 개인의 단순한 산술적 총화로 이해하지만 전체주의는 민족을 불가분의 유기적 개체로 정립하고 개인은 민족=정치를 매개하고서만 존재할 수 있는 단순한 지체(肢體)로밖에 더 안 본다."고 비판하고 '콜렉티비즘(collectivism)'을 제시한다(서인식 2006, 63-64).
16   근대초극론에서의 논의는 나카무라 미츠오, 니시타니 게이지 외(2007) 참조.

자유주의적 질서를 넘어서는 문제의식을 유기체론을 통해 논의하고 있음은 북한에서의 논의와도 관련 있어 보인다.

왜냐하면 북한에서 부르주아 민주주의를 비판할 때 사용하는 논리도 정확히 이들의 문제의식을 반복하기 때문이다. 그들은 사회주의 민주주의가 우월한 이유를 개인주의에 비해 집단주의가 우월하기 때문이라고 설명한다. 즉 부르주아 민주주의는 '사이비 민주주의'일 수밖에 없는데, 이는 개인의 육체적 생명에 비해 사회적 집단의 '영생'하는 '사회정치적 생명'이 절대적으로 우위에 있기 때문이다. 부르주아 민주주의에서 말하는 자유나 평등이 아니라 사랑과 인덕에 기반 한 정치가 주장된다. 사회주의적 민주주의론의 핵심은 개인의 자주성과 집단의 자주성을 밀접히 결합시키는 것으로, "일인은 전체를 위해, 전체는 일인을 위한 것"으로 상정된다.[17]

이는 수령론, 더 넓게는 사회정치적 생명체론이 정립된 70년대 후반, 이른바 소련과 중국이 체제 개혁에 나서고 있는 상황 속에서 독자적인 통치 모델을 모색하는 과정 속에서 나온 점을 고려할 필요가 있다. 이 시기는 소련과 중국의 개혁이론이 북한 국내에 들어오는 것을 막아야 할 필요가 있던 때였다. 부르주아적 자유주의와 자본주의에 대항해, 그리고 동시에 공산주의 국가들의 체제 개혁이론에 대항해, 사회주의의 우월성이 강조될 필요가 있었고 이것이 생명체론으로 분출했던 것이라 볼 수 있다(鐸木昌之 1992, 145-146). 제국 시기에 일본에서 주장되었던 근대초극론이 영미를 중심으로 하는 서구와의 대결구도 속에서 나온 것을 고려하면 공통성이 보인다. 그런 점에서 북한에서의 사회정치적 생명체 논의가 제국 시기 그리고

----

17   이러한 개인과 전체의 관계는 모든 인민이 국가와 사회의 진정한 주인으로서 평등하고, 자주적 권리를 행사하는 보다 우월한 민주주의로 설정된다(김일성 1990, 11).

식민지 조선에서의 전체에 대한 강조로서의 유기체론을 경유하였다고 볼 수 있다. 물론 이는 단순한 전체주의의 논리라기보다 자본주의와의 대결 속에서 보다 더 큰 집단에 가치를 부여하고자 하는 논의였음을 고려할 필요가 있다.

그러나 이것이 왜 수령 중심, 즉 머리 혹은 뇌수를 강조하는 모델로 되었는가라는 문제를 보기 위해서는 한 가지 더 해명되어야 할 문제가 남아있다. 이를 보기 위해서 그 앞 시기인 메이지 시기로 거슬러 갈 필요가 있다. 메이지 헌법(1889) 제4조에서는 '천황은 나라의 원수로서 통치권을 총람해 이 헌법의 조규에 의거해 이를 행한다'고 규정한다. 이에 대한 정부의 공식 영어 번역문은 원수를 head로 번역하고 있다.[18] 즉 천황이 제국의 원수(머리/head)로 주권(sovereignty)을 그 자신(Himself) 안에서 결합시키고 있음을 보여준다. 그리고 이에 대한 해설서라 할 수 있는 『헌법의해』(1889)에서는 이에 대해 다음과 같이 보충 설명하고 있다. "통치의 대권은 천황이 조종으로부터 받아 자손에게 전한다. 입법, 행정 등 모든 일은 무릇 국가가 임어(臨御)해서 신민을 진무(賑撫)하는 것이고, 이는 하나로서 지존이 모두 그 강령을 쥐지 않음이 없다. 비유하자면 인신에 사지백해(四支百骸)가 있고 정신(精神)의 경락(經絡)은 모두 그 본원을 수뇌(首腦)로 돌아가는 것과 같다.(伊藤博文 1989, 26-27)"

이때 사람 몸의 '사지백해(四支百骸)'는 '정신(精神)의 경락(經絡)'을 통해 통치권의 본원인 '수뇌(首腦)'로 돌아간다. 당시 주권의 유일성에 대한 강조 속에서 머리를 통치권의 본질로 파악하는 논의가 자주 사용되었다. 즉 머리에서 나오는 정신이 온몸을 지휘하듯이, 국가

---

[18] "The Emperor is the head of the Empire, combining in Himself the rights of sovereignty, and exercises them, according to the provisions of the present Constitution"

역시 천황의 유일한 지배하에서 통일되어야 한다는 것이다. 이처럼 수령, 수뇌, 두수와 같은 표현들은 머리를 중심으로 하는 근대적인 신체관 속에서 주권이 하나의 근원에서 나옴을 강조하면서도, 신경과 같은 새로운 개념을 통해 온몸을 국가에 비유하는 새로운 방식이 등장한 것이다(김태진 2017a, 262-268).[19]

북한에서 수령을 생명을 지휘, 관리하는 역할로 설정하고, 이를 뇌수로 연결시키는 논의는 정확히는 아니지만 메이지 시기의 유기체설 논의를 떠올리게 한다. 앞서 살펴보았듯이 715담화에서 개별적 사람들의 생명의 중심이 뇌수인 것같이 사회 정치적 집단의 생명의 중심은 이 집단의 최고뇌수인 수령에 해당한다. 이는 최고뇌수인 수령이 생명체의 생명활동을 통일적으로 지휘하는 중심이기 때문이다. 황장엽 역시 강의에서 뇌수의 역할을 다음과 같이 정의하고 있다.

> "생명체는 뇌수가 나온 다음부터는 뇌수가 생명체를 지휘하고 관리합니다. 그렇기 때문에 여기서 뇌수의 발전 정도가 생명체의, 유기체의 발전 수준을 대표합니다. 생명의 중심이 뇌수에 있습니다."(황장엽 2014, 318-319)[20]

그런데 이러한 머리 중심, 뇌수 중심의 일본에서의 유기체설은 이러한 논의가 기반 하던 독일식 낭만파의 유기체론과 다르다. 앞서

---

[19] 물론 이러한 머리에 대한 은유가 천황을 논하는 것으로 한정되는 것은 아니다. 가령 민권파인 나카에 초민의 경우 루소의 일반의지 개념을 '일대뇌수'로 비유하고 있다(김태진 2017b, 45-49).

[20] 그는 이 강의록에서 개인의 뇌수가 우리의 몸을 관리하는 것처럼 국가에서는 정부가 그런 역할을 맡는다고 주장한다. 물론 그가 설명하듯이 앞으로는 우리의 뇌수가 지휘하는 것을 느끼지 못하고 자유롭게 행동하는 것처럼 정부의 지휘가 있는지 잘 모를 정도로 발전할 것이라 주장한다. 그가 뇌수를 어떻게 생각하는지 볼 수 있는 대목이다.(황장엽 2014, 340).

지적했던 헤겔식의 유기체적 발상은 19세기 사비니나 블룬츨리, 슈타인으로 이어진다. 주지하듯이 메이지 시기의 지식인들은 이들 논의를 받아들여 국가이론으로서 정립한다. 하지만 앞서 헤겔의 논리에서도 보았듯이 19세기 독일에서 유행한 유기체설은 군주권을 강화하기 위한 것이 아니었다. 이를 군주 중심의 논의로 받아들인 것은 동아시아의 유기체론 수용에서 보이는 하나의 변용이었다(嘉戸一将 2010, 14). 서구에서의 문제의식은 기존의 군주권에 대한 견제이자 국가 그 자체의 통일성에 대한 강조였다면, 근대 일본에서 이를 받아들인 가토 히로유키를 비롯한 메이지 지식인들의 논의는 국가 자체에 대한 강조보다는 군주 자체를 인격화하고 있다. 이 점에서 국가 자체라는 '인격(person)'의 창설 문제를 천황이라는 '인물/신체(person)'를 중심으로 이해한 측면이 있다. 그런 점에서 일본에서 근대의 유기체론이 머리와 사지의 기능적 결합을 강조하는 중세의 유기체적 사고와 가깝다는 지적(嘉戸一将 2010, 12)은 타당한 면이 없지 않다.

그러나 북한의 생명정치 담론을 중세의 유기체적 사고와 직접적으로 연결하기보다는 전통적 신체정치 사고와의 유사성 역시 고려할 필요가 있다. 왜냐하면 인격 내지 픽션(fiction)으로서의 국가라는 개념에 대한 이해 부족은 서양 중세의 유기체설 논리에서만이 아니라 전통적인 동양의 정치사상에서도 볼 수 있기 때문이다. 기존 연구에서도 수령을 수뇌로 설정하는 논의가 이른바 유교적 가족국가와의 논리적 친연성을 가진다는 주장이 자주 제기되는 이유다.[21] 「군인

---

21 스즈키 역시 가지 노부유키(加地伸行)의 논의를 가지고 와서 생명체론과 유교사상과의 공통점을 이야기한다. 주체사상의 자연관에서 자주성, 창조성, 의식성을 기준으로 고급한 인간과 저급한 인간을 나누고 그러한 생명을 부여하는 존재를 상정하는 것이 주자학에서 만물의 존재 근거인 리(理)와 같은 부여자를 둔다는 점에서 공통된다는 것이다. 또한 혁명적 수령관에 의거 수령이 사회정치적 생명체의 부여자라는 것은 육체적 생명이 아버지에게 주어지는 것으로 그의 아들이 다시 아버지가 되는 유교적 생사관과

칙유」(1882)에서도 역시 천황을 두뇌 혹은 두수(頭首)로, 군인들을 사지에 비유하여, 천황의 명령을 따르는 군인들을 하나의 신체로서 표현하고 있다. "짐은 너희 군인의 대원수이다. 그럴진대 짐은 너희를 고굉(股肱)으로 의지하고 너희는 짐을 우두머리(頭首)로 받들어야 할 것이며, 그 친밀함은 특히 깊어야 할 것이다. 짐이 국가를 보호하여 상천의 혜택에 응하고 조종의 은덕에 보답할 수 있느냐 없느냐는 것도 너희 군인이 그 직무를 다하느냐 다하지 못하느냐에 달렸다." (加藤周一編 1989).

이때 우두머리와 고굉의 관계는 전통적으로 사용되어온 표현이었다. 『상서(尚書)』에서 원수가 현명하면 '고굉'이 어질어서 모든 일이 편안하게 될 것이라는 논의나 『서경(書經)』에서 신하들을 짐의 '고굉'과 '이목(耳目)'으로 비유하는 것이 대표적이다. 이처럼 신체유비는 동아시아 전통 담론에서도 많이 사용되던 것이었다. 그러나 주의해야 할 점은 이때의 신체 은유는 머리가 온몸을 지배하는 방식과는 다르다는 것이다. 즉 단순히 지배와 복종의 관계를 강조하기보다는 상호 의존적인 부분임을 강조하고, 각자의 역할을 담당한다는 논의에 가깝다. 그런 점에서 이때 국가란 군주를 중심으로 하는 일사분란한 신체로 볼 수 없다. 이는 근대적 신체관, 즉 머리가 신경을 통해 온몸을 통제한다는 발상이 들어온 이후에나 가능했던 것이었다. 그런 점에서 북한의 생명체론이 임금을 '머리'로 보고 신하들을 '팔다리' 내지 '눈과 귀'로 규정한 유교의 국가관을 그 배경으로 하고 있음은 거의 자명하다는 분석(정영순 1997, 495)은 재고의 여지가 있다.

물론 이러한 전통적 신체은유들은 군주를 하나의 신체기관으로서

닮아있다는 것이다(鐸木昌之 1992, 158-163). 그러나 가족국가관이 아니라 동양 고전에서의 신체은유와 직접 비교할 필요가 있다.

사유하는 논리에 익숙해 있었을 가능성을 보여준다. 이것이 법인격으로서 국가 자체를 인격화하는 유기체설이 아니라 수령이라는 머리를 중심으로 각 기관들의 역할을 한정하고, 그에 따라 온몸의 조화를 강조하는 방식으로 읽히게 했을 가능성이 높다. 하지만 전통적인 논의 속에서 군주의 역할의 논리 자체에도 주목할 필요가 있다. 북한에서 뇌수로 상정되는 수령의 통치는 '영도', 즉 단순히 강권적으로 지배하는 것이 아니라, 이론적으로는 혁명으로의 길을 인도하는 자에 가깝다. 그것은 두뇌가 사지를 지배하는 것이 아니라 온몸의 건강을 담보하는 쪽으로 움직이는 모습에 가깝다. 이런 점에서 전통적 신체관 속에서 북한의 통치담론을 읽어낼 필요가 있다.[22]

3. 기독교에서의 신체은유─구원과 불멸의 논리

그러나 이 글이 북한의 신체정치적 특성의 연속성을 제국-식민지 시기, 더 거슬러 메이지 시기나 전통시기에서 확인하고자 하는 것은 아니다. 그것이 메이지 시기 그리고 일본 제국 시기의 논의와 유사성을 갖고 있는 점은 분명해 보이나, 불연속적 측면 역시 무시할 수 없기 때문이다. 그중에 간과할 수 없는 점은 기독교와의 관계이다. 북한의 통치론과 관련해서 기독교의 영향에 대해서는 기존 연구에서 자주 지적되어 왔다. 김일성의 모태신앙이 기독교였다는 점을 차치하고서라도, 조선에서 기독교가 가장 빨리 정착한 곳 역시 이북 지방이었다는 점에서 기독교에서 말하는 영생의 논리가 일반 민중들

---

22 하지만 전통적 유교 논리와의 유사점이 보인다고 해서 신체유비의 기원이 전통적 논리에서 가지고 왔다고 할 수는 없다. 유교적 전통과 가족주의 등은 그러한 조직구조를 형성을 촉진시키고 그 해체를 어렵게 만드는 요인으로 보아야지, 그 형성의 직접적인 원인으로 보아서는 안 된다는 지적(김세균 2006, 16-17)은 그런 점에서 타당하다.

에게 강력한 세속화된 정치담론으로서 작동했을 가능성이 높다.[23] 그런 점에서 에릭 반 리가 스탈린의 통치론이 마르크시즘과 그리스 정교(Orthodox) 문화가 결합하여 종교적 색채를 강하게 띤 신체 은유를 사용하고 있다는 지적(Ree 1993, 44-46)은 북한의 신체 은유를 볼 때도 참고가 될 만하다.

기독교 담론에서도 교회 혹은 신도공동체를 하나의 신체에 비유하는 논의들이 존재해왔다. 대표적으로 바울은 원시교회를 '그리스도의 신체(corpus Christi)'라 부르고 있다. 고린도서 12장 27절에 "너희는 그리스도의 몸이니, 지체의 각 부분이라"고 한 것이 대표적인 예이다. 이러한 논의는 중세 교회에서 그리스도의 신체를 하나의 몸으로 파악하는 '신비체(corpus Christi mysticum, 神秘體)' 논리로 이어진다 (Kantorowicz 1957, 194-206). 바울은 로마서 12장에서도 "우리가 한 몸에 많은 지체를 가졌으나 모든 지체가 같은 직분을 가진 것이 아니니, 이와 같이 우리 많은 사람이 그리스도 안에서 한 몸(one body in Christ)이 되어 서로 지체가 되었느니라"라는 구절을 통해 그리스도 안에서 서로 한 몸이 된 공동체적 모습을 보여준다.

앞서 715 담화에서 보았듯이 사회정치적 생명의 영생을 강조하며, 인민 개개인의 육체적 생명을 넘어선 인민 대중의 집합적 생명은 불멸함을 강조한다. 이때 '인민—당—수령'이 한 몸을 이루는 데, 수령은 뇌수로서, 인민 대중은 생명체로서 그리고 이 둘을 결합시키는 중추 혹은 혈관으로서 당의 역할을 상정한다. 이러한 논의는 분명 기독교적 논리를 연상하게 한다. 그런 점에서 박노자는 사회정치적

---

23   박노자 역시 북한의 생명체론과 기독교와의 관련성에 주목하고 있다(박노자 2007, 197-201). 그러나 슈미트가 지적하듯이 현대 국가론의 주요 개념이 모두 세속화된 신학 개념이라 할 때, 김일성 일가의 신앙문제나 북한 인민들의 종교적 심성과의 직접적인 관련성뿐만 아니라 기독교의 논리와 북한의 생명체론에서의 논리 자체의 비교가 필요하다.

생명체론이 일종의 '대용종교(代用宗敎)', 즉 속화(俗化)된 종교의 대체물이 되었다고 지적한다. 이는 피지배자들과 '한 몸'이 되어 그들의 '뇌수'이자 '생명의 은인'이 된 '수령의 '성(聖) 가족(holy family)'에 대한 '의사(擬似) 종교적' 공동체를 상정하게 한다. 이때의 믿음은 '정치적 신념'이라기보다 '종교적 심성'을 통한 구원의 논리에 가깝다는 것이다(박노자 2007, 201).

그러나 이를 단순히 지배와 복종의 이데올로기로써만 볼 수 있는지는 의문이다. 앞서 바울의 논의에서 보았던 것처럼 기독교식의 신체담론은 구원의 논리 속에서 구성되었다는 점에 주목할 필요가 있다. 따라서 이를 단순히 통치이데올로기에 현혹된 인민이 속아서 삼위일체론을 믿는다기보다, 인민이 실제로 하나의 신체로서 받아들임으로써 집합적 생명을 그 자신의 생명의 근원으로 받아들이는 것으로 이해해야 할지 모른다. 물론 인민에게 사회정치적 생명을 부여하는 주체가 수령이라는 점에서 독재를 위한 이데올로기라는 성격을 부정할 수 없지만 삼위일체론의 정치적 의미를 생각해 볼 필요가 있다.

기독교의 논리에서도 하나님을 수직적 축의 최상위에 위치하는 존재로, 그리고 그 아래 복종하는 주체들은 아래로 놓아 사유하는 것이 일반적이다. 하지만 이러한 수직적 정치신학의 모델이 아닌 평등적, 수평적 정치신학적 성격을 강조한 논의에 주목할 필요도 있다.[24] 삼위일체론에서 핵심은 신의 위치를 최상위로 끌어올리는 데 있는 것이 아니라 하나님-예수-성령의 '관계' 그 자체에 있다. 이는 서로를 구성한다. 삼위일체론(One God as three persons)에서 보여주는 바는 하나하나의 주체가 어떤 위치에 있는 문제가 아니라 하나의 인격이 세 인격(person)으로 '체현(representation)'된다는 데 있다.

----

24 바울의 정치신학의 평등성, 수평성에 대해서는 바디우(2008), 타우베스(2012) 등 참조.

그리고 그때 누가 '대표(representation)'하는지의 문제는 중요한 문제가 아닐지 모른다. 왜냐하면 이때 성부, 성자, 성령은 분리될 수 있는 각각 다른 부분의 이름이 아니라 하나의 이름의 다른 표현이기 때문이다.[25]

715담화에서 보듯이 북한에서의 수령 역시 논리적으로만 보자면 '단순히 개인이 아니라 인민 대중의 이익과 의사의 대변자이며 그의 유일한 대표자'인 '인민 대중의 이익의 최고 체현자'이자, 당의 수령이자 인민의 수령으로서 "당의 역할과 대중의 역할과 분리시켜" 생각할 수 없는 지도자로 표상된다(김세균 2006, 18). 수령과 인민 대중의 관계에서 볼 때, 대중은 수령을 떠나서는 자주적인 사회정치적 생명체를 형성할 수 없고, 반대로 대중과 떠난 수령은 자주성을 위한 인민 대중의 창조적인 투쟁을 통일적으로 지휘하는 정치적 영도자가 될 수 없다. 대중과 떨어져 나온 수령은 수령이 아니라 하나의 개인이며, 대중과 떨어진 당은 당이 아니라 하나의 개별적 집단에 지나지 않는다.

715담화의 마무리가 사회주의적 동지애와 혁명적 의리가 강조되는 이유 역시 여기에 있다. 따라서 북한의 신체정치 담론을 개인의 자유와 평등을 배격하고, 동지애와 의리만을 강조했다는 것은 부르주아적 정치이론에서의 비판은 될 수 있을지언정, 그들의 논리체계 자체에 대한 적절한 비판은 될 수 없다. 이는 기독교적 신비체의 논의가 사랑, 연대에 기반하여 자유, 평등을 배격하는 논의라고 비판할 수 없는 것과 마찬가지다.[26]

----

[25] 물론 북한의 이른바 수령-당-인민의 관계를 성부-성자-성령의 삼위일체론적 사고와 일대일로 대응시키기는 어렵다. 또한 기독교에서의 신비체 논의가 모든 차이를 받아 안는 인민들의 수평적 결합을 강조하는 그리스도의 신체를 상정한다는 점에서도 북한에서의 신체정치와 다름은 분명하다.

[26] 물론 이것이 종교적 차원이 아닌 정치적 차원에서도 가능한 것인지에 대해서는 논의의 여지가 있음은 분명하다.

물론 사회정치적 생명체 논리가 등장한 시대적 배경에 주목해 본다면 영생의 논리가 단지 인민 전체의 구원론과도 다른 차원 역시 존재한다. 당시 1970년대 후반 김정일로의 후계작업 속에서 정치사회적 생명체론이 부상한 이유는 역시 통치권의 승계와 관련될 것이다. 여기서 칸토로비치의 논의는 중요함 참조점이 될 수 있다. 그는 왕은 두 가지 신체, 즉 자연적 신체(body natural)와 정치적 신체(body politic)를 갖고 있음을 말한다. 이때 질병과 죽음에 노출될 수밖에 없는 자연적 신체와 달리 정치적 신체는 초월적이며 영혼적으로 왕의 자연적 신체가 죽어도 계속 살아남아 후대의 왕에게 이어진다. 이러한 신체의 이중적 성격에 대한 구분은 이후의 연구들에 기반이 되어 중세와 근대 군주, 더 나아가 인민들이 정치체를 구성하는데 신체화된 담론들을 어떻게 분석할 수 있는가 하나의 모범이 되었다. 왕의 신체가 자연적 신체와 정치적 신체 둘로 구성되고, 정치적 신체가 주권으로 이어지는 논리의 근간이 된 것은 북한식 사회정치적 생명체론과 일정 정도 동형 구조를 보인다. 주권이 개인의 신체에게 속한 것이 아니지만, 정치적 신체라 할 수 있는 왕의 신체 속에서 연장, 소생하게끔 하는 논리구조를 지니는 논의(Kantorowicz 1957, 24-41)는 북한의 사회정치적 생명체라는 영생의 또 다른 의미를 파악하는 데 시사점을 준다.[27]

이는 사회정치적 생명체론이 계승문제와 관련해 정당성을 부여할 이론이 요청되던 시기에 김정일의 지지를 받았던 점과 관련된다.[28]

----

[27] 다카시 후지타니는 칸토로비츠의 왕의 두 신체 논의가 메이지 시기 천황제를 만드는 논의에서도 동일하게 나타나고 있음을 지적한다(다카시 후지타니 2003, 201-204). 그런 점에서 근대 일본에서 군주권의 계승의 논리가 북한에서 이어진 것일지 모른다. 하지만 이러한 논의는 일본이나 중세 영국뿐만 아니라 왕권에 대한 일반적 사유 속에서 존재하는 만큼 보편적인 사유구조로 보아야 할 것이다.

[28] 물론 이에 대한 반론도 존재한다. 최경희는 인간 김일성은 죽었지만 수령 김일성은

황장엽 역시 회고록에서 김정일이 자신의 논의를 지지한 것은 글을 제대로 이해해서가 아니라 삼촌 김영주를 공격하여 김일성에게 자신이 충직하다는 걸 보여주고, 마르크스주의 이론에 교조적으로 매달리고 있는 김영주의 사상이 낡았다는 걸 알리려는 데 목적이 있었다고 말한다(황장엽 2006, 202). 김정일의 관심에 황장엽은 3년 반 동안 쓴 주체철학과 관련된 글들을 챙겨 김정일에게 보내 주었다고 회상하고 있다. 1960년대 말에 마르크스주의로부터 떨어져 나와 인간중심의 철학을 창립했으나 김일성이 적극적으로 받아들이지 않은 탓에 대학에 돌아와서도 함구무언하고 이론을 선전할 수 없었던 상황이 일변하여 이제 본격적으로 생명체론이 통치담론으로서 활용되기 시작한 것이다.

그러나 김정일의 관심이 통치의 연속성을 부여하기 위해 신체정치 담론을 사용했다고 단정지을 수만은 없다. 따라서 생명의 연속성은 정권의 계승문제와 관련되어 있으면서도, 이로만 한정할 수 없는 부분이 있다. 황장엽은 인간중심 역사관의 줄거리를 1968년 말에 체계화했다고 밝히고 있는데, 이때 생명이라는 문제의식 속에서 중요한 점은 인류의 생명이 무한하다는 점이었다. 그렇게 보자면 칸트로비츠의 논의를 단순히 왕과 그 후계자 사이의 연속성을 강조하는 의미로서 정치적 신체를 강조한 논의로만 읽을 수는 없다. 그 역시 왕이 두 신체를 가지고 있다는 것이 왕의 통치 논리를 정당화하기 위한 방식으로만 쓰인 것이 아님을 지적한다. 왕의 정치적 신체는 인민들의 의지와 따로 떨어져서 구성되는 것이 아니다(Kantorowicz

---

영원하며, 수령 개념의 일부분인 영도능력만 계승되었다고 바라본다. 그녀는 북한에서 '수령'은 김일성이 유일하며, 김정일과 김정은은 김일성과 함께 이야기될 때만 복수로 '수령들'이라 불릴 수 있다고 지적한다. 기존의 권력의 이양과정으로서 사회정치적 생명체론을 파악하는 데 대한 반론을 제시하는 것이다(최경희 2016, 133-171).

1957, 496-506). 왕의 두 신체 논의는 단순히 중세 정치사상에서 왕의 통치의 정당성만을 강조하기 위한 논리가 아니라, 인민들의 의지의 반영으로서 정치적 신체가 확장된다. 북한에서의 사회정치적 생명의 논의에서 역시 이는 수령의 정치적 신체에 대한 논의이면서 동시에 인민들의 집합적 신체로서의 생명에 대한 논의로 볼 수 있다.

물론 이러한 생명의 이원성, 아리스토텔레스적 용어를 빌리자면 조에(zoe)/비오스(bios)의 구분 속에서 참다운 생명의 가치는 정치체 속에서만 가능하다는 논의는 서양 정치사상에서 줄곧 내려오는 논의였다. 이는 마르크스에게서도 보이는 사회적 존재에 대한 가치 속에서도 나타나는 바이다. 따라서 이는 북한에서만 보이는 논리라고 하기 어렵다. 오히려 공동체의 삶 속에 더 가치를 부여하는 논리는 언제나 존재해왔으며, 특히 위기 상황에서 강조되는 경향이 있다. 박노자가 지적하듯이 북한의 사회정치적 생명체론이 애국계몽시기에 대아와 소아를 구별하며 민족에 우선적 가치를 둔 논의와도 유사성을 보이는 이유 역시 이 때문이다(박노자 2007, 208). 앞서 살펴본 메이지 시기의 유기체론은 가토 히로유키와 량치차오를 거쳐 대한제국기의 지식인들에게도 강력한 영향을 끼쳤다. 국망의 위기 속에서 '진아(眞我)'와 '가아(假我)'의 구분, '대아'와 '소아'의 구별을 통해, 진짜 자신은 대아이지 개체적 소아가 아니라는 언설들이 넘쳐났다.[29]

개체의 죽음을 뛰어넘는 집단의 생명이 정치적인 것의 가장 중요한 담론으로 요청되었던 것이다. 소아, 즉 실존하는 육체는 죽음이라는 유한성에 묶여 있다. 이러한 소아의 한계성 외부에 대아가 설정됨으로서 개체적 죽음을 뛰어넘을 가능성이 열리게 된다. 이로써 조그만

----

[29] 대표적으로 신채호, "대아(大我)와 소아(小我)," 『대한매일신보』 1908년 9월 16일-17일.

나에서 더 큰 나가 되는데 이는 단지 크기의 변화뿐만이 아니라 유한의 문제를 뛰어넘어 불사의 단계를 경험케 한다. 민족 또는 국가의 하나의 부속품이 되어 편입되는 것은 작아지는 과정이 아니라 오히려 자신을 더 크게 만드는 과정이었다.

네이션이라는 공동성이 결합하기 위한 신체로서의 은유의 필요성은 여기에서 출현한다. 이는 머리서부터 발끝까지 하나의 공동 운명이라는 피와 혼으로 이어지는 접착제가 등장하는 하나의 공간으로서의 몸이 등장하는 것이다. 즉 이는 북한만의 특수한 논리라기보다 일반적인 근대국가의 논리 속에 위치한다. 황장엽이 자서전에서 소개한 자작시 역시 이를 잘 보여준다. 당시 모란봉에서 꽃을 보다가 새로운 '인간중심철학'을 내용으로 하는 노래 하나를 지었다는 것이다.

> 사람/ 그대는 만능의 힘을 지닌/ 우주의 주인/ 오직 그대만이 머나먼 고난의 행군 이겨내고/ 자기 운명을 자기 손에 틀어쥐었고/ 오직 그대만이 쓸쓸하던 이 세계에/ 기쁨과 희망을 주고/ 값었던 세계에 영원한 생명을 주었거늘// 그대가 못해낼 일 있으랴/ 그대 영원한 인생의 봄도/ 꽃 피울 수 있으리/ 영생하는 인민의 낙원도/ 안아올 수 있으리 … 보람 있게 산다는 것은/ 작은 '나'를 버리고/ 위대한 '나' 그대의 뜻대로 산다는 것/ 행복하게 산다는 것은/ 작은 '나'를 버리고/ 위대한 '나' 그대의 사랑 속에 산다는 것// 작은 '나'를 버리고/ 위대한 '나' 그대와 한몸이 될 때/ 위대한 눈으로 진리를 찾고/ 위대한 힘으로 앞길을 헤치며/ 위대한 심장으로 기쁨을 느낄 수 있을 터// 어찌 작은 '나'에게 매달려/ 위대한 그대를 저버릴 수 있으랴(황장엽 2006, 189-193)

여기에서 보듯이 새로운 생명론은 작은 '나'를 버리고 위대한 '나'를 찾는 과정이다. 작은 '나'를 버려야만 위대한 '나'와 한 몸이 된다. 영원함과 순간성의 대조가 가장 큰 주제라 할 수 있다. 영원한 봄, 시공을 초월하는 가능성은 더 큰 나로 결합할 때만이 열린다. 이는 수령론이 통치의 영속성을 보장하기 위한 논리로써 활용되었다는 점을 보여주지만, 통치의 연속성과 지배의 정당성만을 위한 논리를 넘어서는 것임을 보여준다.

그렇다면 마지막으로 검토해야 할 것은 이렇게 해서 구성되는 생명의 특성은 무엇인가라는 질문이다. 앞서 715담화에서 보았듯이 "인민 대중은 당의 영도 밑에 수령을 중심으로 하여 조직 사상적으로 결속됨으로써 영생하는 '자주적'인 생명력을 지닌 하나의 사회정치적 생명체"를 이루게 된다. "개별적인 사람들의 육체적 생명은 끝이 있지만, '자주적'인 사회정치적 생명체로 결속된 인민 대중의 생명은 영원"하다고 할 때 생명의 핵심은 '자주적'이라는 점에 있다. 자주성을 생명의 핵심으로 언급했던 것은 일찍이 김일성이 "사람에게 있어서 자주성은 생명"이라는 72년 발언에서 처음 언급했을 때부터였다. 황장엽은 강의에서 생명에 대해 다음과 같이 정의 내린다.

"생명이란 단백체라고 하는 특수한 고급 고분자 화학 물질인, 고분자 유기체의 생존 방식이다. 그렇다면 정신은 무엇인가? 그것은 객관 세계의 반영이다. 모두 객관화 했습니다. 생명의 본질, 정신의 본질, 모두 객관화 해버리고 말았습니다. 우리가 물질이 자기 보존성을 가지고 있다는 것, 그래서 각각 자기를 보존하기 위해서 존재의 형태에 맞는 각양 운동을 한다는 것, 이것 역시 주관성이다. 주관성을 가지고 있다. 자기를 위한 것이다. 그것이 가장 발전된 존재에 가서는 자주성과 창조성으로 나타나게 됩니다. … 자기를 보존하려는 성질이 자꾸 결합되면서 다양한 성질로 되고 자기를 보존하기 위한 능동성 주관성, 주동성이 강화되어 나갑니다. 이 주동성과 능동성이 강화된 표현이 생명이고 그것이 더 발전해 나가는 데에서 정신이 나오게 되는 것을 모두 해명할 수 있었습니다."(황장엽 2014, 269)

황장엽은 자신의 새로운 인간중심철학의 원리를 생명에 대해 많은 부분을 할애하여 설명하고 있다. 여기서도 생명의 핵심은 자기를 보존하려는 성질, 즉 자주성이다. 그런데 이처럼 생명의 핵심을 자주성으로 보는 것은 특이한 것임에 분명하다. 이는 앞서의 근대의 민족주의가 그러했듯이 외부와의 대결구도 속에서 강화된 면이 있을 것이다. 이러한 지도적 원칙으로서의 자주성은 사상에서의 주체, 정치에서 자주, 경제에서 자립, 국방에서 자위라는 자(自)의 논리를 기본으로 한다.[30] 즉, 온갖 구속과 예속을 반대하려는 성질로서의 자주성은 하나로 뭉쳐진 집합적 생명체가 외부에 대해서는 절대적인 방역/면역(immunity)의 논리를 근간으로 한다.[31] 생존의 위기가 눈앞에 다가온 순간 생명의 가치는 밖으로부터 안을 지키는 것이 최우선을 차지하게 된다. 그런 점에서 북한의 혁명전통, 즉 빨치산 활동 당시의 유격대의 조직원리에서의 유사성 역시 생각할 수 있을 것이다(와다 하루키 1992). 이는 분명히 근대적인 '개체적인 것(individualism)'의 논리의 기반을 이루는 것이었다. 외부의 침입에 대한 개체의 방어와 공격을 중심으로 하는 '군사 은유' 또는 '전쟁 은유'로서 '지켜야 할 몸'(body worth defending)이라는 발상이다(Cohen 2009).[32] 이는 외부적 위기 속에서 개조를 통해 새로운 인간형을 완성시키고 이를 바탕으로 내부적으로 새로운 집합적 생명으로 결속시키는 논리로 완성된다.

---

[30] 주체사상에서 자주, 자립, 자위의 논리에 대해서는 김동근(2006), pp.407-412 참고.

[31] 안보문제를 면역의 논리 속에서 분석한 논문으로는 조은정(2017) 참고.

[32] 그는 개인(personhood)과 집합체(collectivity)에 대한 근대적 가정들이 면역과 방어라는 개념과 관련되어 있음을 지적한다. 이러한 면역론적 관점에 대해서 현대철학에서의 다양한 비판들에 대해서는 황임경(2003) 참고.

Ⅳ. 나가며: 생명, 정치적인 것, 통치

거칠게 정리해보자면 북한의 사회정치적 생명체론은 첫째 시간적 차원에서 생명체의 삶과 죽음의 문제와 관련된다. 즉 사회생명체라는 집단적 신체(body politic) 내의 계승문제와 관련해서 통치권의 영속성이 요청되는 과정에서 생명의 논리가 등장한다. 그러나 이는 단순히 계승문제에 한정되는 것이 아니라 보다 큰 나로서, 공동체로서의 국가의 생명의 영속성을 부여하게 하는 논리 속에 자리한다. 둘째 내부적 차원에서 수령론이 제기하는 삼위일체론은 지배의 정당성 문제에 답한다. 즉 권력의 공간적 측면에서 보자면 뇌수가 온몸을 지배하듯이 수령이라는 최고뇌수는 영도자로서 인민을 지도하고, 당은 이 둘을 결속시키는 역할을 한다. 그러나 이는 수령 개인의 절대적 통치를 절대화하는 방식이 아니라, 이론적으로나마 한 몸을 이루는 집단적 신체를 구성함으로써 운명적 공동체 관계를 상기시킨다. 즉 이때 머리는 사지와 분리될 수 없으며, 사지 없이 존재할 수 없다. 셋째 대외적 차원에서 집단적 생명은 대외적으로 자주적 가치를 강조하며 방역의 논리를 구성한다. 외부와 절대적으로 독립해서 밖으로부터의 안을 보호하고 지켜야 하는 원리를 강조한다. 내부적으로는 서로 분리될 수 없지만 바깥에 대해서는 절대적으로 독립성, 자주성을 지켜야 생명을 유지할 수 있다는 논리다. 자주, 자립, 자위를 근거로 하는 주체의 핵심은 이 '스스로[自]'라는 논리, 즉 독자적으로 생존하는 것이며 이것이 생명의 가장 기본적인 특징으로 제시된다. 그리고 이 세 차원의 문제가 하나로 연결된다. 즉 내부적으로 하나로 결속된 집합은 이로써 자주성을 확보하기 위해 외부와 대적하며, 이 과정에서 수령-당-인민은 영속 가능한 생명을, '전체로서의 영생'을 얻는다는 수령 중심의 사회정치적 생명론이 구성된다.

이러한 생명으로서의 정치적인 것을 다루는 논의는 본론에서 다루었듯이 다양한 신체은유적 기원을 갖는다. 그런 점에서 북한에서의 생명에 대한 통치담론은 하나의 기원으로 소급될 수 없다. 그것은 어쩌면 다양한 기원의, 즉 출발점이 다른 신체은유들이 뒤섞여 복잡한 논의를 구성하고 있다. 마르크스주의에서의 신체은유, 헤겔의 유기체론, 근대초극론에서 나타나는 교토학파의 신체론, 19세기 독일의 유기체설과 그 수용으로서의 메이지 시기의 국가유기체설, 동양의 전통적 신체정치 담론, 기독교를 경유한 신학적 삼위일체론 등 이질적 논의들이 뒤섞여 새로운 하지만 전혀 낯설지 만은 않은 논리를 만들어냈다. 그렇게 보자면 북한에서 신체은유가 시대착오적이라거나, 어떤 별종의 논리로서 보는 관점에서 벗어날 필요가 있다. 역사적으로 보자면 북한의 사회정치적 생명체론에서 활용되는 생명에 대한 논의가 단순히 '비정상'적인 것이라고 보기는 어렵다. 역사적 담론과의 비교를 통해 북한의 신체정치담론에 대해 '낯설게 보기'가 필요한 이유이다.

참고문헌

김동근. 2006. "주체사상의 정당화 근거로서의 사회정치적 생명론", 『대한정치학회보』, 14집 2호, pp.405-424.

김세균. 2006. "북한의 '수령 중심의 당·국가 융합체제'의 성립과 공고화 과정", 김세균 등, 『북한체제의 형성과 한반도 국제정치』, 서울: 서울대학교 출판부.

김일성. 1990. "우리나라 사회주의의 우월성을 더욱 높이 발양시키자", 『근로자』 1990년 6월

김정일. 1982. 『주체사상에 대하여』. 평양: 조선로동당출판사.

김정일. 1987. 『주체사상교양에서 제기되는 몇가지 문제에 대하여』. 평양: 조선로동당 출판사.

김태진. 2017a. "근대 일본의 통치라는 신체성: 메이지 헌법의 구성과 바디폴리틱(Body politic)", 『한국동양정치사상사연구』, 16권 1호, pp.255-286.

김태진. 2017b. "근대 초기 일본의 대의민주주의의 수용-루소의 '일반의지' 번역어로서 조민의 '공지(公志)'", 『일본사상』, 33호, pp.27-55.

김항. 2015. 『제국일본의 사상: 포스트 제국과 동아시아론의 새로운 지평을 위하여』. 파주: 창비.

게오르크 헤겔. 임석진 옮김. 2008. 『법철학』. 파주: 한길사.

나카무라 미츠오, 니시타니 게이지 외 지음. 이경훈 외 옮김. 2007, 『태평양전쟁의 사상: 좌담회 '근대의 초극'과 '세계사적 입장과 일본'으로 본 일본정신의 기원』. 서울: 이매진.

다카시 후지타니. 한석정 역. 2003. 『화려한 군주: 근대일본의 권력과 국가의례』. 서울: 이산.

박노자. 2007. "주체사상 생명체론의 사상사적 계보", 『코기토』, 62호, pp.189-214.

박치우. 2010. 『박치우 전집; 사상과 현실』. 인천: 인하대학교출판부.

미셸 푸코, 오트르망 역, 2011a. 『안전 영토 인구』. 서울: 난장.

미셸 푸코. 이정우 역. 2011b. 『담론의 질서』. 서울: 새길.

알랭 바디우. 현성환 옮김. 2008. 『사도 바울: '제국'에 맞서는 보편주의 윤리를 찾아서』. 서울: 새물결.

와다 하루키. 이종석 역. 1992. 『김일성과 만주 항일전쟁』. 서울: 창작과 비평사.

야콥 타우베스. 조효원 역. 2012. 『바울의 정치신학』. 서울: 그린비.

전미영. 2001. 『김일성의 말, 그 대중설득의 전략』. 서울: 책세상.

정영순. 1997. "북한의 주체사상에 나타난 한국 전통철학에 관한 내용연구," 『成大史林』, 12-13, pp.481-500.

조은정. 2017. "국제안보 개념의 21세기적 변용-안보 '과잉'으로부터 안보불안과 일본의 안보국가화," 『세계정치』, 26호.

칼 마르크스. 강유원 옮김. 2011. 『헤겔 법철학 비판』. 서울: 이론과 실천.

사회과학원 철학연구소 편. 1970. 『철학사전』. 평양: 사회과학출판사.

최경희. 2016. "북한 '수령권력'체제의 생성과 메커니즘", 『한국과 국제정치』, 32권 4호, pp.133-171.

최진석. 2017. 『민중과 그로테스크의 문화정치학』. 서울: 그린비.

황임경. 2003. "자기 방어와 사회 안전을 넘어서: 에스포지토, 데리다, 해러웨이를 중심으로 본 면역의 사회·정치 철학", 『의철학연구』, 16호, pp.115-143.

황장엽. 2006. 『황장엽 회고록: 나는 역사의 진리를 보았다』. 서울: 시대정신.

황장엽·강태욱 정리·엮음. 2014. 『황장엽의 인간 중심 철학1: 육성강의 녹취록』. 서울: 더북스.

후루타 히로시. 2004. "김정일의 '종자론'에 대하여: 유기체적 생명관으로부터 '군민일치' 원군미풍교화까지", 장달중·이즈미 하지메 공편. 『김정일 체제의 북한-정치·외교·경제·사상』. 서울: 아연출판부.

Cohen, Ed. 2009. *A Body Worth Defending: Immunity, Biopolitics, and the Apotheosis of the Modern Body*. Durham, NC: Duke University Press Books.

Harvey, A. D.. 2007. *Body Politic: Political Metaphor and Political Violence*. New Castle, U.K.: Cambridge Scholars Publishing.

Kantorowicz, Ernst H. 1957. *The King's Two Bodies: A Study in Mediaeval Political Theology*. Princeton, NJ: Princeton University Press.

Livers, Keith A. 2004. *Constructing the Stalinist body : fictional representations of corporeality in the Stalinist 1930s*. Lanham : Lexington Books.

Musolff, Andreas. *Metaphor and political discourse: analogical reasoning in debates about Europe*. New York: Palgrave Macmillan.

_____. 2010. *Metaphor, Nation and the Holocaust: The Concept of the Body Politic*. New York: Routledge.

Ree, Erik van. 1993. "Stalin's Organic Theory of the Party", *The Russian Review*, Vol.52, No.1, pp.43-57.

Salisbury, John of, Cary J. Nederman ed. 1990 *Policraticus,* Ⅴ.ⅱ. Cambridge: Cambridge University Press.

Zavadil, Jeffery. 2006. *Anatomy of the Body Politic: Organic Metaphors in Ancient and Medieval Political Thought*. Tempe: Arizona State University Press.

加藤周一編. 1989. 『日本近代思想大系 4 軍隊·兵史』. 東京: 岩波書店.

嘉戸一将. 2010. "身体としての国家-明治憲法体制と国家有機体説", 『相愛大学人文科学研究所研究年報』, 4, pp.9-20.

鈴木貞美. 2015. 『近代の超克 : その戦前·戦中·戦後』. 東京 : 作品社.

鐸木昌之. 1997. "北朝鮮の政治体制と冷戦―首領制国家における忠誠の形成と溶解を中心に", 『新防衛論集』, 25(1), pp.24-40.

鐸木昌之. 1990. "北朝鮮における主体思想の新転回-「社会政治的生命体」論を中心に", 『法学研究』, 63(2), pp.239-263.

鐸木昌之. 1994. "首領制国家における首領と人民: 愛と忠孝一心の交換に見る北朝鮮の国家社会", 『聖学院大学総合研究所紀要』, 5.

鐸木昌之. 2014. 『北朝鮮 首領制の形成と変容金日成,金正日から金正恩へ』. 東京: 明石書店.

鐸木昌之. 1992. 『北朝鮮 : 社會主義と傳統の共鳴』. 東京: 東京大學出版會; 스즈키 마사유키. 유영구 역. 1994. 『김정일과 수령제 사회주의』. 서울: 중앙일보사.

伊藤博文. 宮沢俊義 校註. 1989. 『憲法義解』. 東京: 岩波書店.
黃俊杰. 2004. 『東亞儒學史的新視野』. 臺北: 臺灣大學出版中心.

제2장

미국과 소련의 한반도 정책과 한국전쟁의 발발: 공격적 현실주의의 시각을 중심으로

———

이택선

"The President- whoever he is- has to decide.

He can't pass the buck to anybody.

No one else can do the deciding for him. That is his job."

(Harry Truman, Farewell Address delivered 15, January, 1953)

출처: Harry S. Truman Little White House Key West, Florida.
https://www.trumanlittlewhitehouse.com/key-west/the-buck-stops-here-sign.htm(검색일: 2017.11.20).

[그림 1] HARRY TRUMAN BUCK STOPS HERE DESK SIGN

Ⅰ. 들어가며

본 논문의 목적은 미어세이머(John Mearsheimer)의 공격적 현실주의를 중심으로 미국과 소련이 1945년 8월부터 1950년 6월까지 한반도에서 전개한 정책을 재구성하는 것이다. 기존의 연구들은 미국과 소련의 정책 결정자나 이들 국가들의 자본주의나 공산주의와 같은 이념적 팽창 욕구에 초점을 맞추었고, 양 국가들 중 어느 한 쪽이 상대적으로 더 큰 잘못이나 책임을 지니고 있는지를 묻는 윤리적인 물음으로 귀결되어 왔다. 이에 따라 한국전쟁의 발발에 있어서 소련의 책임을 지적한 것이 전통주의였다면 미국의 책임 역시 크다고 주장해온 것이 수정주의였다.[1]

본 연구는 제3의 대안을 제시하기 위해 국제체제를 중시하고 있는 공격적 현실주의를 사용하여 1945년 8월부터 1950년 6월까지

---

[1]   이들의 대립은 한국전쟁 연구에 대한 제3의 대안 제시가 필요하다는 지적이 등장한 이후에도 20여 년을 이어왔다(하영선 1999). 구미의 연구가 전통주의와 수정주의, 그리고 탈 수정주의의 단계를 거치면서 이념적 경직성이 완화되고 공산권 냉전 사료 공개에 따른 신 냉전연구가 진행되고 있는 것에 반해 한국의 연구는 2000년대 들어서 뉴 라이트와 뉴 레프트의 논쟁으로 격화되고 있다(하영선 2012, 86).

미국과 소련이 전개한 대 한반도 정책을 재구성해보고자 한다. 미국과 소련 중 어느 쪽이 먼저 냉전을 시작했느냐를 규명하는 데 집중해왔었던 전통주의와 수정주의 논리 대신, 두 개의 초강대국 사이에서 고도의 안보경쟁이 유발된 원인을 국제체제 그 자체에서 규명하고자 하는 공격적 현실주의를 이론적 틀로 하여 1945년 8월부터 1950년 6월까지 미국과 소련 양국이 한반도에서 전개한 외교정책을 설명하고, 1950년 6월 25일 한국전쟁으로 귀결되는 과정과 원인을 살펴보려고 하는 것이다.

그러나 미어세이머는 유럽의 사례를 중심으로 기술하여 동북아시아의 역사는 자세하게 기술하고 있지 않아 한국에 관한 기술은 거의 없으며 그나마도 2차 문헌을 중심으로 접근하고 있다. 이에 본 연구는 미어세이머의 공격적 현실주의를 이론적 틀로 사용하되, 기존 연구들을 중심으로 2차 자료적인 접근을 실시하였던 그의 연구를 발전시켜서 미국과 소련의 1차 문서들, 그리고 한국의 상황들을 보완하여 1945년 8월부터 1950년 6월 25일까지의 한반도의 역사를 재기술해보고자 한다.

본 연구의 주장은 다음과 같다. 1945년 한반도가 일본으로부터 해방될 당시 일본의 패망과 중국의 내란상황 전개로 인해 소련이 동북아시아에서 가장 강한 국가로 부상하게 되었다. 그리고 소련은 점차 국제체제 구조의 속성상 생존을 위한 가장 확실한 보장 방안으로 동북아시아에서 패권국이 되는 길을 추구하게 된다. 미국은 소련의 팽창을 막을 수 있는 유일한 국가였으나 고립주의 전통 아래 전략적 우선순위가 떨어지는 한반도에는 개입하지 않으려고 하였다. 미국은 1947년부터 한반도에 대한 지원을 늘렸지만 동북아시아에서 잠재적 패권국으로 등장한 소련을 적극적으로 견제하려는 목적을 지닌 것은 아니었다.

이러한 배경하에 미국은 군사지원보다는 국제연합에 한반도 문제를 의뢰하는 동시에 한국에 대한 경제, 이념 지원을 통해서 동북아시아에서의 소련의 팽창을 봉쇄하려 하였다. 이는 한국에 대한 일종의 책임전가로 이어지게 되었으며, 1950년 한국전쟁이 발발하기 직전 한반도에는 전쟁 발발 가능성이 높은 국제체제인 불균형적 다극체제가 형성되었다. 결국 1950년 한국전쟁이 발생하여 소련이 막강한 잠재적 패권국으로서 동북아시아를 지배할 가능성이 커지게 되었다. 하지만 이는 미국의 국가이익과 배치되었기 때문에 더 이상 책임전가 전략을 택할 수 없게 된 미국이 적극적인 봉쇄정책을 실시하게 됨으로써 한국전쟁은 전면적인 국제전으로 확대되었다.

II. 기존 연구의 검토

1945년부터 1950년까지 한반도에서의 미국과 소련의 외교정책을 기술한 기존연구들은 소련과 미국의 최고 정책결정자들의 팽창 욕구에 초점을 맞추어 왔다. 전통주의 시각으로 분류할 수 있는 슬러서(Robert Slusser 1977)와 이정식(2006, 178-214), 김영호(1998, 223-258)의 연구가 소련과 스탈린의 한반도에 대한 팽창 욕구를 강조해 왔다면, 수정주의 시각의 윌리엄스(William Williams, Williams 2009)와 스톤(Isidor Stone 1952), 콜코 부부(Joyce Kolko & Gabriel Kolko 1992), 커밍스(Bruce Cumings)의 연구들(Cumings 1981; Cumings 1990; Cumings 1997)은 미국 정책결정자들의 팽창욕구에 초점을 맞추어왔다.

전통주의의 고전으로 여겨지는 슬러서의 연구는 스탈린이 오래전부터 한반도 전체를 점령할 것을 목표로 하고 있었다고 주장하여 스탈린이라는 최고 정책결정자에 주목하고 있다(Slusser 1977, 123-146). 이정식(2006, 163-214) 역시 미국의 정책결정자들이 스탈린의 기본 노선에 정통해 있었음에도 불구하고 정책결정 과정에는 어두웠기 때문에 해방 후 3년 동안 소련과의 타협에만 집중하여 귀중한 시간을 낭비하고, 미군을 철수시킴으로써 한국전쟁이라는 비극을 자초했다고 지적하여 스탈린이라는 최고 지도자와 미국정책결정자들에게 초점을 맞추고 있다.

다음으로 김영호(1998, 223-258)는 유럽에서 미국의 적극적인 봉쇄정책으로 인해 수세에 몰리고 있었던 스탈린이 1949년 10월 중국 공산 혁명을 계기로 동북아시아에서 이를 만회하고 돌파구를 마련하기 위한 롤백정책의 일환으로 한반도에서 적극적인 공세를 펼침으로써 한국전쟁이 발생하게 되었다고 주장하여 소련의 최고 정책결정자인 스탈린 개인의 전략적인 선택을 강조하고 있다.

수정주의의 연구들 역시 미국 정책결정자들의 권력욕에 주목하고 있다. 예를 들어, 수정주의를 대표하는 커밍스의 연구들은 미군정 사령관이었던 하지(John Reed Hodge)와 일부 강경 보수주의자들의 태도를 중심으로 이들이 유럽과 동북아의 패권을 지향하는 소련에 대한 봉쇄를 주장하였다는 사실을 강조하고 있다(커밍스 2001, 265, 281; 커밍스 2008, 299).

또한, 커밍스는 다음과 같이 한국전쟁 발발의 원인을 미국 자본주의의 팽창 욕구를 중심으로 설명하고 있다. 커밍스는 마르크스(Karl Max, 1981)가 주장한 국가의 계급성을 국제관계에 적용하여 경제를 기준으로 국가들 사이의 위계질서관계(Hierarchy)를 중심부와 주변부, 반 주변부로 설정한 월러스타인(Immanuel Wallerstein)의 세계체제론 연구들(Wallerstein 1979; Wallerstein 1984)을 한국과 미국, 일본의 관계를 설명하는 데 사용하고 있다(커밍스 2008, 35). 나아가, 그는 플란차스(Nicos Poulantzas 1979)의 담론을 파키스탄과 방글라데시의 국가 형성 과정에 사용하여 과대성장국가론을 제창한 알라비(Hamza Alavi)의 설명을 한국의 사례에도 적용시켰다. 알라비는 파키스탄과 방글라데시 내부의 토착 부르주아와 군부, 관료 세력 그리고 중심

자본주의 국가의 메트로폴리탄 부르주아 사이의 연대를 강조하였고 (Alavi 1972), 커밍스는 이를 한국의 경우에 도입하였다. 이에 따르면, 한국전쟁은 일제 시기부터 지니고 있었던 기득권을 계속 유지하고자 하였던 한국 내부의 토착 부르주아와 군부, 관료세력과 새로운 시장을 확보하고 세계패권을 공고히 하고자 하는 미국 등의 메트로폴리탄 부르주아 간 결탁에 의해 발생하였다는 것이다(커밍스 2008, 365).

그럼에도 불구하고 기존 연구들은 한국전쟁의 원인을 국제체제의 구조 속에서 찾으려고 하는 노력들을 기울이고 있는 공격적 현실주의의 설명과도 상당 부분 일맥상통하고 있어 공격적 현실주의를 중심으로 이를 보완할 필요가 있음을 발견할 수 있다. 따라서 본고는 한국전쟁에 관한 국내외의 수많은 연구들 중에서 공격적 현실주의의 설명과 부합하는 연구들만을 언급하고자 한다.

먼저, 광범위한 미국 문서들을 통해 1945년부터 1950년까지의 미국의 한반도 정책을 검토한 매트레이(James Matray)의 연구는 다른 지역에 비해 중요성이 떨어지는 한반도의 경우 미국이 군사적 봉쇄가 아닌 경제적, 이념적 봉쇄를 통해 소련의 팽창 야심을 저지하려 하였다고 주장하면서 국제체제적인 요인이 한국전쟁에 이르게 되는 과정에서 가장 중요했음을 지적하고 있다(Matray 1987).

하지만, 한반도 내부의 내적 흐름을 경시했다고 비판받은 그의 연구는 미국 측 외교문서만을 참고하였기 때문에 소련이 동북아시아에서 패권을 추구하게 된 과정이나 이유, 그리고, 미국이 왜 군사적 봉쇄가 아닌 이념적, 경제적 봉쇄를 시도하려고 하였는지에 대한 합리적 설명을 제시하지 못하고 있다. 따라서 소련 문서들(박종효 2010; 국사편찬위원회 2007)[2]과 한국 내부정치의 상황을 살펴보는 한편,

---

2   본 논문에서 사용할 박종효(2010)는 박종효가 러시아 혁명 이후부터 1980년대까지

공격적 현실주의의 설명과 결합시켜 이를 보완할 필요가 있다.

아울러, 유럽에서 한계에 부딪힌 소련이 한반도라는 새로운 돌파구를 추구했다는 이정식(2006)과 김영호(1998)의 연구들은 다음과 같이 공격적 현실주의의 설명과 비슷한 측면을 보이고 있음을 발견할 수 있다.

미어세이머의 설명에 따르면, 냉전 초기 소련 팽창의 가장 중요한 지역은 동유럽이었고(Mearsheimer 2001, 199) 동북아시아는 주요 관심사가 아니었다. 하지만 소련은 동북아시아에서도 권력을 증대시키고 영향력을 확대하고자 노력했다(Mearsheimer 2001, 201). 그리고 냉전 초기 조심스러운 확장주의자였던 스탈린의 중요한 표적 네 곳은 이란, 터키, 동유럽, 한국이었다고 주장하고 있는데(Mearsheimer 2001, 199), 이는 소련이 한반도에서도 돌파구를 마련하고자 하였음을 암시한다.

그런데 이정식(2006)은 소련의 안보상, 전략적 이익을 극대화하기 위해 같은 공산주의 이념을 지닌 중국 공산당을 견제하고 그들의 적인 장제스의 국민당 군을 지원하려고 하였던 정치현실주의자 스탈린의 태도를 기술하고 있어 현실주의와 이념 사이에서 갈등이 생기는 경우 생존하기 위해서는 무슨 일이라도 하는 국가의 속성 때문에 언제나 현실주의적 관점이 승리를 거두었다는 미어세이머의 설명과 일치하고 있다(Mearsheimer 2001, 191-192).

김영호(1998, 223-258) 역시 유럽에서의 미국의 봉쇄정책으로 인해 수세에 몰리고 있었던 소련의 입장이나 1949년 10월 중국 공산혁명의

소련의 남, 북한 관계에 관한 러시아연방 대외정책문서보관소와 6.25 관련 러시아 연방 대통령 문서보관소에서 보관되어 있었던 중요 1차 문서들만을 뽑아 번역한 것이다. 국사편찬위원회(2007) 역시 전행수가 초대 북한주재 소련 대사였던 쉬띄꼬프의 일기를 번역한 것으로 쉬띄꼬프의 개인사뿐만 아니라 소련의 대한정책과 해방 직후 남, 북한의 정치 경제 상황, 한국전쟁 등을 연구하는 데 귀중한 자료집이다.

성공 등과 같은 국제체제적인 요인을 언급하고 있고 미국과 소련의 외교정책 속에서의 유럽과 동북아시아의 상호 연관성을 살펴보았다는 점에서는 국제체제의 요소를 강조하는 미어세이머의 연구와 유사한 측면이 있다. 예컨대, 김영호의 설명을 후술할 미어세이머의 이론과 결합시키면, 유럽에서 한계에 부딪힌 소련이 한반도라는 새로운 돌파구를 통해 동북아시아에서의 지역패권을 추구함으로써 국가안보를 보장받으려고 했다는 설명으로 연결될 수 있는 것이다.

따라서 우리는 한국전쟁의 원인을 설명하는 데 있어서도 최고 정책 결정자나 국가의 이념적 지향에서만 찾으려고 할 것이 아니라, 생존과 안보 자체를 추구하는 강대국의 국제 체제적 속성을 중심으로 찾으려는 공격적 현실주의의 틀이 필요함을 알 수 있다.

특히, 공격적인 현실주의에 관한 국내외의 수많은 연구들 중에서 다음의 연구들은 직접적으로 한국과 공격적 현실주의를 연관시켜 설명하고 있어 공격적 현실주의의 이론적 틀을 한국에 적용하는 것이 유용할 수 있음을 보여주고 있다.

먼저, 신욱희(2011)는 공격적 현실주의의 설명을 미국과 중국의 데탕트에 대처하는 박정희의 경우에 적용하고 있다. 황지환(2012)은 한국전쟁의 발발 원인에 대해 공격적 현실주의와 방어적 현실주의 사이의 현상타파국가와 현상유지국가의 관점을 중심으로 한국전쟁의 의미를 설명하고 있다. 특히, 황지환(2012)은 방어적 현실주의의 입장을 지지하고 있지만, 1945년 소련의 경우 우리가 흔히 생각하듯이 항상 현상타파적인 모습을 지니고 있었던 것은 아니며 국제질서의 변화에 따라 유동적인 모습을 보여주고 있다고 지적함으로써 본고에서 후술할 소련의 움직임과 상당히 유사한 기술을 제공하고 있다. 이외에도 공격적 현실주의의 설명들을 살펴보고 21세기 동북아시아의 미래를 진단해보고자 하는 설인효와 이택선의 연구들(설인효·

이택선 2012; Seol & Lee 2014)이 있다.

다만, 신욱희(2011)는 한국전쟁에 관한 설명은 아니며 황지환(2012)은 영어로 번역된 소련문서를 사용하고는 있지만 한국내부의 상황에 대한 기술이 좀 더 보완될 필요가 있음을 보여주고 있다. 그리고 설인효와 이택선의 연구들(설인효·이택선 2012; Seol & Lee 2014)은 공격적 현실주의에 대한 충실한 이론적 기술은 이루어졌지만 직접적인 한국 사례에 대해서는 자세히 언급하고 있지 않아 이론적 틀과 실제 사례가 결합된 후속연구가 필요함을 알 수 있다.

Ⅲ. 이론적 틀

1. 패권의 추구와 잠재적 패권국

(1) 패권의 추구

국가들은 국제체제의 구조 때문에 서로를 두려워하게 된다. 그리고 자신들이 다른 나라보다 강할 경우에만 생존확률이 높아진다고 인식하여 공격적인 성향을 지닐 수밖에 없게 되고 힘의 분포 상황을 유리한 방향으로 변화시켜야 한다는 동기에 당면하게 된다. 따라서 강대국들은 군사력을 사용해서라도 균형 상태를 바꾸려 하고 생존을 위한 가장 확실한 보장방안으로 패권국이 되는 길을 선택하게 된다 (Mearsheimer 2001, 2-3).

한편, 패권국은 국제체제 속의 모든 국가를 지배하는 나라를 말하며(Mearsheimer 2001, 40) 이는 세계 전체를 지배하는 패권국과 지역패권국으로 나누어진다. 하지만 세계패권국의 존재는 현실적으로 불가능하기 때문에 강대국은 지역패권국을 희망한다. 그리고 강대국들이 원하는 가장 바람직한 상태는 자신이 유일한 지역패권국이 되는 것이다(Mearsheimer 2001, 42).

(2) 잠재적 패권국

잠재적 패권국이란 현실적 군사력이 막강할 뿐 아니라 국력의 잠재적 요인도 풍부하기 때문에 자신이 속한 지역에서 다른 모든 나라를 통제하고 지배할 수 있는 가능성이 제일 높은 나라를 의미한다 (Mearsheimer 2001, 44-45). 잠재적 패권국의 자격을 갖추기 위해서는 주위의 강대국들보다 훨씬 부유해야 하며 지역에서 가장 막강한 육군을 보유하고 있어야 한다(Mearsheimer 2001, 143). 이는 잠재적 패권국이 모든 경쟁국과 동시에 전쟁을 벌여서 승리할 필요는 없지만, 1:1의 싸움에서는 반드시 승리할 수 있어야 하며 상대방 몇 나라와 동시에 싸울 경우라도 승리할 수 있는 능력을 가져야 하기 때문이다. 따라서 잠재적 패권국으로 간주되기 위해서는 대규모의 군사력과 막강한 잠재력을 보유해야 한다(Mearsheimer 2001, 44-45).

한편, 실제로 잠재적 패권국이 존재했었던 경우에 엄청난 군사력을 보유하고 있었던 이들 국가들은 궁극적으로 지역의 패권국가가 되고자 했었는데 그 이유는 패권을 획득할 경우 더 이상 의미 있는 안보위협이 존재하지 않았기 때문이었다. 따라서 자신이 존재한 지역의 패권국가가 되려는 강력한 동기를 가지고 있을 뿐만 아니라 정상을 추구하고 있는 막강한 능력을 가지고 있는 잠재적 패권이 존재한다는 것은 평화에 대한 심각한 위협임을 의미했다(Mearsheimer 2001, 344-345).

2. 책임전가

책임전가란 위협을 당하고 있는 강대국이 스스로의 힘으로 균형을 유지하기 위한 노력 이외의 가장 중요한 대안을 말한다(Mearsheimer 2001, 157-158). 책임을 전가하는 나라는 다른 나라가 침략국을 억지하거나 전쟁을 대신 맡아주기를 바라는 반면 자신이 직접 개입하지 않으려고 한다.

책임전가는 모든 강대국들에게 공통적으로 나타나는 현상으로 (Mearsheimer 2001, 266) 강대국은 책임전가를 성공시키기 위해 자신의 자원을 더 동원할 수 있으며(Mearsheimer 2001, 157) 책임을 전가하려는 나라는 대개 책임을 맡을 나라와 냉랭한 관계를 유지하게 된다. 그럼에도 불구하고 책임을 전가하는 나라들도 예방차원에서 막강한 군사력을 가지고 있어야 한다(Mearsheimer 2001, 157-158).

한편, 책임전가 전략은 잠재적 패권국이 존재하지 않는 다극체제의 경우에 가장 흔히 나타나는 전략이지만 상당히 막강한 국가가 존재하는 경우라도 책임전가 전략이 채택될 가능성은 항상 존재한다 (Mearsheimer 2001, 329). 하지만, 억지전략인 책임전가는 안전한 전략이 아니며 잘못될 경우 전쟁이 발생하게 된다(Mearsheimer 2001, 161-162).

3. 불균형적 다극체제

불균형적 다극체제는 3국 혹은 그 이상의 강대국에 의해 지배되며 하나의 잠재적 패권국을 가지고 있는 국제체제를 말한다(Mearsheimer 2001, 270). 불균형적 다극체제의 경우 책임전가의 가능성은 낮아지게 되지만 불균형적 다극체제하에서도 책임전가 전략이 나타나는 경우가 있으며 다극체제의 경우 책임전가 전략은 가능할 뿐 아니라 항상 있는 일이다(Mearsheimer 2001, 270-272). 무엇보다도 불균형적 다극체제는 가장 위험한 힘의 분포상황이다. 왜냐하면 잠재적 패권국이 국체제체 내의 모든 강대국을 전쟁으로 몰고 갈 가능성이 있기 때문이다(Mearsheimer 2001, 338). 따라서 불균형적 다극체제는 전쟁의 빈도가 가장 높고 전쟁의 규모도 가장 치열한 국제체제이다(Mearsheimer 2001, 356).

그런데 1945년 8월 직전의 한반도 상황을 살펴보면, 제2차 세계대전 이후 한국을 비롯한 동북아시아에서의 패권을 장악하려는 장제스의 의도를 두려워한 미국은 세력균형을 달성하기 위해 파시스트 세력에 대항한 동맹을 형성하여 깊은 우의를 맺고 있었던 소련과 함께 중국을 견제하여 세력균형을 달성하려고 하였고 이에 따라 한국분단의 서막이 오르고 있었음을 발견할 수 있다(매트레이 1989, 33-43).

그리고 중국의 패권 장악을 두려워한 미국이 소련을 끌어들여 한국에 대한 신탁통치를 계획하고 있었던 것은 한 지역의 패권국은 다른 지역에는 최소한 두 개의 강대국이 함께 존재하는 상황을 선호하기 때문으로 설명할 수 있을 것이다(Mearsheimer 2001, 41-42). 예컨대, 아메리카 대륙의 패권국인 미국은 동북아시아 지역에 개입하게 되자 가급적 관여하지 않으면서도 세력균형을 달성하기 위해 중국과 소련이라는 두 개의 강대국이 존재하면서 서로 견제하기를 원했던 것이다. 미국의 정책결정자들은 역사적으로도 책임전가 전략을 통해 다른 강대국이 패권국의 출현을 저지하여 세력균형을 달성해 주기를 원해왔었기 때문에(Mearsheimer 2001, 237) 이는 새삼스러운 것도 아니었다.

결국, 이러한 설명을 적용한다면 한반도에는 이미 해방 직전부터 미국과 소련, 중국이라는 3국 이상의 강대국들에 의해 지배되고 소련과 중국이라는 잠재적 패권국들이 존재하는 불균형적 다극체제의 뿌리가 자리 잡고 있었던 것이다. 이 상황은 1946년 12월까지 미국이 한반도에 개입하지 않으려고 하고 중국은 내전 상태에 빠진 상태에서 소련이 지역패권 도전의사를 점차 굳히게 됨으로써 발전하게 된다. 이후, 1947년 이후 어쩔 수 없이 한반도에 개입하게 된 미국이 한정된 예산과 병력으로 인해 경제적, 이념적 봉쇄를 선택한 가운데 소련과 중국이라는 2개의 강대국들이 북한을 지원하여 한국과 북한의 군사력 균형이 무너짐으로써 1950년 6월 25일 경에는 불균형적 다극체제 형성으로 귀결되었던 것이다.

Ⅳ. 미국과 소련의 한반도 정책(1945-50년)

1. 1945년 9월-1946년 12월

이 부분에서는 1945년 9월부터 1946년 12월까지 한반도에 관여하지 않으려고 했었던 미국과 이를 틈타 동북아 지역의 패권에 도전하고자 했었던 소련의 입장을 재구성하고자 한다.

전술한 바와 같이 미국의 전통적인 유럽과 동북아시아 정책은 고립주의와 비관여였으며 미국은 유럽이나 동북아시아의 영토를 정복하기 위한 시도를 하지 않았다. 그 이유는 미국이 도덕적으로 선한 국가이기 때문이 아니라 대서양과 태평양을 건너 미국의 군사력을 발휘하기가 어려웠기 때문이다(Mearsheimer 2001, 170).

그러나 1940년 6월에 프랑스가 몰락하고 1941년 6월에 독일이 소련을 침공하자 동북아시아의 세력균형의 지형도가 급속히 바뀌게 되었다. 당시 동북아시아에서 일본을 견제하고 있었던 소련이 독일의 침공으로 인해 유럽에서의 전쟁에 말려들게 되었고 이를 틈탄 일본이 동북아시아의 유일한 강대국으로 부상하게 되었다. 그리고 일본이 미국의 진주만을 폭격함으로써 미국은 동북아시아 지역에 관여할 수밖에 없게 되었다.

한편, 소련은 국제정치 속에서 차지하는 자신의 힘의 비중을 극대화함으로써 국가안보를 최대화하려고 노력하였다. 미어세이머가 지적한 것처럼 소련의 외교정책은 주로 상대적 힘의 계산에 입각한 것이었다. 물론 공산주의가 소련의 외교정책에서 아무런 의미가 없었던 것은 아니다. 1945년부터 1990년에 이르기까지 미국과 소련은 세력균형의 측면뿐만이 아니라 이념에 있어서도 갈등관계에 있었다.

그러나 현실주의와 이념 사이에서 갈등이 생기는 경우 생존하기 위해 무슨 일이라도 하는 국가의 속성 때문에 언제나 현실주의적 관점이 승리를 거두었다(Mearsheimer 2001, 191-192). 전술한 것처럼 같은 공산주의를 지닌 중국 공산당을 견제하고 그들의 적인 장제스의 국민당 군을 지원하려고 하였던 스탈린의 태도를 기술했던 이정식 (2006)의 연구는 이를 입증하는 사례이다.

소련은 국제체제의 구조 속에서 자신이 획득할 수 있는 모든 힘을 극대화하여 패권적 지위를 얻고자 하였고 상대적으로 미국의 지원이 소홀했던 한반도에 대한 공세적인 태도를 통해 세력균형을 무너뜨리고 동북아시아 지역에서 잠재적 지역 패권국가로 부상하고자 하였다. 예컨대, 소련은 만주에 진주한 소련군을 1946년 1월 2일까지 모두 철수시킬 것이라는 약속을 어겼고 미국의 항의를 받은 후 1946년 5월이 되어서야 철수시켰다(Mearsheimer 2001, 325-326).

미어세미어의 설명에 따르면, 잠재적 패권국의 자격을 갖추기 위해 그 나라는 주위의 다른 강대국보다 훨씬 부유해야 하며 그 지역에서 가장 막강한 육군을 보유하고 있어야 하는데(Mearsheimer 2001, 143) 당시 소련은 그 조건을 모두 갖추고 있었다.

소련이 패권적 지위를 추구한 이유는 패권체제하의 지배국가에 대해서는 안보위협이 존재하지 않기 때문이다. 그리고 이렇게 자신이 존재하는 지역의 패권국가가 되려는 강력한 동기와 막강한 능력을 갖추고 있었던 잠재적 패권국 소련의 존재는 동북아시아의 평화에 대한 심각한 위협이라는 사실을 의미했다(Mearsheimer 2001, 344-345).

이에 반해, 1945년부터 1947년까지 한국에서의 미국의 목표는 미국무부 차관보 버터워스(Walton Butterworth)와 극동국 국장 대리 펜필드(J. K. Penfield) 사이의 비망록을 토대로 맥도널드(Donald McDonald)가 지적한 것처럼 38선을 고수하면서 미국의 지위를 유지하다가 최대한 빠르고 품위 있게 한국에서 철수하는 것이었다. 즉, 미국의 세계전략 속에서 동북아시아와 한국의 우선순위가 낮았기 때문에 미국은 소련과 한반도 통치에 대해 합의하고 철수하는 것에 가장 큰 초점을 맞추었고 적극적인 프로그램을 수행하려 하지 않았다(McDonald 2001, 28; 233). 실제로, 미국의 세계방위에 있어서의 전략적 가치에 따라 등수를 매긴 1947년 4월 27일 '공동 전략 조사 위원회(Joint Strategy Survey Committee)'의 보고서에서 한국은 각각 13등과 14등을 기록한 일본과 중국에도 뒤처지는 15등을 차지하고 있었다(이정식 2006, 163-164).

미국이 처음부터 한국에 대해 가급적 관여치 않고 소련과 협상을 통해 철수하려고 하였기 때문에 해방 직후 한국에 진주한 미군정 역시 현지사정과 행정 업무에 미숙한 미군 장교들만을 거느리고 있었고 능력 있는 군정요원이나 장교들은 거의 없었다. 이러한 군정요원의 자질부족문제와 함께 양적 부족문제 역시 심각한 수준이었다. 1945년 11월31일 당시 지방 군정청에 부족한 행정요원은 총 1,061명으로 집계되고 있었으며(Hoag 1992, 387) 한 달 후인 1945년 12월 말에도 육군성으로부터 정식 인가받은 인원보다도 935명이나 부족했다. 따라서 주한 미군정청이 설치되어 군정 수립의 마지막 단계에 들어간 1946년 1월 14일까지도 여전히 군정 요원의 부족문제가 심각한 수준이었다(Hoag 1992, 159-160).

　그렇다면 미국이 한반도에 관여하지 않으려고 했던 또 다른 이유는 무엇일까? 그 이유는 역사적으로 동북아시아에 대해 개입하지 않았던 미국의 고립주의적 전통이 여전히 큰 힘을 발휘하고 있었고 제2차 세계대전 이후 급속하게 진행되고 있었던 동원해제령에 따라 예산을 삭감하고 있었으며(Schnabel 1996, 101-104) 주한미군에게도 1946년 5월부터 동원해제가 시작되고 있었다. 1945년 8월 31일 미국 정부는 1946년 7월 1일까지 해외에 파병된 육군 550만 명과 해군 26만 명을 본국으로 철수시켜 전역시킬 것을 결의하였다. 그리고 트루먼(Harry Truman)은 1946년 1월 8일의 연두 교서를 통해 1946년 말까지 전시동원 체제를 완전히 해제시키겠다고 발표하였고, 1947년 6월 30일에 모든 징집 병사들에 대한 전시동원을 해제시켰다.

　이렇게 미국은 고립주의 노선을 고수하면서 한국에서는 불관여의 원칙을 고수하고자 했다. 이는 미국 국무성 한·일 경제과장인 마틴(Edwin Martin)의 특별대담 방송에서도 드러나고 있다. 1947년 1월 30일의 방송에 따르면 미국은 1946년 1월경까지만 해도 한국에서 철수하고자 하였고(박종효 2010, 232-233), 1946년 3월 15일 경상도 지역을 점령하고 있었던 제40사단이 미국으로 철수한 것을 시작으로 1946년 5월부터 주한미군에 대한 본격적인 동원해제 작업이 이루어지기 시작했다(Macdonald 2001, 112).

　다음의 [표 1]에 따르면, 1946년 10월 말경 전술 군과 군정요원을 합친 전체 미군의 규모는 1945년 10월경과 비교하여 절반 이하로 축소되어 있었다. 중앙과 지방 행정부의 부서장으로 군정의 운영을 책임지고 있었던 군정요원들 역시 23% 정도가 감축되었음을 알 수 있는데 1946년 10월경에는 1945년 10월과 비교하여 약 4만여 명의 결원이 발생하였다.

[표 1] 1945–47년 미 전술 군과 군정요원 규모의 변화

시기	전술 군	군정요원	합계
1945년 10월			77,643명
1946년 1월	54,331명	4,212명	58,743명
1946년 5월	52,119명	4,808명	56,927명
1946년 10월	34,197명	3,721명	37,918명
1947년 7월	41,340명	3,231명	44,571명

출처: McCune 1950, 74; 박찬표 2007, 213을 참조하여 작성한 이택선 2012, 63(표 Ⅱ-1)에서 재인용

미어세이머는 1990년대 이전까지 미국이 유럽과 동북아시아에서 미국에 맞먹을 수 있는 도전자의 출현을 막기 위해서 군대를 보낸 것이지 평화를 유지하기 위해서 군대를 보낸 것은 아니었다고 주장 하였다(Mearsheimer 2001, 389). 실제로, 1890년대 후반 세계에서 가 장 부유한 나라가 된 미국은 1900년에는 아메리카 대륙의 패권국이 되었지만(Mearsheimer 2001, 239) 유럽과 동북아시아에 절대 개입 하지 않았고, 영국 등의 강대국들에게 책임전가 전략을 구사하였다 (Mearsheimer 2001, 254). 예를 들어, 동북아시아에서 일본과 러시아 는 잠재적 패권국이었지만 패권국의 수준에는 미달했기 때문에 미국 은 대규모의 군대를 이 지역에 파병하지 않을 수 있었다(Mearsheimer 2001, 257).

소련 역시 미국의 이러한 입장을 매우 잘 알고 있었는데, 이는 1946년 11월 16일 제1차 미소공동위원회 소련 측 수석대표였던 쉬띄꼬프 (Терентий Штыков)가 몰로또프(Вячеслав Михайлович Мо лотов) 소련 외상에게 보낸 문서에서 잘 드러나고 있다. 쉬띄꼬프는 미국은 한국을 식민지화하려는 노력을 보이지 않으며 미군의 주둔 목적은 한국의 독립이 주 임무로 강력한 한국의 민주건설을 도우려는

것에 있을 뿐이라고 지적하였다. 따라서 한국의 좌파 진영에서 인민들에게 선전하는 것처럼 미국이 한국을 식민지로 만들어 군사 기지화하려고 한다는 것은 낭설이라는 것이 그의 생각이었다(박종효 2010, 200).

이에 따라 소련은 적극적으로 북한 지역에서 사실상의 국가건설에 착수하였다. 미어세이머 역시 제2차 세계대전 당시 소련은 한국의 미래에 대해 분명한 계획이 없었으나 1946년 2월 북한에 괴뢰국가를 세우기 시작했다고 지적하였다(Mearsheimer 2001, 198). 소련은 1945년 8월 15일 해방 직후부터 소련 국적을 가진 한국인 200여 명을 행정, 사법기관과 같은 핵심 기구들과 군대, 경찰, 교육계, 인민위원회 등에 2인자 지위로 파견하여 북한의 국가건설을 도와주었다(박종효 2010, 447-453). 또, 행정경험이 없었던 김일성을 돕기 위해 1947년도 인민경제발전 계획 작성 시 소련의 경제 전문가들을 배석시켰다. 그리고 이들을 통해 김일성에게 인민경제발전계획 작성방법에 대해 설명해 주고 계획 작성 시 고려해야 할 점들을 구체적으로 지시하는 한편 생활필수품과 재정 부분에서의 자금 부족문제에 대한 대책까지 마련해 주었다(국사편찬위원회 2007, 69-70).

한편 소련은 미군이 한반도에서 철수할 가능성이 상당히 높다는 것을 염두에 둘 수밖에 없었다. 실제로 1946년 10월 한국 남쪽에서 전국적인 파업과 시위가 전개되었을 당시 북한에 주둔하던 소련군은 미국과의 협상 가능성 때문에 미군정 타도라는 정권 투쟁으로 발전하는 것을 사전에 차단하고자 하였다(국사편찬위원회 2007, 71). 이는 스탈린의 소련이 냉전 초기 조심스러운 확장주의자였었다는 미어세이머의 주장과도 일치한다(Mearsheimer 2001, 199).

하지만 1947년 초부터 중국 대륙의 공산화가 가시화되자 미국이 한국에서 철수하지 못하는 상황이 발생하게 되었다. 그리고 미국은 이러한 변화를 1945년 해방 직후 미국이 한국에게 자유 독립국가 건설을 약속했기 때문에 이 약속을 지켜야만 한다는 논리를 대외적으로 전개함으로써 정당화하고자 하였다(박종효 2010, 232-233).

2. 1947년 1월–1950년 6월

이 부분에서는 1947년 1월부터 1950년 6월 25일까지 미국이 한반도에 대한 소극적인 봉쇄에 임하고 세력균형에 대한 책임의 상당 부분을 국제연합과 신생 대한민국에게 전가한 현실을 기술할 것이다. 이에 반해, 동북아시아 지역 패권 도전의사를 강화하고 있었던 소련이 1949년 11월 7일 중국 대륙을 통일시킨 중국 공산당과 함께 북한을 지원하여 군사력의 균형이 무너졌다. 따라서 1950년 6월 25일 당시 한반도에 미국과 소련, 중국이라는 3개의 강대국과 소련이라는 잠재적 패권국이 존재하게 되어 전쟁이 발생하기 가장 쉬운 상태인 불균형적 다극체제가 형성되었음을 살펴볼 것이다.

미국의 한반도에서의 봉쇄정책은 사실상 1947년 이후부터 이루어지기 시작했지만(하영선 1999, 21-25) 유럽 등지에서의 봉쇄정책에 비해 소극적이었다. 전술한 바와 같이 미국의 대외전략에서 한반도가 차지하는 우선순위는 유럽에 비해 한참 떨어졌고 이는 다음의 [표 2]에서도 드러난다. 한국이 속해있는 동남아시아 지역에 대한 미국의 대외경제원조 비율은 유럽과 일본의 1/10에도 미치지 못했는데 이는 미국이 유럽에서의 봉쇄에 치중했음을 보여준다. 미국의 예산에도 현실적 한계가 있었으므로 먼저 유럽지역에 대한 관여가 이루어지고 1950년 6월 25일 한국전쟁이 발발하고 나서야 한국에 적극적으로 개입하게 되었던 것이다.

[표 2] 미국의 지역별 대외경제원조

지역/시기	1946~49년	1950-54년	1955-59년	합계
유럽 및 일본	86.7%	66.3%	15.4%	66.0%
동남아시아	8.7%	16.8%	50.5%	19.7%
중남미	1.4%	5.1%	13.2%	4.9%
중동 지역	3.5%	10.7%	17.6%	8.5%
아프리카	−0.3%	1.1%	3.3%	0.9%
저개발지역소재	13.3%	33.7%	84.6%	34.0%
합계	100.0%	100.0%	100.0%	100.0%

출처: 이현진 2009, 40.

미국은 여전히 한반도에서의 세력균형에 대한 책임을 전가하려고 하려는 경향을 지속하였다. 이는 미국이 동북아시아의 다른 국가들에게 책임을 전가하려고 하였으나 미국을 대신하여 잠재적 패권국인 소련에 대항할만한 능력을 가진 국가가 없었기 때문이었다. 즉, 일본은 패망하여 무장해제된 상태였으며 중국은 내란의 와중에 있었다(Mearsheimer 2001, 327). 대안이 될 수 있는 것은 중국의 장제스 군이었지만 너무나 부패했고 비효율적이었기 때문에 미국은 1947년경부터 이미 중국 대륙에 대해 비관적인 전망을 하고 있었다(Mearsheimer 2001, 326).

따라서 1947년부터 1950년 한국전쟁 이전까지 한반도에는 불균형적 다극체제가 형성되었다. 미국이 세력균형에 대한 책임을 전가한 것은 이번이 처음은 아니었다. 미국의 정책 결정자들은 19세기 중반 이후 지역 패권국으로 부상한 이후에도 책임 전가 전략을 통해 다른 강대국이 패권국의 출현을 저지하여 균형을 회복해주기를 바래왔다(Mearsheimer 2001, 237).

이에, 미국은 소련과의 협상 가능성을 끝까지 포기하지 않았는데 이는 미국이 침략국이 될 수 있는 소련과 좋은 관계를 유지하고 자극하지 않는 한편 책임을 담당할 다른 나라를 찾아 관심을 돌리려고 하였기 때문이었다(Mearsheimer 2001, 157-158). 미국은 1947년 7월경 재개된 제2차 미소공동위원회를 통해 소련 측과 합의하여 철수하고자 하였다. 실제로 제2차 미소공동위원회가 열리기 직전에 미국의 입장이 한국에서 철수를 준비해야 하기 때문에 미소공동위원회의 미국 측 대표에게 반드시 소련 측과 합의하라는 미국정부의 지시가 있었다는 소문이 파다하게 퍼짐으로써 미국의 위신이 한국에서 하락하고 있었다(박종효 2010, 258-259).

그러나 제2차 미소공동위원회가 무산되자 미국은 이번에는 그 책임을 국제사회와 신생 국제기구인 국제연합에 전가하고자 하였다. 미국정부의 입장은 한민족이 주권국가로서 외국의 간섭에서 벗어나 국제연합의 회원국이 되는 권한을 보유한 국가로 건국될 수 있도록 지원하는 것이 처음부터의 기본 정책이었으나 제2차 미소공동위원회의 진전이 없기 때문에 한민족의 독립 문제를 다가오는 국제연합 총회에 회부해 검토할 수밖에 없다는 것이었다(박종효 2010, 253). 이렇게 미소공동위원회 결렬 이후 미국은 한국 문제를 국제연합 총회에 회부하는 방식을 통해서 한반도에 최대한 관여하지 않고 품위 있게 철수하고자 하였다.

그러나 이 역시 좌절되자 미국은 1947년 8월부터 1948년 8월 약 1년 동안 한국이 신속하게 국가를 건설할 수 있도록 지원해주고 철수하려 하였고 미군정의 주도로 이루어진 한국의 실질적인 국가건설 역시 1947년 7월부터 1948년 8월까지 집중되었다(이택선 2014, 89-90). 다음의 [표 3]의 수치들은 미국이 1947년도부터 급격하게 한국에 대한 지원을 증가시켰음을 보여주고 있고 이는 강대국이 책임전가를

성공시키기 위해 자신의 자원을 더 동원할 수 있다는 설명과 일치한
다(Mearsheimer 2001, 158).

[표 3] 미군정기의 대한원조 규모

연도	달러화 기준	원화 기준
1945년	4,934천 달러	74,010천 원
1946년	45,371천 달러	680,565천 원
1947년	204,120천 달러	10,206,000천 원
1948년	179,592천 달러	80,816,400천 원
합계	434,017천 달러	91,776,975천 원

출처: 조기안 2003, 193, 표6-3.

위의 [표 3]은 미국의 대한원조 규모가 한국의 국가건설이 본격화
되던 1947년과 1948년에 급증하였음을 보여준다. 즉, 1947년 대한
원조의 규모는 1946년에 비해 약 4.5배 증가하였지만 1948년 대한
원조의 규모는 1947년에 비해서도 8배 이상 급증하였다.

[표 4] 미군정 인력현황

시기	미국인 인력	한국인 인력	합계
1946년 10월	3,731명(7.1%)	48,949명	52,670명(100%)
1947년 11월	2,626명(1.7%)	150,441명	153,067명(100%)

출처: 조기안 2003, 149.

다음으로 위의 [표 4]는 1946년 10월과 1947년 11월 사이 미군정의
한국인 인력이 1년 사이에 약 3배 증가하였음을 보여준다. 경찰과
군대의 인력 역시 이 시기에 다음의 [표 5]와 [표 6]과 같이 급증하

였다. [표 5]와 [표 6]은 서주석(2008)을 바탕으로 필자가 추가하여 새롭게 구성한 것이다.

[표 5] 미군정기 경찰병력의 증가

시기	경찰규모
1945년 11월 15일	15,000명
1946년 7월 31일	22,620명
1947년 2월 28일	26,386명
1947년 7월 31일	28,552명
1948년 1월 30일	30,000명
1948년 4월 30일	34,330명
1948년 6월 25일	34,900명
1948년 8월 20일	35,000명

출처: 서주석 2008, 215, 표 V-3.

[표 6] 국방경비대 병력의 증가

연도	국방경비대
1946년	6,464명
1947년	14,595명
1948년 1월 30일	17,650명
1948년 2월 27일	24,873명
1948년 3월 26일	27,550명
1948년 4월 30일	27,048명
1948년 5월 28일	33,935명
1948년 6월 25일	41,023명
1948년 7월 30일	52,572명
1948년 8월 13일	52,622명

출처: 서주석 2008, 167, 표 IV-4.

이러한 미국의 대 한반도 정책을 신생 대한민국의 지도부 역시 잘 알고 있었고, 1949년 9월 30일경부터 소련이 미국과의 냉전에서 승리하고 있다고 인식하고 있었던 이승만(박종효 2010, 411)과 대한민국의 지도층은 이 상황을 타개하기 위한 특단의 조치들을 기울이고 있었다. 즉, 신생 대한민국이 많은 책임을 떠맡게 되어 세력균형을 이루려는 나름의 자구적인 노력을 기울이게 된 것이다. 이는 북파 공작원의 투입과 대만과 필리핀을 끌어들이고자 했었던 태평양 동맹 결성 노력, 그리고, 북한과의 국경분쟁을 통해 미국의 개입을 이끌어 내고자 했었던 시도 등을 통해 드러나고 있다.

첫째, 대한민국 정부는 국무총리 이범석을 중심으로 북한에 특공대를 파견하여 북한무장공비의 침투와 내부 빨치산의 활동에 역공세를 전개하고자 하였다(박종효 2010, 359). 1949년 북한의 정치범 역시 1948년과 비교하여 증가하였는데 1949년 9월 15일 북한 주재 소련대사 쉬띄꼬프가 스탈린에게 보낸 보고서에는 소련군 철수 이후 반동분자들이 대담하게 활동할 수 있게 된 이유를 대한민국 당국이 간첩과 봉기를 선동하는 자들을 잠입시켰기 때문으로 파악하고 있었다(박종효 2010, 341).

둘째, 이승만은 미국의 트루먼 대통령이 태평양 동맹에 대해 협의하자 미국의 관여를 이끌어내기 위해 대만의 장제스와 필리핀의 퀴리노(Elpidio Quirino) 대통령과 함께 태평양 동맹을 결성하고자 하였다(박종효 2010, 363).

셋째, 이승만은 일본군 대령 출신의 김석원을 최전방 옹진반도의 사령관으로 임명하였다. 그 이유는 크게 두 가지였는데 갑작스럽게 국가가 형성됨에 따라서 인적 자원이 크게 부족하였고 김석원이 류타오후 사건이나 루거우차오 사건을 계기로 중국대륙으로의 침략을 확대했었던 일본군의 수법을 모방하여 옹진지구에서의 국경 분쟁을 통해 한반도에 대한 미국의 개입을 유도함으로써 전력의 열세를 만회하고자 했기 때문이었다(정병준 2006, 339; 344; 367-368). 실제로, 소련 국방상이 1949년 4월 20일 스탈린에게 보낸 38선 상황에 대한 극비 보고서에 따르면 북한에서 소련군이 철수한 다음부터 38선 침범 행위가 도발적이며 체계적으로 이루어졌으며 최근 한 달간 이런 행위가 빈번해졌다고 지적하고 있다(박종효 2010, 317).

이에 반해, 다음의 [표 7]에 따르면 전술한 것처럼, 이승만이 소련이 미국과의 냉전대결에서 승리하고 있다고 인식하고 있었던 1949년 9월경이 되면 미어세이머가 군사력의 가장 중요한 지표로 제시하는 육군 병력(Mearsheimer 2001, 87)의 수에서 북한군이 대한민국 군을 능가하고 있었다. 그 이유는 중국 대륙의 공산화로 인해 중국 공산당군의 한반도 출신 병력들이 북한군으로 편입되었기 때문이었다. 이 과정은 2만 명의 조선인 2개 사단이 전속되었던 1949년 9월과 군 간부 4,000명을 편입 시켜주었던 1950년 1월 두 차례에 걸쳐 일어나, 남과 북의 군사적 균형을 단숨에 무너뜨렸다(박종효 2010, 343; 322-23; 390).

그리고 이를 기점으로 동북아 지역패권을 장악하려는 의사를 고수하면서 북한에 대한 지원을 강화하고 있었던(박종효 2010, 369) 소련 역시 한국과 북한군의 군사력을 상세히 비교, 분석하여 전쟁 가능성을 고려하기 시작하는 한편(박종효 2010, 331-335), 1950년 초 북한에 대규모 군사지원을 감행하였다(박종효 2010, 390-391). 1950년 2월 소련은 중국과 군사동맹을 체결하여 지역패권 도전의사를 강화하였다.

[표 7] 대한민국과 북한의 병력증강(1948-1950년)

구분		1948년 9월	1949년 5월	1949년 9월	1950년 6월
대한민국군	육군	50,490명	71,086명		94,974명
	해군	3,541명	5,450명	1,200명	7,715명
	해병대			5,000명	1,166명
	공군				1,897명
대한민국 군 총계		54,031명	76,536명	85,000명	105,752명
북한군		77,000명		97,000명	198,360명

출처: *Foreign Relations of the United States* 1949. The Far East and Australia Vol. Ⅱ. 6월 24일. 1046-1057; 이택선 2012, 206-207(한국군자료); 박종효 2010, 331-333; 장준익 1991, 184(북한군자료).

하지만 기적적인 재선 이후 방위비 지출의 추가 삭감을 국내 여론으로부터 요구받고 있었던 트루먼 행정부는 한국전쟁이 일어날 때까지 적극적인 대처를 보이지 않았다. 한반도에서 세력균형 상태가 유지됨으로써 더 이상의 방위비 지출을 막기를 원했던 미국 행정부는 국경분쟁이 전면적인 전투로 발전되어 한반도에서 전쟁을 각오해야 하는 상황이 벌어지는 것을 결코 바라지 않았다. 이에 미국 군사고문단은 김석원의 능력을 평가절하하고 미국의 입장에 동조한 참모총장 채병덕의 편을 들어주어 김석원을 예편시켜 버렸다. 아울러, 김석원을 참모총장으로 복귀시키고자 했었던 이승만의 계획 역시 무산시켰다(정병준 2006, 254).

오히려 미국은 미어세이머가 책임전가 시 관련 국가들 간에 나타나는 관계에 대해 설명할 때 지적했던 것처럼(Mearsheimer 2001, 161-162), 자신이 대한민국에게 책임을 전가함으로써 대한민국의 군사력이 막강해지는 것을 허락하게 되었다고 생각하였다. 그리고 이로 인해 세력균형이 붕괴되고 한국이 북한을 침략하여 전쟁이 발발하게 될 것을 두려워하였다. 1949년 3월 15일 드럼라이트(Everett Drumright) 주한 미 특별 대표부 대리가 애치슨(Dean Acheson)에게 보낸 보고서에 따르면, 드럼 라이트는 이승만이 북한의 대한민국 공격 가능성과 북한군의 소련군에 대한 반란 가능성을 언급하면서 장비의 확대와 개선을 요구하고 있지만 분명 북한 흡수를 상상하고 있으며 이는 위험천만한 태도라고 경고하고 있었다(*Foreign Relations of the United States* 1949. The Far East and Australia Vol. II. 1949년 3월 15일. 966).

예컨대, 미국은 중국 대륙이 공산화되자 한국에 이전보다 큰 규모 의 원조를 제공하게 되었다. 하지만 직접적인 군사력을 투입할 수 없었기 때문에 한국은 미국의 군사적 보호 없이도 살아남아야 했다 (*National Security Council Report 61*. January 27. 1950. *Declassified National Security Archive*, 1-6). 트루먼 행정부는 한국의 군사력 증가가 재정적자와 인플레 상승을 부추겨서 이승만 정부가 중국의 국민당 정부의 전철을 밟을 것을 두려워하였다. 만일 한국의 재정위기가 계속 된다면 이는 중국과 마찬가지로 한국에서도 미국의 노력이 효과가 없는 것으로 드러나 야당에게 공격의 빌미를 제공할 것이 뻔했다. 따라서 트루먼 행정부는 군사력을 증가시키려고 하는 한국의 시도를 억제하고 미국이 제공하는 최소한의 경제지원을 통해 가시적 성과가 나타날 수 있도록 경제개혁에 초점을 맞추도록 요구하였다.

[표 8] 제1공화국의 국방비

연도		1948년	1949년	1950년
일반재정		31.3십억 원	77.6십억 원	105.6십억 원
국방비	금액	8.1십억 원	24.0십억 원	25.1십억 원
	비율	25.9%	30.9%	23.8%

출처: 서주석 2008, 295.

위의 [표 8]에 따르면 1950년 국방비가 일반재정에서 차지하는 비율은 1949년에 비해 오히려 감소하였고 이는 미국 정부가 인플레 방지를 위해 한국정부에게 국방비 삭감을 요구하였기 때문이었다. 당시 주한 대만대사의 회고에 따르면, 미국은 한국정부가 미국으로부터 경제 건설용으로 들어온 경제원조 물자를 군사비로 유용하여 통화가 팽창하고 물가가 상승한다고 인식하고 있었다(사오위린 2017, 280).

이러한 사실들은 명백한 책임전가를 의미하였고, 당시 한국과 미국의 관계는 책임전가의 징후를 보여주고 있다. 즉, 책임을 전가하려는 나라는 대개 책임을 맡을 나라와 냉랭한 관계를 유지하는 데 당시 한국정부 지도자들과 주한미국 대사관 외교관들의 관계가 그러했다.

주한 미국 대사 무초(John Muccio)는 1949년 8월부터 소련제 비행기를 수입하여 약 20대-40대 정도의 비행기를 평양 부근에서 비행시키고 있던 북한군과 비교하여 1950년 2월이 되어서야 기술원양성소를 설치할 정도로 준비가 부족했던 한국의 공군력(서울신문 1950. 1.14)을 보충하기 위해 비행기를 요청한 이승만의 행동을 일종의 사기극으로 간주하고 있었다(*Foreign Relations of the United States* 1949. The Far East and Australia Vol. Ⅱ. 1949년 7월 13일. 1,060-1,061). 전술한 것처럼 미국은 더 이상의 경비지출을 막기 위해 김석원과 같은 군부 내의 강경파를 적극적으로 제거하였고 한국군이 북한군에 대한 도발을 통해 세력균형을 무너뜨리고 미국 군의 개입을 유도하려 한다고 판단하여 한국군의 전투기 도입을 방해하였다.[3] 이러한

----

[3] 김정렬은 당시 제2차 세계대전이 막 종결되어 전투기가 공급과잉상태였으므로 미국이 단돈 1달러에 아르헨티나에 전투기를 인도하는 상황이었음에도 불구하고 한국 측에 대해서는 전투기 공급으로 인해 한반도에서 세력균형이 깨질 것을 두려워했음을 지적한다. 따라서 미국이 주한미군 철수 당시 자신들이 보유하고 있었던 30대의 경폭격기를 한국군에 인도할 것을 거부하고 고철로 분해하여 판매함으로써 한국이 제 값을

불편한 관계는 계속 이어져 감정의 골이 깊어진 이승만은 마침내 1952년 무초에게 '페르소나 논 그라타(Persona non grata, 외교상 기피 인물)'를 선언했다.

드럼라이트 주한 미 특별대표부 대리 역시 1950년 1월경 영국의 중화인민공화국 승인은 북한 승인과 다름없으며 멀지 않아 미국도 영국의 뒤를 따를 수 있기 때문에 미국에게 많은 기대를 해서는 안 된다고 지적하고 있었던 이범석(박종효 2010, 394)을 대신하여 신임 국방장관에 오른 신성모가 이범석 시절의 파벌을 혁파시키고 훨씬 더 효율적으로 주한 미 군사고문단과 한국 국방부 간의 관계를 개선시킬 것이라고 말하여 이범석에 대한 부정적인 평가와 불편한 심기를 노출하였다(*Foreign Relations of the United States* 1949. The Far East and Australia Vol. Ⅱ. 1949년 3월 15일. 979-980).

아울러 책임전가를 성공시키기 위해 한국에 대한 지원을 증가시키고 있었던 미국은 책임을 떠맡을 나라인 신생 대한민국 정부에 대해 미국의 경제지원이 계속 이어지면, 대한민국 스스로의 힘으로도 북한의 공격을 막아낼 수 있을 정도로 강해졌다고 생각했다(자유신문 1950.04.28). 이로 인해 미국은 만일 한국에 전쟁이 발생한다면 미국정부가 규정한 1,000만 달러로는 불충분할 것이므로 한국의 독립을 보장하기 위해 단순한 군사, 경제 원조 이상의 추가원조가 필요하다는 주한미국 대사 무초의 경고마저 묵살해버렸다(맥도널드 2001, 152).

한편, 당시 소련과 북한이 두려워한 것은 한국에서 철수하는 미군 대신 일본군이 한국군을 지원하는 것이었다(박종효 2010, 323). 따라서 미국에게 합리적인 해결책은 일본군에게 책임을 전가하는 것

주고도 미국산 전투기를 구입하는 것마저 불가능하였다(김정렬 2010, 118-119).

이었으나, 일본에 대한 민족주의 감정을 이용한 북한 측이 1947년 초부터 선전을 강화하여 다수의 일본군 장교들이 좌익 세력 토벌을 위해 파견되었으며 일본군 장성 출신의 영친왕이 한국군 참모총장으로 취임하고 일본군이 한국에 상륙하여 시위를 무력으로 진압하고 있다는 소문이 만연하였다(박종효 2010, 474-475). 그리고 이로인해 일본에게도 책임을 전가하지 못하게 되었다.

V. 결론

    지금까지 본 연구는 공격적 현실주의 시각을 적용하여 1945-1950년 시기 미국과 소련의 대 한반도 정책을 비관여 원칙의 고수에 따른 책임전가와 확실한 생존의 보장을 위한 지역패권의 추구로 각각 정리하여 보았다.

    소련이 제2차 세계대전 직후부터 동북아시아에서 적극적으로 패권을 추구하여 소련을 저지할 수 있는 유일한 나라는 미국뿐이었지만 미국은 이 지역에 개입하지 않는다는 오랜 전통을 고수하려고 하였고, 한반도에서는 소련과의 협상을 통해 철수하는 데 집중하였다. 1947년 초 이후 중국 대륙의 공산화가 확실해짐에 따라 미국은 한반도에 대한 지원을 늘리기 시작하였지만 동북아시아에 책임을 전가할만한 국가가 존재하지 않자 국제연합에게 그 책임을 미루었고 1948년 8월 대한민국 정부가 수립된 이후에는 신생 대한민국 정부에게 책임을 전가하였다.

    그러나 핸더슨(Gregory Henderson)이 미국 국무부 극동과장이었던 빈센트(John Vincent)가 1957년 6월 30일자 뉴욕 타임즈(New York Times)에 보낸 편지를 인용하여 기술하고 있는 것처럼 한국전쟁 때까지 미국의 대한 원조는 이렇다 할만한 것이 없을 정도로 불충분했으며 간헐적으로 행해졌고(핸더슨 2000, 236) 세력균형을 달성하기에는 역부족이었다.

전술한 것처럼, 책임전가 전략은 잠재적 패권국이 존재하지 않는 다극체제의 경우에 가장 흔히 나타나는 전략이지만 상당히 막강한 국가가 존재하는 경우라도 책임전가 전략이 채택될 가능성은 항상 존재하기 때문에(Mearsheimer 2001, 329), 미국의 선택이 비합리적이었던 것은 아니었다.

그러나 억지전략인 책임전가는 안전한 전략이 아니며 잘못될 경우 전쟁이 발생하게 된다(Mearsheimer 2001, 161-162). 한국전쟁 역시 결국 미국이 억지전략으로 군사적 봉쇄를 대신하여 선택한 경제적, 이념적 봉쇄가 실패함으로써 발발하게 되었다. 강대국들 역시 오산하는 경우가 많고, 미국의 오판으로 인해 한국전쟁이 발생하였던 것이다(Mearsheimer 2001, 38).

소련이 추구한 지역패권으로 인해 발발한 한국전쟁은 한국인들에게는 감정이 개입될 수밖에 없는 문제이지만 소련의 입장에서 패권적 지위를 차지했을 때 얻을 수 있는 안보상의 이익은 엄청난 것이었다. 따라서 비록 그것이 달성하기 어려운 일이라도 강력한 국가들은 예외 없이 자신들의 지역에서 패권을 추구하기를 원한다는 설명을 상기시켜 보면(Mearsheimer 2001, 213), 김일성의 48번에 걸친 남침 제안을 마침내 받아들이게 된 소련의 결정이 무모한 것만은 아니었다.

아울러 전쟁 역시 국가들이 상대적인 힘의 증대를 위해 택하는 방법이자 중요한 전략이며(Mearsheimer 2001, 138; 140) 먼저 전쟁을 시작한 국가가 승리한 확률이 60%에 이르렀다는 지적(Mearsheimer 2001, 39)은 소련과 북한이 왜 전쟁이라는 극단적 선택에 이르게 되었는지를 보여주는 적절한 설명이기도 하다.

결국 소련이 강대국의 주요한 목표들 중 지역패권국이 되는 길을 선택함으로써 한국전쟁이 발생하게 되었다면, 이것이 자신들의 국가 이익에 방해가 되자 적극 개입하게 된 미국의 억지력으로 인해 한국 전쟁은 제3차 세계대전으로 확대되지 않을 수 있었다. 이후, 냉전기간 동안 미국에게는 한반도에서 소련과 세력균형을 이루는 것 이외의 다른 대안은 없었던 것이다(Mearsheimer 2001, 268).

참고문헌

국사편찬위원회. 한국사 데이터베이스(http://db.history.go.kr/)

국사편찬위원회, 전현수 역. 2007. 『쉬띄꼬프 일기』. 과천: 국사편찬위원회.

박종효 편역. 2010. 『러시아연방외무성대한정책자료 I: 1917-1980년 남, 북한 자료 6.25 한국전쟁관련 끄레물 극비자료』. 서울: 선인.

김영호. 1998, "한국전쟁 원인의 국제정치적 재해석 - 스탈린의 '롤백' 이론", 유영익 등편, 『수정주의와 한국현대사』. 연세대학교 출판부.

김정렬. 2010. 『항공의 경종: 김정렬 회고록』. 서울: 대희.

박찬표. 2007. 『한국 국가형성과 민주주의』. 서울: 후마니타스.

사오위린. 이용빈 외 옮김. 2017. 『사오위린 대사의 한국외교회고록』. 서울: 한울.

서울신문 1950.01.14.

서주석. 2008. 『한국의 국가체제형성』. 서울: 학술정보.

설인효·이택선. 2012. "미어세이머의 공격적 현실주의 이론과 21세기 동북아 국제질서", 『분쟁해결연구』, 제10권 제2호. 단국대학교 분쟁해결연구센터.

신욱희. 2011. "데탕트와 박정희의 전략적 대응: 박정희는 공격적 현실주의자인가", 『세계 정치』, 제32권 제2호. 서울대학교 국제문제연구소.

이정식. 2006. 『대한민국의 기원: 해방 전후 한반도 국제정세와 민족 지도자 4인의 정치적 궤적』. 서울: 일조각.

이택선. 2012. "취약국가 대한민국의 형성과정(1945-1950)". 서울대학교 외교학과 박사학위 논문.

이택선. 2014. "한국의 민주주의국가건설: 1945년 9월-1948년 8월의 한미관계와 미국 사법제도도입을 통한 제도 권력의 이식", 정일준 등저, 『한국의 민주주의와 한미 관계』. 대한민국역사박물관.

이현진. 2009. 『미국의 대한경제 원조정책 1948-1960』. 서울: 혜안.

자유신문 1950.04.28.

장준익. 1991. 『북한인민군대사』. 서울: 서문당.

정병준. 2006. 『한국전쟁: 38선충돌과 전쟁의 형성』. 서울: 돌베개.

정일준 등 저. 2014. 『한국의 민주주의와 한미관계』. 서울: 대한민국 역사박물관.

조기안. 2003. 『미군정기의 정치행정체제』. 서울: 아람.

조이스 콜코·가브리엘 콜코. 1992. 『한국 현대사의 재조명』. 서울: 돌베개.

하영선 편. 1999. 『한국전쟁의 새로운 접근: 전통주의와 수정주의를 넘어서』. 서울: 나남.

하영선. 2012. "EAI 사회과학 대 강좌 제5회". 서울: 동아시아연구원.

황지환. 2012. "한반도 분단과 한국전쟁의 국제정치 이론적 의미", 『국제정치논총』, 제52집 제3호. 한국국제정치학회.

Cumings, Bruce. 1981. *The Origins of the Korean War Volume I: Liberation and the Emergence of Separate Regimes,1945-1947*. Princeton, N.J.: Princeton University Press.

Cumings, Bruce. 1990. *The Origins of Korean War Volume II: The Roaring of the Cataract, 946-1950*. Princeton, N.J.: Princeton University Press.

Cumings, Bruce. 1997. *Korea's place in the sun : a modern history*. New York: Norton.

Cumings, Bruce. 김동노 외 옮김. 2001. 『브루스 커밍스의 한국현대사』. 서울: 창비.

Cumings, Bruce. 김자동 역. 2008. 『한국전쟁의 기원』. 서울: 일월서각.

DNSA(Declassified National Security Archive)

Foreign relations of the United States, 1949. 1949. The Far East and Australia Volume Ⅱ. Washington, D.C.: U.S. Government Printing Office.

Henderson, Gregory. 박행웅·이종삼 옮김. 2000. 『소용돌이의 한국정치』. 서울: 한울.

Hoag, Leonard. 신복룡·김원덕 옮김. 1992. 『한국분단보고서 상』. 서울: 풀빛.

Macdonald, Donald. 1992. U.S.-Kore an Relations from Liberation to Self-Reliance: The Twenty-Year Record: An Interpretative Summary of the Archives of the U.S. Department of State for the Period 1945 to 1965. Boulder: Westview Press.

Macdonald, Donald. 한국역사연구회 1950년대 반 옮김. 2001. 『한미관계 20년사(1945-1965년): 해방에서 자립까지』. 서울: 한울아카데미.

Matray, James. 1987. The Reluctant Crusade: American Foreign Policy in Korea: 1941-1950. University Hawaii Press.

Matray, James. 구대열 옮김. 1989. 『한반도의 분단과 미국: 미국의 대한정책, 1941-1950』. 서울: 을유문화사.

McCune, George. 1950. Korea Today. Cambrige: Harvard University Press.

Meade, Grant. 1951. American Military Government in Korea. New York: King's Crown.

Mearsheimer, John J. 2001. The Tragedy of Great Power Politics.

Mearsheimer, John J. 이춘근 역. 2004. 『강대국 국제정치의 비극』. 서울: 나남출판.

National Security Council Report 61. January 27. 1950.

Poulantzas, Nicos. 1979. Fascism and Dictatorship: the Third International and the Problem of Fascism. London: Verso.

Schnabel, James. 1996. History of the Joint Chiefs of Staff: The Joint Chiefs of taff and National Policy 1945-1947. Washington, D.C.: U.S. Government Printing Office.

Seol, In Hyo, Lee, Taek Sun. 2013. "Offensive Realism, and the Interpretation of North East Asian Regional Order: Debates between Mearsheimer's Offensive Realism and Its Alternative Perspectives", 『전략연구』, 제57호. 한국 전략문제연구소.

Slusser, Robert. 1977. "Soviet Far Eastern Policy, 1945-50: Stalin's Goals in Korea", Yonosuke, Nagai and Akira, Irie (eds), The Origins of the Cold War in Asia. New York: Columbia University Press.

Stone, Isidor. 1952. The Hidden History of Korean War. New York: Monthly Review Press.

Wallerstein, Immanuel. 1979. The Capitalist World-Economy. Cambridge: Cambridge University Press.

Wallerstein, Immanuel. 1984. The Politics of World-Economy: The State, the Movements, the Civilizations. Cambridge: Cambridge University Press.

Williams, William. 2009. The Tragedy of American Diplomacy. Cleveland: W.W Norton& ompany.

제3장

KEDO의 해체와
북한 핵에너지 정책의 방향전환:
국제적 핵통제 긍정론에서
국제적 핵통제 부정론으로*

이중구

* 이 글은 『한국정치학회보』 제52집 2호(2018)에 게재한 논문을 수정, 보완한 것임을 밝힙니다.

I. 서론

이 글은 "북한의 핵에너지 이용 정책이 IAEA의 감시를 받아들이지 않는 것으로 언제, 왜 변화했는가?"라는 질문을 던진다. 앞서 북한은 1994년 10월 제네바합의문에서 경수로 2기를 제공받는 대가로 무기급 분열물질을 생산하기 용이한 핵인프라를 동결하는 데 합의했었다.[1] 제네바합의문에 앞서 1994년 8월 경수로제공에 대한 미국의 보증을 받는 즉시 1987년부터 가동되기 시작한 5MW 흑연감속로와 당시 가지고 있던 50MW 원자로와 200MW 원자로의 건설계획을 포기하겠다는 입장을 밝혔던 것이다. 이러한 입장은 경수로제공에 대한 클린턴 대통령의 보증서한을 제네바합의문 발표 직후 북한이 접수하고 IAEA 사찰을 허용함에 따라 현실되었었다. 그러나 이후 북한의 핵에너지 이용에 관한 입장은 크게 변화해, 2009년의 제2차 핵실험 이후 외무성 성명을 통해 경수로를 자체적으로 개발하겠다는

---

[1] "Agreed Framework Between the United States of America and the Democratic People's Republic of Korea(Oct. 21, 1994)". https://2001-2009.state.gov/t/ac/rls/or/2004/31009.htm(검색일: 2018.01.15).

입장을 밝혔다. 2009년 4월 29일 외무성 성명은 경수로발전소의 핵연료를 생산하기 위한 기술개발, 즉 우라늄농축기술의 발전을 모색하겠다는 입장을 공표했던 것이다. 이는 북핵 2차위기 발생 이후부터 2009년 봄까지의 기간 중 어느 시점에서 경수로를 외부로부터 제공받는 것에서 자체적 건설로 그들의 원자력 이용 정책의 방향이 바뀌었다는 점을 함의한다. 이러한 정책변화를 바탕으로 북한은 NPT 복귀에 큰 이해관계가 없는 상황에서 분열물질을 대량생산할 수 있게 되었다. 이와 같이 북한 핵에너지 정책의 방향전환이 북핵협상과 북한의 핵능력 고도화와 관련해 중요한 함의를 갖는 만큼, 그 방향전환에 대한 이해가 필요하다.

이러한 정책적 변화는 제네바합의문 체제의 붕괴, 특히 경수로 제공을 위한 KEDO(the Korean Peninsula Energy Development Organization)의 해체와 연관 지을 수 있다. 9.19 공동성명이 도출된 6자회담 4차 회의(1단계 2005.07.26-08.07, 2단계 2005.09.13-19)에서 북한은 자국의 평화적 핵이용 권리에 대한 존중과 국제사회의 경수로제공 가능성이 담긴 조항이 비핵화 합의의 핵심조항이라고 주장했으나, 미국 측은 1994년 제네바합의문의 경수로제공방안이 북한의 완전한 핵폐기를 늦추는 기능을 했다는 점에서 그에 대해 비판적인 입장을 견지했다 (후나바시 2007, 522-579). 그에 따라 미국 국무부는 6자회담 대표인 크리스토퍼 힐(Christopher Hill)로 하여금 완전한 핵폐기가 이뤄진 이후에야 경수로 제공을 논의할 수 있다는 미국 측의 해석을 9.19 공동성명 발표 자리에서 폐막성명으로 발표하게 했다. 제네바합의문의 경수로 제공방안에 대한 당시 미국 정부의 부정적인 입장은 KEDO의 해체에서 절정에 다다랐다. 2005년 말 KEDO가 공식 해체됨에 따라, 단기적인 견지에서 북한이 경수로를 제공받을 수 있는 가능성은 사라진 것과 다름없게 되었기 때문이다.

KEDO라는 제네바합의문 체제의 물질적 기초가 해체된 사건이 북한의 핵정책에 미친 파장은 아직까지도 명확히 이해되지 못하는 측면이 있다. 2005년 말 이후 북핵문제는 2006년 10월 1차 핵실험까지 악화되어 갔지만, 이러한 사태의 전개는 KEDO의 해체와 거의 동시에 이뤄진 BDA 제재의 여파로 이해되었다. 북한의 BDA 제재에 대한 강력한 반발과(노동신문 2006.07.07) 제재 해제 요구 등 BDA 제재의 단기적 파장이 보다 뚜렷하게 나타났기 때문이다. BDA 문제에 비해 KEDO 해체 자체에 대한 북한의 반발은 작은 사건처럼 보였던 것이다. 또한 북한의 핵개발 자체는 9.19 공동성명의 합의와 관계없이 진행되어 온 문제로 이해되기도 했기 때문에, 국제사회의 경수로 제공 논의 해소가 주목되지 못한 측면도 있다. 북한은 핵무기 개발을 전략적 목표로 추구해왔다는 전제에서 핵무기 개발을 위한 시간벌기로 핵협상을 활용해왔다는 지적도 다수 존재한다. 북한의 핵합의 향후 준수 입장이 진의가 아니라는 이러한 시각에 따르면, 핵포기 의사가 없는 북한이 핵합의를 준수했을 때에야 제공될 경수로를 실제로 제공받을 수 있을 것이라고 스스로도 기대하기 어려웠을 것이다. 따라서 앞서서는 KEDO의 해체가 그들의 핵정책 방향 변화에 변수가 되었을 것만큼 중요한 사건이라고 생각하기 어려웠다.[2]

　　그럼에도 불구하고, 북한의 핵에너지 이용 정책, 그리고 제네바합의문의 청산과 관련되어 있을 비교적 최근의 변화는 북핵협상의 역사를 이해하고 향후 핵협상을 논의함에 있어 매우 중요한 문제이다. 핵에너지의 이용은 북한경제 저발전의 악순환을 깰 수 있는 수단으로 북한이 예상 밖으로 집념을 보이는 분야였으며, 제네바합의문의

---

[2]　KEDO 해체와 북한 핵에너지 정책 변화 사이의 관련성에 주목한다는 것이 2005년 BDA제재가 북핵협상의 부침에 영향이 없었다는 것을 의미하지는 않는다.

경수로제공방안은 미국의 대북안전보장과 더불어 북한의 핵무기 개발의 감속과 연계되어 유인으로 주목을 받았었다. 2005년 말 KEDO의 해체라는 사건의 북한 핵에너지 정책에 대한 영향도 그다지 파악되어 있지 못했기 때문에, 그에 대한 설명은 북핵협상의 역사에 대한 우리의 이해를 심화시켜줄 수 있다. 또한 북핵문제를 외교적으로 해결하고자 한다면 북핵협상의 영향에 대한 교훈과 북한 핵에너지 정책의 최근 주요 추세에 대한 이해도 긴요하다. 이러한 이해를 확보하기 위해 이 글에서는 북한의 평화적 핵활동 담론을 국제적 핵통제에 긍정적인 담론과 부정적인 담론으로 나누고, 이를 통해 북한 정책담론의 평화적 핵활동 담론이 언제 국제적 핵통제 긍정론에서 부정론으로 전환되었으며, 이 과정이 어떻게 이루어졌는지, KEDO의 해체 등 제네바합의문에서 마련된 요소의 청산으로부터 영향을 받은 것인지를 파악해보고자 한다.

Ⅱ. 기존연구 및 연구방법

북핵 1차위기에 대한 주요한 연구들은 제네바합의의 결과 국제적 핵통제를 받아들이는 방향으로의 북한의 핵에너지 이용 정책이 발전, 실현되었다는 함의를 제시하고 있다. 이들 논문은 제네바합의문이 원활히 이행되거나 그 유산이 남아 있던 시점에서 북한의 핵동결을 이끌어 낸 국제사회의 대북 인센티브가 무엇이었는가를 파악하는 데 주안점을 주고 있었다.[3] 우선, 시걸(Leon Sigal)은 북한이 IAEA에 가입한 1992년경의 시점부터 국제적 핵통제를 받아들이는 데 유연한 입장을 가지고 있다는 시각을 표현한 바 있다.[4] 그는 북한이 핵무기

---

3   Scott Snyder. 1997. "North Korea's Nuclear Program: The Role of Incentive in Preventing deadly conflict", in D. Cortright (ed.), *The Price of Peace: Incentive and International Conflict Resolution*, pp.55-81. Lanham, MD: Rowman and Littlefield; Leon V. Sigal, 1999. *Disarming Strangers: Nuclear Diplomacy with North Korea*. Princeton: Princeton University Press; Curtis H. Martin, 2000. "The US-North Korean Agreed Framework: Incentive-based Diplomacy after the Cold War", in Steve Chan and A. C. Drury (eds.), *Sanctions as Economic Statecraft: Theory and Practices,* pp.86-109. New York: St. Martin's; Randall E. Newnham. 2004. "Nukes for Sale Cheap? Purchasing Peace with North Korea", *International Studies Perspective*, 5(2), pp.164-178.

4   덧붙여, 유성옥(1996) 역시 1980년 이후 북한의 핵정책은 군사적 핵정책과 경제적 핵이용 중 전자에 다소 기울어진 형태였으나, 1992년 IAEA 안전조치협정 체결을 배경

개발에만 매진하고자 했다면 IAEA 안전조치에 서명할 이유도, 재처리 금지를 언급할 이유도 없었음을 강조하면서 1990년대 초반의 북한은 핵문제에 대한 타협을 통해 미국으로부터 정치적, 경제적 혜택을 받으려는 의도를 지니고 있었다고 언급했다. 1992년 5월 한스 블릭스(Hans Blix) IAEA 사무총장의 방북 시에 이미 북한은 재처리 포기의 대가로 경수로를 요구하고 있었다는 것이다(Sigal 1999, 40). 또한 1993년 7월 북미 2차 고위급회담을 통해서도 북한은 경수로제공 문제를 거듭 언급했었다고 지적했다(Sigal 1999, 69). 시걸은 저서에서 북한 측의 거듭된 타협 신호가 있었음에도 미국 정책결정자들이 북한과의 협상을 거부한 것은 북한에 대한 고정적 신념과 이미지 때문이라는 문제의식을 강하게 표출했다. 그는 북핵 1차위기 시의 북한의 대응방식은 전형적인 팃포텟(tit for tat) 전략이었으나, 미국 측이 북한과의 협상에 대한 거부감으로 위기를 겪은 이후에야 상호주의적인 협상을 뒤늦게 개시하게 되었다는 것이다. 그는 북한과의 협상을 기피하는 미국 측의 요인이 극복될 수 있었던 것은 전문지식과 공동의 이해로 결합된 인식공동체(epistemic community)의 존재 때문이었다고 지적했다. 그들의 노력을 미국의 정책이 1994년 6월 변화되기 시작한 계기였던 카터 전 대통령의 방북 배경으로 주목한 것이다(Sigal 1999, 251).

또한, 스나이더는 북핵 1차위기를 해소한 제네바합의에서 보이는 주된 특성은 전통적이거나 군사동맹 형태의 안전보장이 아니라 북한의 특수성에 기초하여 비확산 정책결정으로 유도하는 유인이 제공된 것임을 강조했다. 클린턴 행정부의 포괄적 접근방식(comprehensive

---

으로 경제적 핵이용에 보다 비중을 두는 방향으로 전환되기 시작했다고 지적했다(유성옥 1996, 65-67).

approach)과 관련하여, 그는 실제적이면서 재생될 수 없는 당근이 제공된 것이 주효했다고 평가하면서 유인구조가 양측의 국가이익을 파악한 바탕에서 구축되었다고 지적했다. 아울러, 경수로제공방안도 북미 양측이 그것을 국가이익이라고 보는 한에는 제네바합의가 지속적으로 이행되어갈 것이라는 전망도 내놓았다(Snyder 1997, 74). 이러한 그의 지적과 전망은 북한이 핵에너지의 이용을 국가이익으로 보고 있으며 제네바합의문의 경수로제공방안이 제공하고 있다는 점을 전제할 것이다. 이처럼 그는 경수로라는 핵에너지 이용 수단의 제공이 북한으로 하여금 국제적 핵통제를 받아들이게 하는 인센티브로 성립한다는 시각을 보였다.

덧붙여, 뉴넘(Newnham 2004) 역시 제네바합의문이 긍정적 제재로 북한의 핵정책을 변화시키는 역할을 수행했다고 평가했다. 그는 제네바합의문이 상대국의 행동을 바꾸기 위해 유인책을 제공하는 긍정적 제재(positive sanctions)의 하나로서 미국의 요구사항에 대한 북한의 반발을 줄이는 심리적 효과, 미국에 대한 인식을 완화하는 효과, 북미 간 협력의 범위를 늘리는 확산 효과(spillover effect), 북한 내부에 미국의 요구를 지지하는 경향이 이해집단을 형성시키는 국내 정치적 효과를 지닌다고 상정하고, 제네바합의문의 효과를 그 세 가지 효과의 틀을 통해 분석했다. 그리고 제네바합의문이 긍정적 제재의 효과를 통해 북한의 핵개발의 추가적 진전을 수년간 중단시키는 데 성공한 것으로 보아야 한다고 결론지었다. 제네바합의문에 담긴 긍정적 제재의 핵심이 경수로제공방안과 중유공급 등 경제적 유인이라는 점에서 그의 논지는 경수로제공방안 등이 북한으로 하여금 제네바합의문의 의무를 수용하도록 했다.

한편, 제네바합의문에 대한 일반적인 비관론도 존재한다. 1990년대 중반 미국 국내정치의 맥락에서도 제네바합의문은 경수로 건설 동안 북한이 특별사찰을 피할 5년의 시간만 제공해주었다는 비판을 받았다.[5] 제네바합의문과 북한의 핵개발 정책 간의 관계를 중심으로 보았을 때, 제네바합의문의 효과에 대해 비관적인 시각도 존재했던 것이다. 북한의 핵프로그램의 목적은 국가안보 상의 핵무기 개발이라는 시각에서는, 제네바합의문하에서도 북한의 핵개발 목적이 유지되었다는 점에서 제네바합의문이 핵에너지 이용 분야의 축에도 큰 영향을 주었다는 평가에 회의적이다. 손용우(2012, 272-274)는 제네바합의 이후 북한의 최대 딜레마는 항구적인 핵포기 문제에 있었다면서 북한이 제네바합의문을 준수하고 전력난을 해소하는 재래식 안보의 길과 제네바합의문을 즉각 폐기하고 핵보유국으로 직행하는 길 가운데 어느 길을 택할 것인지 고민했을 것이라고 추정했다. 이러한 바탕에서 그는 최종적으로 북한이 택한 길은 제3의 방안으로 2003년까지 일차적으로 핵프로그램을 동결하되 제네바합의문에서 강조되지 않은 우라늄프로그램을 통한 핵개발과 향후 기폭장치 개발을 위한 고폭실험 등을 지속적으로 추진하는 것이었다고 지적했다. 이처럼 제네바합의 이후에도 우회적 핵개발 가능성이 지속적으로 열려 있었음을 강조하는 시각에서는 경수로제공방안과 북한 핵에너지 정책변화 간에 직접적인 연관성이 없다거나 경수로제공방안에 대한 북한의 고려가 낮은 수준에 그쳤을 것이라고 보았다.

이러한 제네바합의문의 효과에 대한 긍정적 평가와 부정적 평가를 둘러싼 입장 중 무엇이 옳은지는 제네바합의문의 등장보다 오히려 KEDO 해체 등 제네바합의문의 퇴장으로부터 답해질 수 있다. 즉, KEDO 해체로 북한의 핵정책 변화가 뚜렷이 관찰되었다면, 제네바

---

[5]   John McCain, remarks at. 1995. "The U.S.-North Korea Nuclear Agreement: Current Status and Prospects for the Future", Heritage Foundation.

합의문의 경수로 제공방안이 북한의 핵정책 중 에너지 측면의 정책이라도 국제적 핵통제에 긍정적인 것으로서 고정시켜왔다고 결론지을 수 있다는 것이다. 또한 제네바합의문의 붕괴로부터 10년 이상이 흐른 지금은 그것을 둘러싼 정치적 논란을 떠나 제네바합의문과 북한의 핵정책 간의 관계에 대한 역사적인 이해가 이뤄질 때이다.

아울러, 북한의 핵에너지 정책 변화에 대한 실증적인 연구를 위해서는 북한의 핵에너지 이용 정책에 대한 기본적인 이해와 유형화가 선행되어야 한다. 제네바합의문 혹은 그 안의 경수로제공방안에 초점을 맞춘 기존의 논의들의 한계는 북한의 핵에너지 이용 정책을 어떻게 이해할지에 대한 기준이나 준거가 불명확하다는 데 있다. 기존 연구의 주장이 명확해지기 위해서는 제네바합의문으로 인해 북한의 경수로 확보 정책이 유형적 변화나 구체적인 수준의 변화가 있었는지 파악하기 위한 기준이 제공될 필요가 있다는 것이다. 경수로확보가 북한의 국가이익이었다는 스나이더의 지적은 북한도 핵에너지 이용을 추구한다는 바를 상기시키는 것이나, 그것을 넘어 협상의 결과, 북한의 특정한 변화가 있었음을 말해주는 것이 되기는 어렵다. 오히려 경수로확보가 국가이익일 때, 그 이익을 실현할 방편을 외부의 지원과 자체적 건설 중 무엇으로 보고 있는지가 제네바합의문의 효과 유무를 규정해주는 요소일 것이다. 1994~1995년 당시 국제사회가 북한에 경수로 2기를 제공하기로 했던 것은 북한으로 하여금 당장의 IAEA 감시와 장래의 특별사찰을 수용하게 하기 위했던 것이라고 할 때, 북한의 핵에너지 이용 정책이 국제적 핵통제를 수용함으로써 경수로를 외부로부터 지원받는 방안에 기초하는 것이 되었는가가 제네바합의의 효과를 보여주는 현상일 것이다. 한편, 북한이 그 안티테제, 즉 국제적 핵통제를 수용하지 않고 경수로를 스스로 건설하는 방안을 추구했는가는 북한이 국제적 기대와 달리 움직여갔음을 보여주는 현상이다. 실제로, 이러한 두 유형 중 어느 방향으로 북한이 핵에너지의 이용을 추구할 것인지는 북한 내부에서도 쟁점이 되었을 것이다. 1980년대 말 북핵문제의 대두 이래 북한은 핵사찰을 수용할 것인지, 거부하고 제재에 직면할 것인지 사이에서 정책딜레마를 경험해왔기 때문이다.

간략히 연구방법을 밝힌다면, 이 글에서는 북한의 당론 상의 핵에너지 이용 정책에 대한 논의를 분석함으로써 북한의 핵에너지 이용 정책이 어떠한 조건에서 변화했는지를 파악하고자 한다. 정책논의가 공개적으로 이뤄지지 않는 북한체제의 특성상, 북한의 행동이 무엇을 의미하는지에 대한 해석은 분분하다. 그 때문에 북한의 정책방향에 대한 근거는 그들의 행동을 넘어선 차원에서 체계적으로 마련될 필요가 있다. 이 점에서, 북한의 당론은 그들의 정책방향을 알려주는 객관적인 준거가 될 수 있다. 비록 그들의 공식담론에는 선전상의 고려가 들어간다고 하더라도, 공식담론에 대한 분석에서 선전상의 고려는 상수가 되기에 공식담론 내에서의 변화로 북한의 정책적 방향의 변화를 식별할 수 있다. 특히 이 글에서는 북한의 공식담론 중에서도 보다 핵심적인 당론 층위의 주장을 분석대상으로 상정하여 공식화 수준이 높은 정책변화 동향을 분석한다. 이는 비교적 높은 수준의 정책변화의 자취이다. 당론을 파악하기 위해서는 노동당의 대외정책을 주기적으로 간결히 해설해주는 "월간국제정세개관(이하 <개관>)"을 활용했다.[6] 연구기간은 "<개관>"이 시작되는 1983년부터 북한의 자체적 경수로 건설 방침이 경제·핵 병진노선의 일부로까지 제시된 2013년까지로 설정했다.

---

6   이중구. 2016. "북한 핵담론의 당론화 과정과 당론강화 동학", pp.25-31. 서울대학교 정치외교학부 박사학위논문.

Ⅲ. 평화적 핵활동 담론과 북한

1. 평화적 핵활동 담론의 유형

핵에너지의 이용에 대한 정책담론은 일반적으로 핵에너지의 경제적 이용을 긍정하는 시각과 부정하는 시각으로 구분지어질 수 있다. 핵에너지의 이용에 긍정적인 시각들은 핵에너지의 평화적 이용을 지지하는 논의로 나타난다. 이는 평화적 핵활동 담론으로 불릴 수 있다. 핵에너지의 이용을 긍정하는 태도의 평화적 핵활동 담론에서는 핵에너지의 자유롭고 적극적인 이용을 강조하고, 타국에 대한 핵에너지 협력도 공공의 이익을 증진시키는 것으로 규정된다. 일례로, 이러한 긍정적 태도를 전형적으로 보여준 구소련은 1940년대 말에는 주권국가의 평화적 핵활동에 대한 국제적 통제를 거부했었고, 1950년대 중반 최초의 원전을 건설한 이후에는 우방국들에게 핵에너지의 이용기술을 전파하기 위해 활발한 교류활동을 전개했었다(Ginsburgs 1960). 반면, 핵에너지의 경제적 이용에 대해서도 부정적인 태도가 존재할 수 있다. 이러한 시각에서는 핵기술에 대한 공개적인 토의를 거부하고 그 자체를 금기시하기도 한다. 핵에너지 기술의 논의 자체가 인류에 대한 파멸의 씨앗이 되기 때문에 그 출현 자체를 막아야 한다고 보는 것이다. 1930년대에 핵분열 연쇄반응 공식의 비공개를 위해 노력한 레오 실라르드(Leo Szilard)가 대표적인 예일 것이다. 핵에너지로 인한 재앙에 주목하는 탈핵담론도 이러한 시각에 해당한다. 2011년 독일의 원전제로 방침은 그 정책화 사례이다(염광희 2012, 58-81).

이 가운데, 핵에너지를 긍정하는 담론은 다시 국제적 핵통제를 긍정하는 시각의 것과 부정하는 시각의 것으로 나눠질 수 있다. 국제적 핵통제를 긍정하는 시각은 핵무기로 전용될 수 있는 기술과 원료, 그리고 인프라에 대한 국제기구의 통제를 주장할 수 있다. 이러한 시각을 기초로 IAEA의 사찰제도와 핵비확산 레짐이 구축되었다고 할 수 있을 것이다. 국제적 핵통제를 긍정하는 시각은 핵무기 독점시기 미국의 국제적 핵주장에서 전형적으로 드러났다. 제2차 세계대전 당시 닐스 보어(Niels Bohr)는 군사적으로 전용될 수 있는 핵기술 이용의 단계적 진전들에 대해서 국제적 통제체제가 구축되어야 한다고 강조했고, 이러한 시각이 오펜하이머, 에치슨-릴리엔탈 계획(Acheson-Lilienthal Plan)을 거쳐 후일 미국 측의 1946년 바루크플랜(Baruch Plan)에 반영되었던 것이다. 1946년 6월 14일 유엔에 제출된 바루크플랜은 핵무기 개발 관련 활동은 물론 우라늄과 토리움의 공급을 통제하는 국제기구(International Atomic Development Authority)를 설립해야 하며, 핵기술을 군사적으로 이용하려는 국가에 대해서는 국제사회가 처벌을 가해야 한다고 제안했던 것이다. 물론 이는 당시 핵개발을 진행 중이던 소련을 겨냥한 것이었다.

반면, 국제적인 핵통제를 부정하는 시각에서는 핵에너지 기술 이용 노력을 국제사회가 통제하려는 노력을 주권에 대한 침해로 규정하고, 그를 거부한다. 이 시각에서는 핵통제 시도를 기득권 국가의 핵무기

독점 시도로 규정할 수도 있다. 이러한 국제적 핵통제 부정론은 핵 개발 시기 구소련에서 명확하게 표현되었는데, 당시 소련은 바루크 플랜에 반대하며 자국의 핵에너지 이용은 주권국가로서의 권리라고 주장했다(Holloway 1994, 161-166). 국제기구가 주권국가의 활동을 통제할 수는 없다는 논리였다. 이러한 입장에서 소련은 1946년 미국 측의 바루크플랜을 거부하고, 핵인프라는 개별국가의 소유, 통제하에 존치하면서 국제기구의 역할은 이들 시설에 대한 사찰에 국한할 것을 주장했다. 또한 1946년 10월 몰로토프(Vyacheslav Mikhaylovich Molotov) 외상은 바루크플랜을 미국의 핵독점 보장시도라고 강력히 규탄했다.

[표 1] 핵에너지의 이용에 대한 시각과 북한 핵담론의 유형

북한은 1950년대 소련의 영향으로 핵에너지의 이용을 적극적으로 추구하는 시각을 수용했다. 1953년 12월 8일 아이젠하워(Dwight D. Eisenhower) 대통령이 유엔총회에서 '평화를 위한 핵(Atom for Peace)' 구상을 발표한 이래 1950년대 중반에는 핵에너지의 이용을 고무하기 위한 논의가 국제적으로 왕성하게 전개되었고, 이에 자극을 받아 구소련은 사회주의권의 핵에너지 이용을 고무하기 위한 핵협력을 추구해갔던 것이다. 소련은 1954년 6월 26일 완공한 오브닌스크(Obninsk) 원전을 통해 미국보다도 먼저 경수로를 완공하여 핵에너지의 경제적 이용 분야에서 앞서가고 있다는 인식을 가지고 있었고, 핵에너지의 이용을 현대 과학기술의 정점으로 강조하고 있었다(Holloway 1994, 355-358). 사회주의 이데올로기의 기초가 과학기술의 진보로 인간을 노동으로부터 해방시키는 것이라고 할 때, 핵에너지는 과학기술의 발전에 따른 새로운 에너지원으로서 사회주의 이데올로기와 자연스럽게 결합되었던 것이다. 당시 소련은 사회주의권의 핵기술 이용을 진작시키기 위해 1956년 3월 두브나(Dubna)에 '합동 원자핵 연구소(The Joint Institute of Nuclear Research)'를 설립했다. 이러한 소련의 동향을 주시하던 북한은 1953말부터 본격화된 IAEA 창설을 위한 논의를 파악하고 있었다. 1954년 세계평화이사회(World Peace Council)의 결의문이 북한의 『조선중앙년감 1954~1955』에 실려 있다. 이는 미국 측의 "평화를 위한 핵" 구상에 대한 소련 측의 비판적 입장을 반영하고 있는 문건이었다(구갑우 2014, 223). 또한 북한은 1954년에서 1955년 사이에 왕성하게 전개된 소련의 사회주의 핵협력 활동을 국내에 대대적으로 소개했다. 일례로, 소련이 주관한 "원자력의 평화적 핵이용"에 관한 학술회의의 관련 소식을 회의기간 내내 거의 매일같이 전파했던 것이다(노동신문 1955.07.04; 노동신문 1955.07.06; 노동신문 1955.07.07). 소련이 참가한 서방측의 1955년 8월 '원자력 평화이용국제회의(International Conference on the Peaceful Uses of Atomic Energy)' 역시 예외가 아니었다. 이 회의의 내용 역시 매일같이 『로동신문』에 보도되었으며, 관련 기사를 통해 북한 당국은 "인류의 재능이 이룩한 원자 분야에서의 거대한 재부를 평화적 목적에 리용할 가능성이 점차 중요한 국제적 현실로 되고 있다"고 강조했다(노동신문 1955.08.15; 노동신문 1955.08.20; 노동신문 1955.08.23; 노동신문 1955.08.24; 노동신문 1955.08.25; 노동신문 1955.08.26). 이어 1956년에 두브나 연구소가 설립되면서 북한의 과학자들의 파견 연수도 이루어졌다.[7] 이후 당대회 때마다 북한은 핵기술의 경제적 이용을 추구한다는 입장을 밝혀왔다. 1961년 9월의 4차 당대회와 1970년의 5차 당대회에서는 물론 1980년 6차당대회에서도 김일성은 핵산업의 발전을 위한 지침을 지속적으로 제시했던 것이다(돌베개 편집부 1988, 215; 왕선택 2013, 23, 노동신문 1980.10.11). 이처럼 핵에너지 이용을 긍정하는 북한의 평화적 핵활동 담론은 후일 북한이 핵비확산 체제 가입의 압력을 집중적으로 받게 되는 시점에서 핵통제를 받아들일 것인지를 둘러싼 긍정적 입장과 부정적 입장을 모두 형성해가게 된다.

2. 북한의 평화적 핵활동 담론

북한은 국제적 핵통제를 수용하는 핵에너지의 이용 담론과 거부하는 평화적 핵활동 담론을 모두 가지고 있다. 핵기술의 도입 초창기 북한은 국제적 원자력 협력도 이용하여 핵에너지 기술을 확보해야 했기 때문에, 국제적 핵통제를 수용하는 시각을 가지고 있었을 것이다. 1974년 9월 북한은 기술정보의 획득을 위해 IAEA에 가입하기도 했었고, 1977년 12월 14일에는 IAEA와 부분안전조치협정 INFCIRC 66형을 체결하기도 했다(폴락 2012, 71; 유성옥 1996, 78). 아울러, 핵개발을 진행하던 시기에 NPT에 가입한 북한은 NPT 체제에서 자국의 핵무기 개발에 대한 의혹에 따른 제재를 받을 수 있으므로, 국제적 핵통제에 부정적인 입장도 형성시켜 갔다. 북한의 핵기술 발전의 목표가 궁극적으로는 핵무기 개발을 염두에 둔 것이라고 할 때, 핵개발기 소련이 그랬듯이 북한도 국제적 핵통제에 대한 부정적인 입장을 발전시켜갔던 것이다. 국제적 핵통제 수용에 대한 찬반을 중심으로

---

7   1956년부터 두브나 연구소의 공동연구에 참가한 북한 핵과학자들과 핵전문가들은 모두 약 250명에 이른다(Moltz and Mansourove 2000, 28-30).

평화적 핵활동 담론을 두 가지로 구분할 때, 북한이 국제적 핵통제의 긍정론과 부정론이라는 상반된 두 담론을 모두 가진다는 점은 분석적 의미를 갖는다. 북한의 평화적 핵활동 담론의 스팩트럼이 넓기 때문에, 북한의 핵에너지 이용 정책의 변화는 한 담론의 쇠퇴와 다른 담론의 부상으로 관찰될 수 있는 것이다. 만약 북한이 국제적 핵통제를 부정하는 평화적 핵활동 담론만을 갖는다면, 오직 한 방향의 담론적 흐름만이 보여지기 때문에 긍정론에서 부정론의 변화와 같은 큰 폭의 방향전환은 관찰되기 어렵다.

특히, 국제적 핵통제 수용 여부가 북한 내부의 쟁점이 된 것은 1992년 IAEA 가입과 북핵 1차위기 전후였다. 앞서 북한은 전력생산용 원전을 자체적인 기술로 건설한다는 입장을 가지고 있었다. 1974년 자체적으로 원전을 건설할 것을 요구한 김일성은 그러한 시각을 보였던 것이다. 물론 1985년 12월 소련과 경수로제공협정을 체결하는 대신 NPT에 가입하면서 북한은 국제적 핵통제를 받아들이는 모습도 보여주기도 했지만, 소련 측에 경수로 건설에 필요한 대금을 지불하지 못함으로써 NPT에 가입한 실리적 목적을 달성하지 못하고 있었다. 이에 북한 당국은 전력생산용 50MW, 200MW 원자로를 자체적으로 건설하여 전력수요를 감당하는 방안으로 1990년대 초 다시금 기울어지고 있었다. 이러한 상황에서 다시 한번 북한은 국제적 핵통제를 수용하지 않을 수 없었다. 냉전 말기 한국의 북방정책에 대응하기 위해 북일, 북미수교를 전략적으로 추구하던 북한은 북미대화를 위해 1992년 4월 IAEA 안전조치 협정을 비준하지 않을 수 없었던 것이다. 또한 북미관계의 진전이 없는 데 불만을 가진 북한이 NPT를 탈퇴함으로써 조성된 북핵 1차위기 시 북한은 국제적 핵통제를 긍정하지 않으면 전쟁도 감수해야 했다. 더욱이 경제위기를 감안해서도 전쟁위기를 피해야 할 필요가 뚜렷했던 북한에서는 국제적 핵통제 긍정론을 펴며 NPT에 복귀하고 IAEA의 핵시설 모니터링을 받아들이지 않을 수 없었다. 이처럼 국제적 핵사찰 수용 여부가 정책적 과제가 된 결과, 북한에서도 평화적 핵활동은 국제적 핵통제 긍정론과 부정론으로 분화되어 나타났던 것이다.

(1) 국제적 핵통제 긍정론

국제적 핵통제를 긍정하는 북한의 평화적 핵활동 담론으로서, 우선 주목되는 논의는 북미합의 내의 경수로 추구이다. 북한의 원전건설 사업이 북핵 1차위기의 쟁점이 된 배경에서, 북한은 미국과의 타협을 모색하여 '북미합의 내의 경수로' 언표를 제기했다. 북한은 1992년 5월 한스 블릭스 IAEA 사무총장의 방북 시 흑연감속로를 대체할 경수로를 요구했었고, 1993년 6월 2일 뉴욕에서 열린 북미 2차 고위급회담 첫날부터 강석주 외교부 부상은 흑연감속로를 포기하는 대가로 미국이 경수로기술을 이전해주어야 한다는 주장을 다시금 제기했던 것이다(Wit 외 2005, 64). 1993년 7월 14일 제네바로 장소를 옮긴 북미 고위급회담에서도 북한의 경수로제공방안은 보다 본격적으로 제기되었다. 강석주는 기존의 원자로를 새로운 경수로원자로로 대체할 준비가 되어 있다는 "지령"을 공개했던 것이다. 강석주가 북미 2차 고위급회담에서 제기했던 미국으로부터 경수로를 제공받는 방안이 북한의 국내매체에까지 등장하기 시작한다. 1994년 1월 31일의 외교부 대변인 성명은 북미 간의 합의에는 흑연감속로의 포기도 포함되어 있다고 지적함으로써 경수로제공방안을 일부 노출시켰던 것이다(노동신문 1994.02.01). 특히, 경수로제공 요구가 북한매체에서 북미합의의 내용으로 직접 주장된 것은 1994년 4월 27일 북한 외교부 대변인 기자문답이었다. 이 기자문답은 영변원자로의 연료봉을 교체하는 이유는 흑연감속로 체계를 경수로체계로 전환시키는 북미

합의의 이행이 요원해졌기 때문이라고 언급했던 것이다(노동신문 1994.04.28). 그리고 이처럼 북한 내부에서 서서히 부상되던 경수로 제공방안은 김일성이 1994년 6월 카터와의 회담에서 북핵문제의 해법으로 제기하면서 북핵협상의 핵심사안으로 확대되었다.

이후 경수로제공방안을 통해 북핵 1차위기가 해결되면서, 경수로 제공방안은 경수로를 제공받기 위해 미국의 NPT 복귀요구를 수용한다는 조건부의 국제적 핵통제 긍정론의 입장을 의미한다는 점이 명확해졌다. 이러한 입장은 외교협상 공간에만 국한되었던 것이 아니라 1994년 8월 13일자『로동신문』에 북한이 경수로와 중유를 제공받는 대가로 기존의 핵시설을 IAEA의 감시 밑에 둔다는 합의를 담은 북미합의성명이 1면에 게재됨으로써 북한 주민들에게도 널리 알려졌다. 이는 경수로를 획득하기 위해 NPT에 복귀한다는 경수로 제공방안의 의미는 북한 내부적으로 명백히 천명되었던 것이다.

다음으로, 북한이 자신의 "평화적 핵활동 권리"를 주장하는 것 역시 국제적 핵통제 긍정론에 속하는 논의이다. 북한의 "평화적 핵활동 권리"에 대한 논의는 비핵국가들은 "평화적인 핵활동에서조차 국제 원자력기구의 감시와 통제를 받게 되어있다."는 NPT 체제의 문제점을 지적하는 언급 중에서 제기되기 시작했으나(노동신문 1994.09.30, 6), 이 주장이 제네바합의문 체결 직전에 제기되었다는 점, NPT 체제 내부에서 제기되는 비판의 형태를 띠고 있었다는 점 등에서 알 수 있듯이, 북한의 자체적 "평화적 핵활동 권리" 주장은 국제적 핵통제를 긍정하겠다는 입장의 발로였다. 이를 통해 북한은 국제적 핵통제에 대한 비판적 수용의사를 나타냈던 것이다. 북한의 국제전 핵통제 긍정론은 핵보유국도 비핵국가와 같이 구제적 핵통제를 받아야 한다는 것이며, 북한의 평화적 핵활동 권리 언표도 이러한 원칙적 입장을 전제했다.

(2) 국제적 핵통제 부정론

국제적 핵통제에 대한 북한의 부정론을 대표하는 논의는 그들의 NPT 가입 이후 자립적 핵동력 공업 주장(혹은 '북미합의 외의 경수로 건설' 주장)이다. 북한의 공식담론에서 "자립적 핵동력공업" 언표가 본격적으로 제기된 때는 IAEA 안전조치협정 가입 직후인 1992년 4월이었다. 1980년대의 원자로의 건설과정은 선전의 대상이 아니었으나, 1992년 IAEA 가입 이후 북한은 원자로 건설사업의 성과를 공개적으로 강조했던 것이다. 1992년 4월 11일자 『로동신문』의 "자립적인 원자력공업창설을 위한사업에서 이룩한 성과" 제하 기사는 김일성 80세 생일을 기념하며 원전건설 성과의 홍보에 초점을 맞췄다(노동신문 1992.04.11). 자신들이 자력갱생과 간고분투의 정신으로 "자립적인 핵연료공업을 세우고 첫 시험 원자력발전소를 건설하여 정상운용"하고 있다며, 영변에 있는 5MW 원자로를 자립적 원자력산업 건설을 위한 노력의 성과라고 언급했던 것이다. 또한 기사는 원전건설을 위한 과학기술인력이 김일성종합대학에서 육성되었고, 원전에 필요한 설비와 자재도 대안중기계연합기업소 등에서 자체적으로 조달되었다고 설명하고, 그 결과로 "우리의 기술, 우리의 설비, 우리의 힘으로 자체의 자원에 기초한 핵연료, 핵재료 생산공업이 창설되고 1986년 초에 전기출력이 5,000킬로와트인 첫 시험원자력발전소가 건설되었다."고 강조했다. 후속사업으로 50MW, 200MW 규모의 원자로 건설도 추진될 것이며, "2000년경에는 원자력총발전능력이 수백만키로와트에 이르게 된다."는 원자력산업의 전망도 밝혔다.

물론, 앞서서도 김일성이 1974년 초 자립적 원전 건설 주장을 제기한 바 있다. 다만, 이를 국제적 핵통제 부정론의 본격화 시점으로 조명하는 데에는 주의할 필요가 있다. 1974년 3월 7일 전국공업열성자대회에서 김일성이 자체의 힘으로 원자력발전소를 건설할 것을 역설했고(김진철 1987, 149), 이는 후일 1980년 6차 당대회 직후 추진된 영변 5MW 원자로 건설이라는 실제 행동으로 연결되는 논의였다. 그럼에도 불구하고, 이때의 자체 원전건설 요구는 국제적 핵통제를 회피하려는 입장을 관철할 의사를 아주 강하게 띠고 있는 것은 아니었다. 당시 북한은 아직 원전 등 비교적 큰 규모의 핵인프라를 가지고 있지 못했고 핵에너지 이용 기술도 상대적으로 뒤떨어져 있었기에, 기술협력을 위해 IAEA에 가입하더라도 그에 필요한 부분안전조치 협정만 체결하면 되었다. 실제로 김일성의 자체 원전 건설 요구로부터 반년 뒤 북한은 IAEA에 가입했고, 1977년 12월 IAEA 부분안전조치협정 INFCIRC 66형을 체결함으로써 영변의 연구용 원자로에 대한 사찰도 허용했다.

다음으로, 북한의 국제적 핵통제 부정론의 또 다른 논의는 북한이 자국이 아니라 또 다른 핵개발 의혹 국가의 "평화적 핵활동 권리"를 옹호하는 것이었다. 주로 미국과 이란 간의 핵문제를 소재로 제시되는 '외국의 평화적 핵활동 권리' 논의는 다른 "반미자주적" 나라들이 군사적 제재를 감수하고서라도 외국이 핵프로그램을 지키고자 하고 한다는 메시지를 청중에게 제시한다. 이란과 같은 '자주적 국가'들이 미국과 서방의 군사제재와 경제제재에도 불구하고 핵프로그램을 단호하게 수호하고 있다는 내용의 '외국의 평화적 핵활동 권리' 논의는 북한도 핵에너지의 이용을 위해 국제적 제재를 감수하는 것이 타당하다는 의미를 제시함으로써, NPT 미복귀, 그에 따른 국제제재의 감수를 정당화한다. 북한의 정책담론 속에서 '외국의 평화적 핵활동 권리' 논의는 핵프로그램이 빼앗길 수 없는 주권국가의 권리임을 강조하는 것으로서 국제적 핵통제 부정론을 정당화하는 것이다(노동신문 2005.02.27).

아래의 [표 2]에서는 북한의 평화적 핵활동 담론의 논의가 국제적 핵통제에 대한 긍정, 부정 입장에 따라 나뉘어 제시된다. 국제적 핵통제 긍정론에는 '북미합의 내의 경수로' 언표, '북한의 평화적 핵활동' 언표가, 국제적 핵통제 부정 방향의 논의에는 '북미합의 외의 경수로(자립적 핵동력 공업)'에 대한 언표, 그리고 이란을 소재로 한 '외국의 평화적 핵활동 권리' 언표가 포함된다. 이러한 언표가 표현되는 구체적 방식 역시 "<개관>"에서 이들 언표의 원형이 약간의 표면적 수정만을 거쳐 거듭 나타나는 모습을 통해 파악될 수 있다.

[표 2] 북한의 핵에너지 이용 담론과 언표

구분	언표(하위논의)	구체적 표현의 종류	비고
국제적 핵통제 긍정	북미합의 내의 경수로제공	우리의 흑연감속원자로계획을 경수로기술로 교체하는 사업	
		우리가 경수로를 제공받으려면	
		우리 공화국의 흑연료체계를 경수로체계로 교체하는 문제	
		경수로제공	
		경수로문제에서의 대치상태를 타개	
		〈남조선형〉경수로를 고집	
		조미기본합의문에 따라 진행되어 오던 경수로건설	
		경수로를 하루빨리 제공	
	북한의 평화적 핵활동	비핵국가들은 평화적인핵활동에서조차 국제원자력기구의 감시와 통제를 받게 되어 있다.	제네바합의문 체결 전후의 언급
		우리의 평화적핵활동권리	
국제적 핵통제 부정	북미합의 외의 경수로건설(자립적 핵동력공업)	우리 식의 경수로	
		자립적핵동력공업	
	외국의 평화적 핵활동	평화적인 핵활동	이란 대상
		평화적핵활동	이란 대상
		평화적핵계획	이란 대상
		평화적핵개발권리	이란 대상
		우라늄농축권리	이란 대상

Ⅳ. 북한의 평화적 핵활동 담론의 추이

북한의 평화적 핵활동 담론에 대한 Ⅲ장의 논의 구분과 각 하위 주장을 통해 북한의 평화적 핵활동 담론의 추이를 나타내면 아래 [표 3]과 같다. 노동당의 대외정책을 제시하는 "<개관>"에서 보인 이와 같은 추이는 북한의 대외정책상 강조하는 입장이 1983년부터 2013년까지의 시기에 어떻게 변해왔는지를 보여줄 것이다. 이러한 평화적 핵활동 담론의 자취가 국제적 핵통제 문제를 기준으로 명확한 변화를 보여줄 때, 우리는 핵에너지의 이용을 위한 전략과 관련된 북한의 정책적 입장이 변화했다는 점을 확인할 수 있게 된다.

이러한 논의의 자취가 보여주는 것은 2005년을 거치면서 북한의 평화적 핵활동 담론의 지배적인 논의가 국제적 핵통제 긍정론에서 국제적 핵통제 부정론으로 변화해갔다는 점이다. 1994년 말 제네바 합의문 체결 시점에서는 국제적 핵통제 긍정론의 주장들이 "<개관>"에 자리 잡았었다. 이는 북한의 핵에너지 이용에 관한 정책을 국제적 핵통제 긍정론이 주도하고 있음을 보여주는 것이었다. 이에 반해, 2005년 초부터는 '외국의 평화적 핵활동 권리' 논의와 같은 국제적 핵통제 부정론이 보이기 시작했고, 2005년 말에 이르면 국제적 핵통제

부정론이 북한 평화적 핵활동 담론에서 지배적인 위치를 점하게
되었다. 이 시점 이후에는 경수로제공방안 등 국제적 핵통제에 대한
긍정론이 북한의 당론 수준 논의에서 전혀 언급되지 않고, 국제적
핵통제 부정론의 논의들만이 보이게 되었던 것이다.

[표 3] "〈개관〉" 내 평화적 핵활동 담론의 전개(1983~2013)

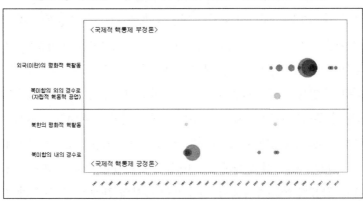

주) 각 언표의 구체적 표현형은 [표 2] 참조. 각 원의 크기는 언표의 빈도에 비례함.

이러한 흐름에서 특기한 점은 북한의 평화적 핵활동에 대한 담론이
2005년 2월의 핵보유성명 발표를 기점으로 북미합의의 이익을 기대
하지 않는 것으로 서서히 방향을 전환하기 시작한 것에 있다. 1990년
대 제1차 북핵위기 시 북한의 평화적 핵활동 담론은 북미합의를 통해
얻을 수 있는 원자력부문의 이익을 바라는 태도를 담고 있었다. 이는
1994년에 등장한 "경수로제공문제"에 대한 언표와 북한의 "평화적
핵활동"에 대한 언표에 반영되어 있었다. 그에 반해, 북한의 2005년
2월 핵보유성명 이후에는 NPT 복귀에 부정적인 관점의 "평화적 핵
활동 권리"에 대한 언표가 제기되었다. 2005년 초부터 이란의 "평화
적 핵활동 권리"에 대한 논의가 제기되기 시작했던 것이다. 이 논의

속에서 이란은 핵개발 의혹과 제재에도 평화적 핵활동의 주권적 권리를 포기하고자 하지 않았다. 이 소재는 NPT하에서 평화적 핵활동을 추구하기가 얼마나 어려운지를 강조해주는 것이었다. 이에 따르면 NPT 복귀는 매력 없는 옵션이 되었다.

그럼에도 불구하고 9.19 공동성명 발표 시까지는 북한의 당론 내에, 북미합의를 통하여 NPT 조약의 의무를 받아들이고 경수로를 외부에서 획득하자는 평화적 핵활동 담론과, NPT 복귀에 부정적인 평화적 핵활동 담론이 공존하고 있었다. NPT 복귀요구를 받아들일 수 있다는 입장을 전제로 하는 '북미합의하의 경수로', 북한의 "평화적 핵활동" 언표와 NPT 복귀의 부정적 측면을 보여주는 이란의 "평화적 핵활동 권리" 언표가 2005년 연중에는 당론 내에 공존했다는 것이다. 특히, 9.19 공동성명 발표 시 북한의 "평화적 핵활동" 언표가 직접적인 형태로 제시되었기 때문에, 9.19 공동성명 발표 시에는 NPT 체제 복귀, 국제적 핵통제 수용에 대한 북한 내부의 찬반 양론 중 국제적 핵통제 긍정론에 다시금 무게가 실리고 있었을 가능성이 컸다.

그러나 2005년 9.19 공동성명의 경수로제공방안을 미국이 거부한 이후 평화적 핵활동 담론은 NPT 복귀에 부정적인 국제적 핵통제 부정론에 의해 주도되었다. 2005년 말 이후 국제적 핵통제 긍정론의 북미 간의 비핵화합의의 이익을 나타내는 '북미합의 하의 경수로' 등이 사라지는 대신, NPT 복귀에 부정적인 이란의 "평화적 핵활동" 언표는 유지되었다. 또한 '북미합의 외의 경수로' 언표가 등장했다. 9.19 공동성명의 발표와 함께 미국 측이 KEDO의 해체의향을 밝힘에 따라, 북한이 '자체로' 경수로를 건설하는 방안을 검토하고 당론화시켜 갔기 때문이다. 2005년 12월 "<개관>"에는 "자립적 핵동력 공업" 등 국제적 핵통제 부정론의 언표가 등장했다. 그 이후 북한의 평화적 핵활동 담론은 국제적 핵통제를 부정하는 논의인 이란의 "평화적 핵활동 권리" 언표를 중심으로 전개되었다. 후술하겠지만, 2009년 3/4분기부터 2010년 3/4분기까지 보인 이란의 "평화적 핵활동 권리" 언표의 강화 추세는 2009년 여름부터 진행된 북한의 우라늄농축시설 확충 공정의 진행과도 맞물려 있었다.

실제로, 이러한 북한의 평화적 핵활동 담론의 추이와 그에서 보이는 담론의 방향전환은 북한 당국의 핵에너지 이용 의지와 관련 전략이 전개된 양상과 상당히 합치한다. [표 3]을 참고할 때, 평화적 핵활동 담론이 강화되었던 시기는 1994년 하반기부터 1995년 상반기까지의 약 1년, 2005년 3/4분기부터 2006년 1/4분기까지의 시기, 그리고 2009년 3/4분기부터 2010년 3/4분기에 이르는 시기였다. 이 세 시기는 모두 경수로 및 핵연료공장을 확보하기 위한 북한의 노력이 그 시기의 평화적 핵활동 추진방향에서 적극적으로 전개된 때였다.

우선, 국제적 핵통제 긍정론이 강화되었던 1994년 하반기부터 1995년 상반기까지의 기간 중 북한은 경수로제공방안 관철에 의지를 갖고, 한국형 경수로 노형을 받아들이는 타협을 감수하면서 핵에너지의 이용을 적극적으로 모색한 시기였다. 당시 북한은 김일성의 사망 이후에도 1994년 8월 5일 재개된 3차 고위급회담에서 미국 측이 한국형 경수로의 제공 가능성을 언급한 것을 문제 삼지 않는 등 한국형 경수로를 도입할 여지를 열어놓았다(Wit 외 2005, 332). 이후 경수로노형 확정 협상 과정에서 북한은 공급협정에 한국표준형 경수로가 제공될 것이라는 내용을 포함하는 문제를 두고 1995년 4월의 3차 협상까지도 미국 측과 논쟁을 벌였으나, 쿠알라룸푸르 회담(1995.05.19~06.13)에서 한국표준형 경수로 표기 문제가 기술적으로 해소되자 경수로 공급협정을 체결했다(서보혁 2004, 249-250; Wit 외 2005, 436-438).

한편, 국제적 핵통제 긍정론과 국제적 핵통제 부정론이 모두 보인 2005년 3/4분기 이후 반년여의 기간 동안 북한은 평화적 핵활동에

대한 강력한 의지를 보였지만, 경수로제공방안이라는 하나의 추진
전략만을 고수하지 않았다. 당시 북한의 핵에너지 이용 욕구는 매우
강력했다. 6자회담 4차회의에서 북한은 경수로조항이 6자회담 공동
성명에 포함되지 않으면 공동성명 발표에 합의할 수 없다는 강경한
입장을 보였고, 공동성명 발표 직후에도 경수로제공 여부가 합의이행
의지의 "시금석"이라고 선언했던 것이다. 그러면서도 북한은 경수로
제공방안의 실현이 KEDO의 해체로 어려워지자, 잃어버린 기회에 집착
하지도 않았다. KEDO가 해체되자 평양은 조선중앙통신사 상보(詳報)
를 통해 국제사회로부터 경수로를 제공받는다는 기대를 접고 자체적
으로 경수로를 건설하겠다는 입장을 선언했던 것이다.[8]

끝으로, 국제적 핵통제 부정론의 논의가 높은 빈도로 보여진 2009년
3/4분기부터 2010년 3/4분기에 이르는 기간에 북한은 국제적 비난을
무릅쓰고 우라늄농축작업에 착수하고, 우라늄농축공장을 공개했다.
북한은 2009년 6월 13일에 우라늄농축작업에 착수할 것이라는 입장
을 외무성 대변인 성명으로 발표하고(노동신문 2009.06.14), 2010년
11월 지그프리드 해커(Zigfried Hacker) 박사에게 자신들의 최신식
우라늄농축공장을 공개했던 것이다. 당시 북한 측이 해커 박사 일행
에게 공개한 우라늄농축공장에는 약 2,000기의 원심분리기가 작동
하고 있었다.

─────────

[8]   덧붙여 2007년부터 2008년까지 비핵화과정에서 북한이 여전히 국제적 핵통제 부
정론을 견지했음은 NPT 복귀에 진전이 없었음에서도 드러난다.

V. 북한의 핵에너지 이용 정책의 방향전환 과정

2005년 초에서 그해 말 사이에 북한의 평화적 핵활동 담론의 방향이 전환되었음을 파악한 바탕에서, 이러한 방향전환을 이루는 각 사건들이 어떻게 이뤄졌는지를 이해해볼 수 있다. 2005년 북한의 당론상 평화적 핵활동 담론의 방향전환 궤적은 새로운 언표의 등장과 기존 언표의 재강조 등으로 만들어졌는데, 이와 같은 평화적 핵활동 담론 변화 과정을 구성하는 개별적 사건들의 배경은 핵에너지의 이용을 둘러싼 북한의 고민과 해법 모색 노력이었을 것이다. 이러한 관점에서 핵에너지 이용 정책의 방향전환에 담긴 북한의 고려를 알기 위해 북한의 평화적 핵활동 담론의 방향전환 과정에서 보여진 담론적 사건들인 ① 2005년 2월 국제적 핵통제 부정론이 "<개관>"에 처음 나타나는 사건인 '외국의 평화적 핵활동 권리' 언표의 등장, ② 2005년 9.19 공동성명 발표 시점에서 국제적 핵통제 긍정론이 부활된 모습을 보여주는 '북한의 평화적 핵활동 권리' 논의의 재등장, 그리고 ③ 결국 북한의 고민이 국제적 핵통제 바깥에서 핵에너지를 추구한다는 입장으로 귀결된 "자립적 핵동력 공업" 언표의 등장이라는 담론적 사건을 각각 살펴보고자 한다. 이러한 담론적 사건들의 배경을 종합하면, 북한의 핵에너지 이용 정책의 방향전환 이유를 파악할 수 있을 것이다.

1. 핵개발과 북한 핵에너지 이용 욕구의 강화

먼저, 북핵 2차위기 시 본격적인 핵개발과 함께 북한의 핵에너지의 경제적 이용에 대한 욕구도 확대되는 모습이 나타나기 시작했다. 폐연료봉에 대한 재처리를 완료했다고 주장한 2003년 10월 초의 외무성 담화를 통하여, 북한은 북핵 2차위기 중에서는 "평화적 핵활동"을 처음으로 언급했다(노동신문 2003.10.03). 이때의 외무성 담화는 "우리는 이미 공개한대로 영변에 5메가와트 원자로를 가동하고 흑연감속로의 건설 준비를 추진하는 등 평화적인 핵활동을 재개하였으며 그 일환으로 8천여 개의 폐연료봉에 대한 재처리를 성과적으로 끝냈다."며, 재처리작업이 평화적 핵활동의 일환이라고 규정했다.

또한, 북한은 2004년 2월의 6자회담 2차회의에서 평화적 핵활동 권리 문제를 본격적으로 제기했다. 2004년 2월 25일부터 28일까지 베이징에서 개최되었던 6자회담 2차회의에서 북한은 미국의 전면적인 CVID 요구를 거부하면서, 핵의 평화적 이용권리가 자주권의 문제에 해당한다고 역설했던 것이다. 미국은 고농축 우라늄과 평화적 핵이용 계획을 포함하는 완전한 핵계획의 폐기가 이루어져야 한다고 주장한 반면, 북한은 HEU 의혹을 부인하고 평화적 핵이용의 정당성을 강조하면서 미국의 전면적인 비핵화 요구를 거부했다. 이처럼 북한의 평화적 핵활동도 핵폐기의 대상에 포함되는가는 6자회담 2차회의부터 주된 쟁점이 되었다.

6자회담 2차회의가 마무리지어진 뒤인 2004년 3월 11일에 발표된 외무성 대변인 담화에서도 북한은 "평화적 핵활동"을 포기할 수 없다는 입장을 제기했다. 3월 11일의 외무성 대변인 담화는 "핵문제의 종착점이 조선반도의 비핵화라고 하여 평화적 핵활동까지 배제되어야 한다는 것은 언어도단이다. 국제적으로도 비핵지대에서의 평화적 핵활동은 합법화되고 있다."고 주장했다. 이러한 "평화적 핵활동 권리 주장"은 2004년 7월 14일의 외무성 대변인의 기자문답 등에서도 지속되었고, 이 기자문답에서 외무성 대변인은 "평화적 핵활동은 우리 국가의 자주적 권리에 속하는 문제로서 동결이나 폐기 대상에 포함될 수 없다"고 강조했다. 동시에 외무성 대변인은 "오늘 NPT 밖에 있는 나라들과 비핵지대에 속하는 나라들이 평화적 핵활동을 하고 있는 것은 엄연한 국제적 현실"이라고 주장했다(노동신문 2004.07.15).

또한 2005년 2월 북한의 핵보유성명도 핵에너지의 경제적 이용 욕구를 고무했다. 핵보유성명은 "평화적 핵활동 권리" 문제를 언급하지는 않았지만, 그 자체가 자신의 핵기술 발전을 보여주는 선언으로서 핵에너지의 이용 가능성이 확대되었다는 바를 함의했기 때문이었다.

이처럼 북한의 핵에너지 이용 욕구가 강화된 것을 배경으로, 2005년 2월 "<개관>"에서 이란 핵문제를 소재로 한 '외국의 평화적 핵활동 권리' 언표가 처음으로 보이기 시작했다. 2005년 2월의 "<개관>"은 "이란의 평화적핵활동을 위협하는 자들에게 단호한 반격을 가할 것"이라는 입장을 밝혔다는 표현을 통해, 외국의 평화적 핵활동 권리를 언급했던 것이다. 이란과 같은 '자주적 국가도 "평화적 핵활동 권리"를 단호하게 수호하려 한다는 논의는 북한의 평화적 핵활동도 외세가 뺏을 수 없는 주권국가의 권리로 보아야 한다는 입장을 의미했다. 그 이후 이란을 매개로 한 '외국의 평화적 핵활동 권리' 주장의 언표는 "<개관>"에 전형적인 표현으로 자리 잡았다. '외국의 평화적 핵활동 권리' 언표는 늘 이란 핵문제를 둘러싼 미국과 이란 사이의 갈등을 소재로 했다. 여기에서 "평화적 핵활동 권리"는 이란이 군사제재를 감수할 각오를 하고 지키려는 것으로 혹은 미국과 서방들이 군사제재와 경제제재를 시행하여 빼앗으려는 것으로 상정되었다.

2. 9.19 공동성명과 경수로제공방안의 재탐색

9.19 공동성명의 발표로 연결된 6자회담 4차회의 2단계회의에서 가장 큰 쟁점은 북한의 경수로제공 요구였다. 북한은 핵에너지 이용 가능성에 주목한 바탕에서 그를 실현하기 위해 기존의 경수로제공 방안을 재탐색했던 것이다. 6자회담 4차회의 1단계회의에서 북한은 핵무기는 포기할 수 있지만 자신들의 평화적 핵활동 권리가 인정되어야 한다고 주장하고, 2단계회의에서는 북한은 평화적 핵활동 권리를 보장한다는 증거로 참가국들이 경수로를 제공해야 한다고 강조했다. 이러한 북한의 전략적 요구로 인해 6자회담 4차회의의 쟁점은 자연스레 북한의 평화적 핵활동 권리와 경수로제공 가능성에 대한 인정 여부가 되었다. 이에 대해 미국은 경수로제공은 논의 자체가 불가하다는 입장을 거듭 밝혔었지만(후나바시 2007, 526-527), 중국 등 다른 참가국의 설득으로 절충안을 결국 받아들였다. 한국과 중국 등이 이번 회의에서는 북핵문제에 대한 외교적 해법을 마련해야 한다는 강한 희망을 제시함에 따라, 미국 측이 공동성명 문안에서 경수로 제공의 시기를 모호하게 규정하는 타협안을 수용했던 것이다. 그 결과, 9.19 공동성명에서는 북한이 핵에너지의 평화적 이용에 관한 권리를 가지고 있으며 경수로문제도 향후 "적절한 시기(at an appropriate time)"에 논의될 수 있다고 규정되었다.[9]

따라서 북한 외무성은 9.19 공동성명의 핵심적 조항은 북한 자신의

"평화적 핵활동 권리"를 보장한다는 문항, 즉 경수로제공 가능성에 있음을 강조했다. 9월 19일 북한 외무성 대변인 담화는 북한의 "평화적 핵활동"을 미국이 인정하느냐가 한반도비핵화 문제의 시금석이라며, 경수로제공 문제를 "서로의 신뢰조성을 위한 물리적 기초", "우리의 평화적 핵활동을 실질적으로 인정하는 증거"에 대한 것이라고 규정했다(노동신문 2005.09.20). 이러한 언급은 6자회담에서도 핵에너지의 경제적 이용을 경수로제공 방안을 통해 실현하려는 북한의 전략에 기초하고 있었다. 또한 1994년 북미협상에서처럼 경수로제공방안의 틀 안에서야 NPT에 복귀하겠다는 입장을 아울러 표현하고 있기도 했다.

이러한 2005년 9월 19일의 외무성 담화의 내용은 그달 "<개관>"에 거의 그대로 반영되어, "<개관>"에는 국제적 핵활동 긍정론의 '북한의 평화적 핵활동 권리' 언표가 나타났다. 1994년 9월 이후 처음으로 "<개관>"에 '북한의 평화적 핵활동 권리' 언표가 재등장한 것이었다. 2005년 9월의 "<개관>"은 9.19 공동성명의 한반도비핵화에 대한 원칙적인 입장을 설명한 뒤에 "현 단계에서 기본의 기본은 미국의 우리의 평화적 핵활동 권리를 실질적으로 인정하는 증거로 되는 경수로를 하루빨리 제공하는 것"이라며, '북한의 평화적 핵활동 권리'를 언급했다. 경수로 요구가 북한 자신의 "평화적 핵활동 권리"의 문제를 인정받기 위한 것이라는 이 언급은 북한이 국제사회에 의한 핵통제를 수용하는 대가로 과거에 추진했던 경수로제공방안을 재탐색하고 있다는 바를 의미했다.

---

9   그럼에도 불구하고, 워싱턴은 내부의 반발도 수용해 경수로 제공문제는 북한의 완전한 비핵화 이후에 논의될 것이라고 발표했다(치노이 2010, 423).

3. KEDO의 해체와 북한 핵에너지 정책의 방향전환

　경수로제공 가능성을 통해 자신의 "평화적 핵활동 권리"를 인정받으려는 북한의 집념과 별개로, 과거의 경수로제공방안은 쉽사리 재개될 수 있는 것이 아니었다. 무엇보다도 미국이 6자회담 4차회의 폐막성명에서 9.19 공동성명의 경수로조항을 사실상 부인했다. 기본적으로 미국 비확산부서의 소위 대북강경파는 북한에게는 평화적 목적의 핵활동도 허용할 수 없다는 입장을 가지고 있었다. 북한이 핵활동이 평화적 목적의 활동에만 머물러 있을 것이라고 안심할 수도 없고, 핵무기 개발을 시도했던 북한의 전력(前歷)상 북한이 평화적 핵활동을 진행할 자격도 없다고 보았던 것이다(치노이 2010, 411-412). 또한 원칙론자들은 그들이 실패한 북핵해법으로 인식하는 제네바 합의문을 상기시키는 대북 경수로제공방안은 절대로 받아들일 수 없다는 입장을 가지고 있었다. 비록 크리스토퍼 힐을 비롯한 국무부의 6자회담 협상팀은 북핵문제가 해결된다면 경수로제공방안을 북한과 논의하는 것이 위험하지는 않다고 보았지만(치노이 2010, 418), 9.19 공동성명에 대한 미국 행정부 내부의 이견을 반영하기 위한 방식으로 고안된 단독성명은 경수로제공 가능성을 부정하는 강경파 혹은 원칙론자들의 입장을 반영했다(후나바시 2007, 532-534; 치노이 2010, 422-423). 9.19 공동성명이 발표된 전체회의에서 힐이 낭독한 미국의 단독성명에는 북한의 핵의혹이 만족스럽게 해소되기 전에는 경수로를 제공할 수 없다는 입장이 담겨 있었던 것이다.[10] 또한 2005년

---

[10]　여기서 미국이 경수로 논의를 받아들일 "적절한 시기"는 "모든 핵무기 및 핵 프로그램을 제거하기 전까지 오지 않으며, IAEA를 포함한 신뢰도 있는 국제적 수단으로 모든 당사자가 만족할 만큼 검증이 되어야 한다. 그리고 북한이 핵무기 비확산 조약과 국제원자력기구에 핵 물질 보장 조치를 성실히 이행하며 협력과 투명성을 위해 지속적으로 노력하고 핵 기술 확산을 중지했을 때"로 규정되어 있었다. 이는 사실상 북한에

말까지 KEDO를 해체한다는 입장까지도 함께 천명하고 있었다. 제네바합의문의 경수로제공방안이 앞으로는 재현되지 않을 것임을 분명히 한 것이었다.

실제로 2005년 말에 KEDO의 해체결정도 내려졌다. 앞서 이미 2003년 말부터 KEDO 집행부의 결정에 따라 경수로건설 공사는 중단되어 있었고 2005년 말에 대부분의 건설인력도 경수로건설 현장에서 철수해 있었으나(오버도퍼 2014, 732), KEDO 해체가 갖는 함의는 작지 않았다. KEDO의 해체로 경수로사업의 재개가능성이 사실상 사라지게 되었기 때문이었다. KEDO 해체는 사업의 종료와 청산, 계약해지 등의 절차로 구성되어 있었다. KEDO의 해체를 위해 2005년 11월 KEDO 집행이사회에서 경수로건설 사업의 종료가 합의되었고, 청산비용 처리 방안도 2005년 12월 8일 이사회에서 승인되었다. 뿐만 아니라 KEDO 사업종료도 12월 중 북한에 통보되었으며,11 신포의 경수로 건설현장에 남아 있던 최소인원도 2006년 1월 8일 철수되었다. 이러한 과정을 거쳐 다국적 컨소시엄 KEDO는 한국전력공사에 턴키 계약의 해지를 통보한 2006년 5월 31일 공식 해체되었다. 이는 북한과의 경수로제공 가능성 논의가 이루어지더라도 그것이 처음부터 새로운 기초에서 시작되지 않을 수 없게 되었음을 의미했다.

KEDO의 해체 직후 북한은 국제적 핵통제를 거부하는 방향의 추진전략을 발표했다. 2005년 12월 19일 조선중앙통신사 상보를 통하여 자체적 경수로건설 방침을 발표했던 것이다(노동신문 2005.12.21).

경수로를 제공하기 위한 논의가 이루어질 수 없다는 것을 의미했다. Press Statement: Sean McCormack, Spokesman, New York City, NY(September 19, 2005), 출처: http://2001-2009.state.gov/r/pa/prs/ps/2005/53499.htm(검색일: 2018.01.15).

11 KEDO가 최종적으로 승인한 사업청산 방안은 북한 외부의 KEDO 자산을 한국전력공사에 양도하는 대신 한국전력공사는 KEDO 해체에 필요한 비용을 지급한다는 것이었다(BBC Monitoring Asia Pacific 2006.12.14).

상보는 제네바합의문의 "기본핵"인 경수로제공을 미국이 완전히 중단시켰으므로, 북한은 경수로제공의 대가로 동결시켰던 "흑연감속로에 기초한 평화적 핵활동의 강화사업"을 즉시 재개하지 않을 수 없게 되었다고 밝혔다. 그리고 앞으로 5MW, 20MW 흑연감속로 등을 통해 "자립적 핵동력 공업"이 적극적으로 발전될 것이며, 장기적으로는 자체적 기술과 잠재력으로 "우리 식의 경수로"를 건설하는 방안도 추진될 것이라는 입장을 천명했다. 이처럼 북한이 2005년 12월 KEDO 이사회의 사업종료 결정 통보 직후 새로운 방향의 핵에너지 이용 전략을 표명한 것은 북한의 핵에너지의 이용 정책의 변화와 KEDO의 해체가 밀접한 관련이 있음을 보여주는 것이었다.

조선중앙통신사 상보의 "자립적 핵동력 공업" 발전 방침의 발표가 정책적 의미를 갖는다는 점은 조선중앙통신사 상보가 발표된 2005년 12월의 "<개관>"에 "자립적핵동력공업", "우리 식의 경수로" 등 상보의 내용이 반영되었다는 점을 통해 보여졌다. 2005년 12월의 "<개관>"에서는 "조선중앙통신사 상보를 발표하여 부쉬행정부가 경수로제공을 걷어치운 조건에서 우리 나라는 자립적핵동력공업을 적극 발전시키며 때가 되면 우리 식의 경수로를 건설할 립장을 천명"했다고 언급되었다(노동신문 2005.12.31). 이처럼 '자립적 핵동력 공업' 언표가 "<개관>"에 등장한 것 역시 이때가 처음으로, 국제적 핵통제 부정론에 입각한 핵에너지의 이용방안이 당론 수준까지 발전했음을 의미했다. 북미합의에 따라 획득할 경수로에 대한 기존의 '북미합의 내의 경수로' 언표가 국제적 핵사찰을 수용함으로써 미국으로부터 보장받을 수 있는 평화적 핵활동의 권리에 대한 논의라면, 2005년 말 새로이 등장한 "자립적 핵동력공업" 등 '북미합의 외의 경수로'의 언표는 국제적 사찰을 수용하는 절차 없이 자력으로 평화적 핵활동을 보장하겠다는 논의였다. 이러한 논의가 "<개관>"에까지 등장한 것은

북한이 핵산업의 발전을 비핵화 합의 없이 추구하기로 결정했음을
의미했다.

북미합의와 상관없이 자체적으로 경수로를 건설한다는 자립적 핵
동력 공업 정책의 선포는 북한을 NPT 복귀의 필요성으로부터 자유
롭게 했다. 북한이 미국으로부터 경수로를 제공받기 위해서는 NPT에
복귀한다는 전제조건을 충족해야 했지만, 경수로의 자체건설 시에는
핵에너지의 이용에 NPT 복귀가 반드시 필요하지 않았다. 그에 따라
"자립적 핵동력 공업" 문제가 "<개관>"에서 언급된 2005년 12월 이후
에는 "<개관>"의 북한의 평화적 핵활동 담론은 국제적 핵통제 부
정론을 중심으로 전개된다([표 4] 참조). 동시에 국제적 핵통제 긍정
론은 그 이후 "<개관>"에서 없어졌다.

**[표 4] "〈개관〉"의 국제적 핵통제 긍정론과 국제적 핵통제 부정론의 추이
(2004-2013)**

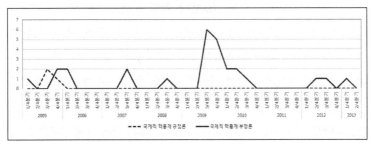

VI. 결론

이 글은 "북한의 핵에너지 이용 정책이 IAEA의 감시를 받아들이지 않는 것으로 언제, 왜 변화했는가?"라는 질문을 던지고, 국제적 핵통제에 부정적인 방향으로의 북한 핵에너지 정책의 변화가 제네바합의문의 청산과 연관될 수 있는지를 검토했다. 북한의 핵에너지 정책의 변화와 KEDO의 해체 등과 관련되어 있다면, 그것은 제네바합의문이 북한의 핵정책에 미친 영향이 있었음을 의미하는 것이 되기 때문이다. 이를 위해, 북한의 핵에너지 정책 변화를 규정하기 위하여 북한의 핵에너지 이용 정책의 방향을 국제적 핵통제 긍정론과 국제적 핵통제 부정론으로 유형화하고, 북한의 정책담론에서 국제적 핵통제 긍정론을 보여주는 언표와 국제적 핵통제 부정론을 보여주는 언표를 규정했다. 이러한 작업을 바탕으로 북한의 평화적 핵활동 담론의 추이를 통해 2005년 초에서 그해 말 사이에 국제적 핵통제를 긍정하는 것에서 국제적 핵통제를 부정하는 방향으로 북한의 핵에너지 정책이 변화했음을 파악할 수 있었다.

나아가, 이 글에서는 이러한 2005년의 변화시기를 보다 집중적으로 검토했다. 북한 핵에너지 정책의 방향전환 과정에 대한 이해를 얻기 위한 것이었다. 북한 핵에너지 정책 담론의 방향전환 배경으로 종합한다면, 2005년 핵보유성명 이후 핵에너지를 경제적으로도 이용하고자 하는 욕구가 강화된 북한은 9.19 공동성명을 통해 경수로제공방안 등 기존의 추진방안을 재개시키려는 노력을 진행했으나, KEDO 해체로 경수로 제공 방안의 재개가 좌절된 이후에는 핵에너지의 이용 정책 방향을 국제적 핵통제를 부정하는 것으로 전환하게 되었다고 할 것이다. 이는 북한 평화적 핵활동 정책의 방향전환에 있어 그 시작을 핵에너지 이용 욕구의 강화였으며, 추진전략 변화의 결정적 계기는 KEDO의 해체였음을 보여준다.

이러한 연구결과로부터 북한의 평화적 핵활동 정책과 과거 북핵 협상 간의 관계에 대한 이해를 얻을 수 있다. 그것은 제네바합의문에서 북한 핵에너지 부문에 대한 지원이 북한의 국제적 핵통제 긍정론을 유지시킨 핵심적 유인이었다는 것이다. 이러한 관계는 제네바합의문의 이행기간이나 경수로제공사업의 해체 시기 당시에는 명확히 확인되기 어려웠으나, 그 해소의 영향을 통해 사후적으로 그 관계는 파악될 수 있었다. 본 연구에서 규명할 수 있었듯이, KEDO에 의한 경수로제공 가능성이 사라지자 북한의 핵정책에서 국제적 핵통제를 부정하는 논의가 지배적인 담론이 되었던 것이다. 이러한 관계는 2005년 들어 다시금 핵에너지의 이용을 강조하는 시점에서 북한이 주목한 핵에너지 이용 방편은 기존의 경수로제공방안을 재탐색하는 것이었다는 데에서도 알 수 있다. 북한이 핵에너지의 경제적 이용이라는 이익을 달성하는 전략으로 경수로제공방안을 상정하고 있었던 것은 제네바합의문이 특정한 방향의 원전 건설 전략을 북한에게 학습시켰음을 의미했다.

이러한 국제적 핵통제 긍정론에서 부정론으로의 방향전환은 북한이 그 이후 핵기술의 군사적, 경제적 용도를 모두 추구해가는 길로 확실히 접어들었다는 데 있다. 이러한 진행방향은 2013년 경제·핵 병진노선의 채택 시에도 단적으로 보였다. 2009년 자체 경수로 건설을 물리적으로 시작한 이래 북한은 실험용경수로(ELWR)의 건설과 그에 대한 전력망 연결 등을 많은 실패와 경제적 부담 속에서도 추진 해왔다. 북한의 핵에너지 정책 방향이 국제적 핵통제를 받아들이는 것으로 재전환되지 않는다면, 비핵화 선언에도 불구하고 핵개발 의혹 은 계속 야기될 것이다.

　본 연구로부터 북핵협상에 대한 교훈, 향후 핵협상을 위한 전략적 함의도 도출해볼 수 있다. 북핵협상에 대한 교훈은 북한 전력부문의 핵에너지 이용에 대한 욕구를 단순한 협상용 수사로 폄하하기가 어 렵다는 것이다. 북한이 핵에너지의 이용을 위해 다양한 추진방안을 선택해가는 모습은 북한의 진지한 핵에너지 이용 욕구를 보여주고 있다. 북한의 핵기술 발전 노력은 안보를 위한 것이기도 하지만, 에 너지 부족으로 저발전의 악순환을 겪고 있는 북한 경제를 위한 것일 수도 있다. 이러한 관점에서는, 북한의 경제적 침체가 지속되고 핵 기술의 발전이 더욱 진전되면, 북한은 핵에너지의 경제적 이용도 보다 적극적으로 모색해갈 것이라고 전망된다. 아울러, 향후 핵협상과 관 련하여 북한을 국제적 핵비확산 체제로 복귀시키기 위해 북한의 핵 에너지 부문에 대한 인센티브 제공 방안을 검토할 필요가 있다. 과거 북한과의 핵합의에서도 그들의 핵에너지 부문에 제공하는 이익은 북한을 핵사찰을 수용하도록 이끌어 낸 주요한 유인이었다. 북한은 여전히 핵기술을 이용한 전략생산에 곤란을 겪고 있기 때문에, 경수로 건설과 관련된 협력의 필요성을 느끼고 있을 것이다. 비록 과거의 제네 바합의문의 내용을 북한의 핵능력이 무시하기 어려운 수준으로 고도 화된 오늘날의 현실에 그대로 적용할 수는 없지만, 북한에 대한 비 핵화 유인을 모색함에 있어 핵에너지 부문에 대한 협력적 조치를

통해 북한의 핵시설에 대한 통제·감시를 구축했던 과거의 협상방안
을 참고로 할 필요는 있을 것이다.

참고문헌

『로동신문』. 1949-2013.

구갑우. 2014. "북한 '핵 담론'의 원형과 마음체계, 1947~1964년", 『현대북한연구』, 17권 1호.

금성청년출판사. 2010. 『21세기 핵에네르기』. 평양: 금성청년출판사.

김진철. 1987. "북한 비핵지대론 연구", 『안보연구』, 제17집.

돈 오버도퍼·로버트 칼린 저. 이종길·양은미 역. 2014. 『두 개의 한국』. 서울: 길산.

돌베개 편집부. 1988. 『북한 '조선로동당'대회 주요 문헌집(북한연구기초자료집 I)』. 서울: 돌베개.

마이크 치노이 저. 박성준·홍성걸 역. 2010. 『북핵 롤러코스터』. 서울: 시사인북.

서보혁. 2004. 『탈냉전기 북미관계사』. 서울: 선인.

손용우. 2012. "신현실주의 관점에서 본 북한의 핵정책 고찰(1945-2000)", 『국제정치논총』, 52집 3호.

왕선택. 2013. 『북핵위기 20년 또는 60년』. 서울: 선인.

염광희. 2012. 『잘가라, 원자력』. 파주: 한울아카데미.

유성옥. 1996. "북한 핵정책 동학에 관한 이론적 고찰", 고려대학교 정치외교학과 박사학위논문.

이중구. 2016. "북한 핵담론의 담론화 과정과 담론강화 동학", 서울대학교 정치외교학부 박사학위논문.

조나단 폴락 저. 이화여대 통번역연구소 역. 『출구가 없다: 북한과 핵무기, 국제안보』. 서울: 아산정책연구원.

후나바시 요이치 저. 오영환 외 역. 2007. 『김정일 최후의 도박』. 서울: 중앙일보시사미디어.

Wit, Joel S, Daniel B. Poneman and Robert L. Gallucci 저. 김태현 역. 2005. 『북핵위기의 전말: 벼랑 끝의 북미협상』. 서울: 모음북스.

Ginsburgs, George. 1960. "The Soviet Union and International Co-Operation in the Peaceful Use of Atomic Energy: Bilateral Agreement", *The American Journal of International Law,* 54(3).

Holloway, David. 1994. *Stalin and the Bomb: The Soviet Union and Atomic Energy, 1939-1956.* New Haven and London: Yale Univ. Press.

Martin, C. H. 2000. "The US-North Korean Agreed Framework: Incentive-based Diplomacy after the Cold War", in Steve Chan and A. C. Drury (eds.), *Sanctions as Economic Statecraft: Theory and Practices,* pp.86-109. New York: St. Martin's.

Moltz, James Clay and Alexander Mansourov (eds.). 2000. *The North Korean Nuclear Program: Security, Strategy, and New Perspectives from Russia.* New York: Routledge.

Newnham, Randall E. 2004. "'Nuke for Sale Cheap?' Purchasing Peace with North Korea", *International Studies Perspective,* 5, pp.164-178.

Paul R. Josephson. 1999. *Red Atom: Russia's Nuclear Power from Stalin to Today.* New York: W. H. Freeman and Company.

Sigal, Leon V. 1998. *Disarming Strangers: nuclear diplomacy with North Korea.* Princeton N.J.: Princeton University Press.

Snyder, Scott. 1997. "North Korea's Nuclear Program: The Role of Incentive in Preventing deadly confict", in D. Cortright (ed.), *The Price of Peace: Incentive and International Conflict Resolution,* pp.55-82. Lanham, MD: Rowman and Littlefield.

제4장

위기의 서해, 평화의 서해:
무력분쟁 재발이론으로 보는
서해교전의 발발원인*

———

송태은

* 이 글은 『국가안보와 전략』 제18권 2호(2018)에 게재한 필자의 논문 "무력분쟁 재발
이론으로 보는 서해교전의 발발원인: 북한의 도발방식 변화"를 편집하여 수록한 것임을
밝힙니다.

Ⅰ. 문제제기

2018년 4월 27일 판문점 남북한정상회담과 6월 12일 싱가포르 센토사(Sentosa)에서의 북미정상회담을 통해 북한의 비핵화 문제가 본격적으로 논의되면서 2017년 말까지 극단으로 치달았던 북한과 미국 간의 적대관계는 급격하게 해소되고 있다. 트럼프 행정부의 주도로 국제사회의 극단적인 경제제재 하에 놓였던 북한은 4월 말 남북한정상회담을 앞두고 핵과 미사일 실험을 자발적으로 중단했고 6월 북미정상회담을 3주 앞둔 시점에서 풍계리 핵 실험장을 선제적으로 폭파했다. 이제 미국과 합의한 대로 북한이 비핵화 조치를 신속하게 실행에 옮기느냐의 여부에 따라 한반도의 평화구축을 위한 노력은 전례 없는 새로운 국면으로 들어서게 될 것이다.

최근 이러한 새로운 국면이 전개되기 전 북한의 도발은 핵 실험과 반복된 미사일 발사 등 고도화된 군사기술 능력을 대내외에 과시하는 형태로 전개되어왔고 북한은 이러한 도발이 미국을 공격목표로 하고 있다고 경고하면서 세계적 수준에서 군사적 긴장을 고조시켜왔다. 주목할 만한 사실은 2010년 북한의 천안함 피격과 연평도 폭격으로 인해 당시 많은 군사안보 전문가들이 서해에서의 남북한 간 국지적

무력충돌 가능성이 고조될 것으로 내다봤었으나 이후 현재까지 북한의 지속적인 북방한계선(Northern Limit Line, NLL) 월선에도 불구하고 남북한 간 해상전투는 부재했다는 점이다. 당시 전문가들은 핵 보유국으로서의 지위를 주장하는 북한이 핵 카드를 통해 서해도발의 범위와 수준을 더욱 자유롭게 선택할 것이며 따라서 서해에서의 남북한 간 저강도 국지전 가능성도 높아질 것으로 예측했다. 하지만 그러한 예상은 현실로 나타나지 않았고, 최근의 남북한 간 대화가 시작되기 전 한반도에서의 군사적 긴장이 최고조에 이른 시점에서도 서해에서의 무력충돌은 발생하지 않았다.

사실상 탈냉전기 한반도의 가장 심각한 안보문제는 남북한 간 직접적 무력충돌보다 1994년 1차 북핵 위기 이후 장기화되었던 북핵문제이다. 그런데 1999년부터 시작하여 2002년, 2009년 서해에서 남북한 간 해상전투가 반복되면서 서해는 남북 간 군사적 긴장의 주요 진원지가 되었다. 당시 교전의 원인에 대해 많은 전문가들은 북한 정권이 서해도발을 통해 북한 사회를 결집시키고 군부세력을 강화하며 이전 교전에서의 패배를 만회하기 위해 한국군에 복수하거나 혹은 한미와의 이후 협상에 NLL을 이용하기 위한 목적 등 북한의 도발 행위에 다양한 의미를 부여했다. 하지만 기존 분석은 1999년 이전과 2003년부터 2008년까지, 그리고 2010년 이후 현재까지 서해교전이 왜 부재했는지에 대해서는 설명하지 않고 있다.

이러한 맥락에서 이 연구는 기존의 분석이 서해도발에 있어서 북한이 갖는 정치적 목적과 동기를 지나치게 다양하게 지적했다고 본다. 과연 북한이 제한된 형태와 규모의 위기 고조를 통해 획득할 수 있는 전략적 효과가 그렇게 다양했다면 실제로 북한이 그러한 목적을 달성했는지에 대한 증거가 제시될 필요가 있다. 하지만 북한에 대한 정보접근이 극도로 제한되어 있으므로 그러한 주장을 뒷받침할 근거는 충분하지 않다. 또한 2010년 천안함 폭침과 연평도 포격 이후 왜 서해에서 해상전투가 더 이상 발생하지 않았는지에 대해서, 그리고 해상도발이 핵과 미사일 도발과 비교해서 어떤 다른 목적을 갖는지도 기존 연구는 구분하지 않았다.

이 연구는 무력분쟁 재발에 대한 이론을 통해 어떤 조건에서 서해에서의 남북한 해상전투가 발생하거나 부재했었는지 살펴보고자 한다. 먼저 NLL에 대한 남북한의 인식과 접근법이 상이했던 것이 서해에서의 군사적 불확실성이 계속된 일차적 요인이었지만 이 연구는 북한의 NLL 월선이 모두 남북한 해상전투로 이어지지 않았던 사실에 주목한다. 그것은 핵개발을 통해 현상변경을 시도하던 북한이 NLL이 관련된 분쟁을 빌미로 미국과의 협상 공간을 넓힐 여지가 있었을 때 서해에서 공격적인 행동을 취했기 때문이다. 즉 북한은 북한이 바라는 바 정전협정을 대신할 미국과의 협상에서 정전협정의 불안정한 지위를 부각하기 위해 서해위기를 이용한 측면이 있었으며 그러한 명분을 뒷받침할 근거가 불충분할 경우 서해도발을 자제한 것으로 보인다. 한편 교전 당사자인 한국이 아닌 미국에 대해 북한이 요구한 바가 지속적으로 받아들여지지 않은데다가 강화되는 한국군의 대응과 아울러 반복된 해상전투에서의 북한의 반복적인 패배로 인해 서해도발의 협상카드로서의 유용성이 감소하게 되었다.

이러한 논의를 전개하기 위해 먼저 이 글 II장은 1999년부터 세 차례 반복된 남북한의 서해에서의 무력충돌 과정을 소개하고 남북한 서해교전에 대한 기존 분석과 이러한 주장의 한계를 논한다. III장에서는 북한의 서해도발과 교전의 발발원인에 대한 대안적 설명을 뒷받침할 국가 간 무력분쟁 재발에 대한 이론을 소개한다. 국가 간 무력충돌이 재발되는 원인은 이슈해결의 문제, 강제의 문제, 재협상 유인의 문제, 불완전한 정보의 문제 네 가지 접근법으로 설명할 수 있는데,

이 연구의 IV장은 이 네 가지 접근법을 서해에서의 남북한 무력분쟁에 적용하여 이러한 접근법들이 각 시기의 교전 발생과 교전 부재를 어떻게 설명할 수 있는지 탐색한다. 먼저 IV장 1절은 NLL 문제에 대한 남북한의 서로 다른 입장이 NLL이 설정된 역사적 배경으로 인해 한국의 경우 강제의 문제, 북한의 경우 이슈해결과 분배의 문제로 간주되고 있음을 논한다. IV장 2절은 정권의 생존이 보장되지 않는 상황에서 핵 프로그램을 가동하기 시작한 북한이 현상변경과 정전협정의 미국과의 재협상을 목적으로 서해도발을 어떻게 이용했는지 논의하며, 더불어 2003년과 2008년까지의 기간 동안 서해교전이 부재한 원인에는 한국의 NLL 문제에 대한 이전과 다른 절충적 접근법이 있었음을 설명한다. IV장 3절은 2009년 대청해전을 마지막으로 현재까지 서해상에서의 남북한 해상전투가 부재하게 된 원인으로 2009년 해전에서 한국군이 보여준 강화된 강제의 접근법과 그동안의 세 차례 교전을 통해 불완전한 정보가 해소된 점을 지적한다. 더불어 2010년부터 어뢰공격과 장사정포 포격 등 북한의 도발방식이 변화된 맥락도 살펴본다. V장 결론에서는 남북한 간 서해분쟁의 성격이 2010년부터 어떻게 달라졌는지 간략하게 논하는 것으로 이 글을 마무리한다.

II. 서해교전 과정과 기존 분석의 한계[1]

1999년 6월 15일 발생한 제1차 연평해전은 한국전 이후 최초의 남북한 교전이었다. 1999년 6월 7일부터 14일까지 북한 경비정 3척-9척이 북한 꽃게잡이 어선을 보호한다는 이유로 NLL을 월선하고 철수하기를 반복했다. 6월 11일 한국 고속정이 북한 경비정 4척에 대해 함미 충돌작전을 실시하고 북한도 한국에 대해 충돌작전을 실시했으며, 6월 15일 북한 경비정과 한국 고속정 간에 다시 충돌공격이 전개되었다. 이 과정에서 북한 함정의 사격에 대해 한국 해군 함정이 대응사격을 가하면서 교전이 발생했고 북한 어뢰정 1척이 격침되고 5척이 파괴되었으며 한국의 고속정 5척이 경미한 손상을 입고 9명이 부상을 입었다. 북한은 6월 15일 제6차 판문점 장성급회담에서 한국의 고의적이고 계획적인 도발로 교전이 발생했음을 주장했고 조국평화통일위원회(이하 조평통) 대변인 성명은 당분간 남측의 평양방문과 접촉을 제한 또는 중지할 것을 선언했다. 북한은 7월 2일 제8차 판문점

---

1   서해교전의 남북한 무력충돌 과정은 국방부가 출간한 『2010 국방백서』 pp.252-267 내용과 뉴스 보도 내용을 종합적으로 정리함.

장성급회담에서 남한에 대해 NLL 철회를 요구했고 9월에는 경기도와 황해도의 중간선을 해상경계선으로 선언했으며 2000년 3월 23일 서해직항로를 설정하여 5개 도서 출입 시 북한의 사전승인을 요구하기도 했다.

제2차 연평해전도 2002년 6월 29일 북한 경비정의 NLL 월선이 원인이 되었다. 서해상 연평도 근해에서 한국 편대들이 북한 경비정에 대해 차단기동을 실시하던 중 북한 경비정이 한국 해군 고속정에 대해 기습사격을 가했다. 이어 남북 함정 간 31분간 교전이 발생했고, 이 과정에서 한국 해군 고속정 1척이 침몰하고 고속정을 지휘한 대위와 한국 해군 6명이 전사하고 18명이 부상했다. 북한의 경우 승조원 50명 중 30명으로 추정되는 사상자가 발생했고 한국 고속정 2척과 초계함 2척 등의 포화로 북한 경비정이 심각하게 파괴되었다. 한국은 북한 경비정의 기습공격을 북한의 정전협정 위반이라고 항의하고 북한의 사과와 책임자 처벌, 재발방지를 요구했다.

대청해전도 북한 경비정의 NLL 침범으로 유발되었다. 2009년 11월 10일 북한 경비정 1척이 NLL을 월선하여 한국 고속정이 5회 경고 통신을 보냈으나 멈추지 않고 계속 남하했다. 한국 고속정에서 경고사격을 실시하자 북한 경비정이 한국 고속정을 향해 사격을 가했고 이에 한국 고속정이 함포를 발사하여 북한 경비정이 반파되어 북상했다. 단 2분의 신속한 교전에서 한국은 고속정 외부 격벽의 총탄 외 인명피해가 발생하지 않았다. 북한군 최고 사령부는 교전 4시간 만에 남측이 북측 해역에서 무장도발을 감행했다고 주장하며 남측의 사과와 재발방지를 위한 책임 있는 조처를 요구했다.

2009년 대청해전을 마지막으로 현재까지 남북한 간의 서해교전은 더 이상 발생하지 않았다. 하지만 2010년부터 북한의 도발방식에는 변화가 나타났다. 2010년 3월 26일, 한국 해군 1천 200톤급 초계함 천안함이 백령도 서쪽 해안에서 침몰한 데 대하여 5월 20일 한국 정부는 합조단의 공식 조사결과를 통해 북한 잠수정의 중어뢰 공격을 천안함 침몰의 원인으로 발표하고 북한에 대해 책임을 물었다. 이에 북한은 5월 21일 한국 정부의 주장을 부인하며 조평통을 통해 사태를 전쟁 국면으로 간주하고 남북관계 단절과 남측 조처에 대한 보복을 담은 8개항 조처를 발표했다. 5월 24일 한국도 남북경협 중단을 선언하고 북한 선박의 한국 해역의 해상교통로 이용을 금지했으며 천안함 사안을 유엔 안보리에 회부할 것을 발표하고 대북 심리전 방송을 시작했다. 5월 25일 북한은 서해해상에서 우발적 충돌 방지를 위해 체결한 쌍방합의를 완전히 무효화할 것을 선언했고 한국군은 5월 서해에서 기동훈련과 대잠훈련을, 7월에는 동해에서 미국과 연합훈련을 실시했다.

천안함 폭침 이후 서해에서 지속적인 사격훈련을 통해 NLL을 관철하는 무력시위를 전개해온 한국군의 사격훈련에 대해 북한은 북한 영해에 대한 도발이라면서 대응 타격을 경고해오다가 결국 2010년 11월 23일 한국의 해상 사격훈련 중 연평도 해병부대를 향해 두 차례에 걸쳐 170여 발 이상 포격을 가했다. 한국군은 황해도 개머리 기지와 무도 기지에 대응 사격을 가하고 공군 전투기와 해군함정을 긴급 출동시켰다. 북한의 포격으로 한국군 2명과 민간인 2명이 사망하고 16명이 중경상을 입었으며 북한의 인명피해 상황은 알려져 있지 않다. 북한은 남측이 먼저 북측 영해에 포탄을 발사하여 북한이 자위적 조치를 취했다며 남측이 어선 단속을 구실로 해군함정을 북측 영해에 빈번히 침범시켰다고 주장했다. 한국 정부는 북한의 천안함 공격과 연평도 도발에 대한 사과를 요구했고 북한은 남측의 서해 5도 포사격 훈련을 좌시하지 않겠다고 협박했다. 11월 28일 한국과 미국은 서해에서 미국 조지 워싱턴 항공모함이 참가한 사상 최대규모의 연합훈련을 4일간 실시했고, 북한은 한미 합장의장 회담이 열렸던 12월 8일 백령도 인근 북한 해안에서 포사격 훈련을 실시하면서 12월 중순 정례 동계훈련 준비에 돌입했다.

남북한 서해교전에 대한 기존 분석은 내부 결집론, 심리전, 보복 가설, 평화협정 협상설, 우발적 충돌설, 그리고 경제적 요인설 등으로 요약할 수 있는데, 이러한 다양한 가설은 거의 모든 서해교전에 대한 각각의 분석에서 모두 함께 언급되고 있다.

먼저 북한의 도발이 북한의 국내 정치적 상황에 대한 타개책이라는 주장은 북한의 NLL 인근 수역에서의 공격적 행위와 북한의 국내 정치가 긴밀하게 연결되어 있음을 강조한다. 즉 '결집론'은 북한의 핵개발로 인한 국제사회의 제재와 한미동맹의 정책 공조가 북한의 경제위기와 맞물려 국내 위기가 발생하자 북한 정권이 남북 간 군사 긴장을 인위적으로 조성함으로써 내부 결집을 도모한다고 주장한다. 북한 정권이 대남도발을 통해 주민의 충성심을 고취시키고 최고 지도자의 군에 대한 지배를 공고화하며 김정일 시대부터 공언해온 강성대국을 이루려 한다는 것이다(정경환 2002, 67-68; 도재숙 2002, 58-59; 정경영 2010, 92). 하지만 이러한 분석은 국제사회의 제재와 북한의 경제난 등 북한의 대내외 환경이 지속적으로 바뀌지 않은 상태에서 왜 2003년과 2009년 사이의 시기와 2010년 이후에는 서해교전이 부재했는지 일관된 논리를 제시하지 못한다. 특히 이러한 시각은 북한의 내부 결집이 어느 시기보다도 절실했던 김정은 체제의 초기에 북한이 서해에서의 군사적 도발을 자제한 이유를 설명하지 못한다.

북한의 서해도발에 대한 또 다른 주된 설명은 북한의 '심리전'에 대한 논의이다. 북한 정권이 경제난으로 인한 체제위기를 한국과 미국의 반사회주의 책동에 의한 결과라고 주장하면서 전쟁 분위기 조성을 정당화하고 국지적 서해도발을 통해 남남갈등을 유발하고 한국의 정치일정에 따라 일련의 대남 심리전을 전개한다는 것이다(정경환 2002; 구본학 2010; 김진무 2011; 유동렬 2011). 이러한 심리전 가설은 2011년 6월 1일 북한 국방위원회 대변인이 남북정상회담을 위해 남북 간에 비밀접촉이 진행된 사실을 폭로한 것도 북한이 면밀하게 기획한 대남 정치심리전으로 설명한다. 북한이 이러한 사실 공개를 통해 한국 내 여야정쟁과 남남갈등 및 사회혼란을 초래하고 한국 정부의 지지기반을 약화시키려 한다는 것이다. 하지만 북한의 도발이나 남북 비밀접촉을 공개하는 행동은 북한이 노렸던 남남갈등을 초래하기보다 오히려 한국 사회에서 북한위협론이 설득력을 얻어 강경한 대북정책을 한국 여론이 선호하게 하므로 북한 입장에서는 오히려 불리한 결과를 초래할 수 있다.

서해교전에 대한 분석 중 각각의 교전을 독립된 사건이 아니라 서로 연결된 사건으로 보는 '보복가설'의 경우 각 교전은 이전 교전에서의 패배에 대한 북한의 팃포탯(tit-for-tat)과 같은 보복(revenge) 행위의 결과로 해석한다. 제2차 연평해전은 제1차 연평해전 패배에 대한 북한의 보복이고, 북한의 천안함 폭침은 대청해전의 패배에 대한 보복이며, 연평도 포격은 한미연합훈련 실시에 대한 보복이라는 설명이다(김진무 2011). 하지만 이러한 논리는 2002년 제2차 연평해전이 발생한 지 7년이나 지난 2009년의 시점에서의 북한의 서해도발이 2002년 연평해전의 패배에 대한 보복인지의 여부를 증명할 근거를 제공하지 못한다. 이러한 논리는 북한이 왜 특정 시점에서 보복하는지 설명하지 못하며 교전의 원인에 대해 사후적으로 소급해서 자의적으로 설명한다는 비판으로부터 자유로울 수 없다. 만약 2002년의 해전에 대해 북한이 7년이 지난 시점에서 복수할 수 있다면 연평도 포격 사건으로부터 시간이 경과한 어떤 시점에서의 북한의 도발은 연평도 포격 사건과 관련된 보복으로 해석되게 한다. 결과적으로 이 논리는 교전에서 한국이 패배하지 않는 한 북한의 도발 동기가 항시로 존재한다는 억지논리를 도출시킬 수 있다.

북한의 서해도발이 미국과의 평화협정 체결을 위한 협상 여건을 조성하려는 시도로서 보는 '협상설'도 거의 모든 분석에서 앞서 논한 가설과 함께 언급되고 있다. 즉 탈냉전기 들어서 공산권 몰락으로 인한 정권의 안보불안을 해결하기 위해 반드시 필요한 미국과의 불가침협정과 평화협정을 위해 정전체제의 제도적 장치를 무력화시키려는 시도의 일환으로 북한이 서해도발을 감행한다는 주장이다(정경환 2002, 67; 정동진 2002, 23). 이러한 주장은 이 연구도 지지하는 입장이지만 기존 연구는 2009년 대청해전 이후 북한이 여전히 미국과의 평화협정 체결을 원함에도 불구하고 그러한 요구를 위해 왜 서해도발을 계속해서 감행하지 않고 있는지에 대해서는 설명하지 못하고 있다.

위와 같은 북한의 서해도발에 대한 다양한 설명에 더해 서해교전의 우발적 변수도 서해교전에 대한 주요 쟁점 중 하나이다. 2002년 제2차 연평해전의 경우 우발적 사고인지 고의적 충돌인지에 대한 논란이 있었는데, 당시 일부 기사는 제2차 연평해전에 대해 정부가 '우발적 사고'로 결론 내렸으나 이후 정부의 햇볕정책에 대한 비판을 피하기 위해 조사결과 발표에서 "북한의 치밀한 사전계획에 의한 악의적인 선제기습"으로 이전의 결론을 뒤집었다고 보도한 바 있다(한국일보 2003.05.28). 또한 북한이 교전 직후 열린 남북장관급회담에서 전화통지문의 공식 문서를 통해 '현지의 하급부대가 우발적으로 일으킨 잘못된 사건'이라고 밝히고 이러한 사건에 유감을 표했다는 사실이 알려지기도 했다. 하지만 북한의 이러한 발표에 대해 '우발적 충돌을 가장한 고의적인 충돌'이라는 주장과 이러한 사과 조차도 고도의 정치적 전략이라는 주장이 지속적으로 제기되고 있다(염동용 2003, 48).

또한 서해의 꽃게잡이 어장을 둘러싼 남북한의 경제적 이해 갈등과 NLL이라는 군사적 요인이 서로 결부되어 무력충돌이 발생했다는 주장도 언론에서 자주 언급되어왔다. 제1, 2차 연평해전은 모두 꽃게잡이 철인 6월에 일어났는데 북한은 NLL 해역에서의 남북한 충돌을 방지하기 위한 공동어로수역 설정 협상에서 연평도 서쪽 꽃게어장 대부분을 북쪽의 관할로 삼으려는 의지를 드러낸 바 있다. 반면 2009년의 해전은 꽃게철이 아닌 11월에 발생했다. 그런데 2009년 11월 한국 정부는 북한 경비정이 중국 어선의 조업을 단속하는 과정에서 NLL을 월선한 것과 경비정 한 척 만으로 도발한 사실을 밝히며 교전의 우발적 발생을 언급하기도 했다.

그러나 정부의 이러한 해명에도 불구하고 한국 측 경고에 대해 북한 경비정이 돌아가지 않고 한국 함정을 조준 사격한 것은 의도적 도발 가능성을 의심케 한다. 즉, 북한이 한국 함정에 대해 형식적으로 사격하여 한국 측의 무력 대응을 유도하여 차후 사과와 책임 있는 조치를 한국으로부터 받으려는 계산이 있을 수 있다. 요컨대 '우발을 가장한 의도적 도발'의 가능성은 모든 교전에서 가능하다. 대청해전 발생 1년 전 2008년 12월 북한 조평통은 서해 NLL을 무효화할 것을 일방적으로 선언했던 만큼 의도적 공격 가능성은 여전히 배제되기 힘들다. 또한 NLL 월선에 있어서 북한 상선과 어선 단속정의 구별도 언급되나 이러한 구별이 의미가 없는 것은 북한군이 민간인으로 위장하여 어선에 승선할 수 있고 이러한 행위가 뒤이은 도발의 예비단계가 되기도 하므로 NLL 침범 주체의 구분은 큰 의미가 없다(정성임·김보라 2016, 74).

또한 위와 같은 접근법들은 모두 남북한 교전에 대한 설명에서 일률적으로 북한의 행위에만 초점을 두어 한국의 대응이나 전략이 교전의 발발이나 부재에 끼칠 수 있는 영향에 대해서는 상대적으로 관심이 부족하며, 한국의 역할이 언급된다고 하여도 강력한 대응의 필요성을 강조하는 정도에 머물고 있다.

Ⅲ. 무력분쟁 재발 원인에 대한 이론

　과거에 교전을 벌였던 국가들이 다시 동일한 교전을 반복하는 원인을 고찰하는 여러 이론들은 왜 서해에서 남북한이 비슷한 형태의 해상전투를 반복했는지 분석하는 데 통찰력을 제공한다. 무력분쟁의 재발과 관련한 이론들은 이전 교전이 종식된 방식과 교전종식 이후 분쟁국의 힘의 변화가 분쟁의 재발에 어떤 영향을 끼치는지 설명한다. 이러한 이론들은 정전협정 이후 남북한 간 전면전이 부재했다는 사실이 현재의 한반도 상황을 '평화'의 상태로 보기 힘든 근거를 제공하며 전면전이 아닌 저강도의 국지전인 서해에서의 남북한 해상전투가 몇 차례 반복되거나 혹은 재발하지 않고 있는 이유에 대해서도 다양한 해석의 여지를 제공한다.

　동일한 분쟁국 간 무력분쟁이 재발되는 원인은 크게 네 가지 시각 —이슈해결의 문제, 강제의 문제, 재협상 유인의 문제, 그리고 불완전한 정보의 문제— 으로 정리될 수 있다. 첫 번째 원인은 분쟁의 시초가 되었던 이슈가 해결되었는지의 여부 즉 '이슈 해결(resolution of the issues)'의 문제이다. 분쟁의 대상이 되었던 이슈에 대해 분쟁국 간 상호 합의 자체가 부재한 채 무력충돌이 종료되어 이슈가 근본적으로 해결되지 않은 경우 같은 무력분쟁이 재발될 가능성이 크다는 것이다(Hensel 1994). 만약 힘이 우세한 일방에 의해 강제로 무력분쟁이 종식된 경우 갈등은 더 악화될 수 있으며, 한 일방이 다른 일방을 응징하는 방식으로 분쟁이 종료된 경우에도 응징을 당한 국가가 미래에 복수전을 전개할 가능성도 있다(Holsti 1991).

그러나 이슈해결 이론에 대한 반박도 가능하다. 실제 역사적 사례에서 합의가 한 일방에게 불만족스러운 경우에도 평화가 유지되기도 했으며, 설사 문제를 근본적으로 해결하는 합의에 이른다고 해도 미래의 분쟁을 완전히 막지는 못했다는 것이다. 분쟁의 대상이 되는 이슈를 근본적으로 해결하는 합의를 도출하는 것은 현실적으로 어렵고, 한번 해결된 문제라고 해도 차후에 시간이 경과하면서 해결된 것이 아닌 것으로 재해석되기도 한다(Werner 1999, 915).

교전재발의 두 번째 원인은 분쟁국들이 교전을 종식하면서 합의한 약속을 이행할 수 있도록 강제할 수 있는지의 여부 즉 '강제의 문제 (enforcement problem)'가 발생하는 경우이다. 강제의 문제는 합의에 이른 양방 어느 한 쪽이라도 일방적으로 배신전략을 택하여 합의를 불이행하거나 위반할 때 발생하는 문제이다. 현실주의는 무정부 상태의 국제정치에서 이뤄지는 국가 간 정전협정이 단지 종잇조각에 불과한, 구속력을 결여한 합의이므로 협정이나 조약을 맺는 것은 국가의 행위에 사실상 영향을 줄 수 없다고 주장한다(Mearsheimer 1994; 2001). 하지만 포트나(Page Fortna)는 현실주의 이론의 이러한 통념에 반박하면서 '협정의 강도(strength of agreements)'가 평화유지와 무력분쟁 재발 여부에 영향을 미친다고 주장한다. 즉, 무력충돌의 재발을 방지할 수 있는 강력한 정전협정은 분쟁 당사국이 물리적 혹은 정치적 공격 행위를 취하는 비용을 증가시켜 그러한 행위로의 유인 자체를 차단하고, 협정의 준수사항과 위반사항을 구체화하여 무력분쟁의 종식 후 취할 수 있는 행동이나 의도의 불확실성을 줄이고 신뢰할 만한 신호를 제공할 수 있도록 하며, 또한 우발적인 사건이 무력충돌로 비화되지 않도록 방지하는 구체적 조치를 구축할 수 있다(Fortna 2003, 337-372).

전후 불안정의 세 번째 원인은 '재협상 유인(incentives to renegotiate)'의 문제이다. 만약 분쟁국 일방이 새로운 무력충돌을 일으켰을 때 기존의 합의보다 더 나은 조건의 합의가 이후 협상에서 도출될 것으로 판단할 경우 의도적으로 분쟁을 일으킬 수 있다는 것이다. 워너와 위엔(Suzanne Werner & Amy Yuen)은 협정의 강제성을 강조한 포트나의 주장을 반박하면서 무력분쟁 재발의 문제는 강제의 문제만이 아니라 '분배의 문제(distributional problem)'라고 주장한다. 일방의 힘이 이전보다 증대하는 등 전후 국가 간 세력에 변화가 생길 경우 힘이 증대한 분쟁국은 이전의 합의로 인해 발생한 손실을 새로운 분쟁을 통해 만회하려는 유인을 갖게 된다는 것이다. 분쟁국들은 힘의 변화에 대한 정보를 숨기거나 혹은 과장할 동기를 갖기 마련이므로 재협상 시도는 대개 실패하기 쉽다. 마찬가지로 제3자의 압력에 의한 정전협정도 이후 세력균형에 변화가 발생할 경우 세력이 증대한 일방이 재협상을 목적으로 의도적으로 위기를 고조시킬 수 있다(Werner 1999; Werner & Yuen 2005).

네 번째 원인으로는 피어론(James Fearon)이 전쟁발발의 조건으로 논의한 '불완전한 정보(incomplete information)'의 문제를 들 수 있다 (Fearon 1995, 390-401). 피어론은 국가가 비용을 발생시키는 교전을 피할 수 있는 협상에 임할 수 있음에도 불구하고 교전을 감행하는 이유 중 하나가 분쟁국들이 자국 군사력을 실제 능력에 비해 과신하거나 적국의 군사력과 전투 의지를 과소평가 하는 등 불완전한 정보 (incomplete information)를 갖고 있기 때문이라고 주장했다. 즉, 국가는 자국이 갖는 사적 정보(private information)를 적국에게 의도적으로 '왜곡하여 제시할 유인(incentives to misrepresent)'을 가지므로 무력 분쟁이 일어날 수 있고, 무력분쟁이 종식된 이후라도 시간이 경과하면서 불완전한 정보의 문제가 다시 발생하면서 분쟁이 재발할 환경이 조성될 수 있다.

와그너(Harrison Wagner)와 슬랜체브(Branislav Slantchev)는 교전이 바로 이러한 불완전한 정보의 문제를 해소하는 역할을 하므로 교전은 학습효과(learning effects)를 갖는다고 주장했다. 교전에서 직접적으로 드러나는 군사능력과 전략은 평시에는 드러나지 않은 정보이므로 협상 중 제시되는 정보와 달리 정보의 왜곡 가능성이 줄어든다는 것이다(Wagner 2000, 469-484; Slantchev 2003, 621-31). 슬랜체브가 논한 '수렴의 원칙(the Principle of Convergence)'은 전쟁의 정보제공 역할을 일컫는 것으로, 분쟁국들은 교전을 통해 상대의 군사력과 군사 전략 및 대비 태세, 무력사용 의지 등에 대해 학습하게 되므로 교전이 지속될 경우 일어날 결과에 대해 서로 비슷한 예측에 이르게 되고 결국 서로 수용할 수 있는 합의를 찾아 교전을 종식하는 것에 동의 한다는 논리이다(Slantchev 2003, 627-28).

그런데 흥미로운 것은 완전한 정보(complete information)가 주어진 경우에도 무력분쟁이 일어나기도 하는데, 분쟁국 일방이 제시하는 합의점에 다른 일방이 동의하지 않을 경우 적국이 대가를 치르도록 교전을 지속할 수 있다. 특히 힘이 열세한 국가는 장기전에서는 분명 자국이 패배할 것을 알기 때문에 제한된 수준에서의 교전에 임한 뒤 이후 협상에 조응하여 강한 적국으로부터 이득을 취하는 전략을 취할 수 있다(Slantchev 2003, 626-27). 이러한 논리는 교전에 대한 승리의 확신만이 전쟁을 지연시키는 유인이 아님을 말해준다. 그러므로 이 러한 주장은 교전결과에 대한 분쟁국의 상호낙관(mutual optimism)

즉 자국의 승리에 대한 낙관이 교전을 지속하게 한다는(Blainey 1973, 54) 기존의 통념과는 차별된다. 무력분쟁의 종식은 일방의 군사적 승리를 반드시 필요로 하는 것이 아니며 정치적 해결(political settlements)을 통해서도 가능하므로 자국이 패배할 것을 예상하면서도 군사적으로 도발하는 것은 여전히 합리적인 행위일 수 있다는 것이다.

Ⅳ. 북한의 서해도발 동기와 도발방식의 변화

1. 북방한계선에 대한 남북한의 입장 차이

NLL이 존재하게 된 것은 1951년 7월부터 이후 2년간의 정전협상에서 해상군사분계선(MLD)에 대한 합의가 실패하게 되면서부터이다. 당시 클라크(Mark W. Clark) 유엔군 사령관이 남북한 간 우발적 무력충돌 가능성과 동해와 서해에서 유엔군 항공기와 해군의 초계 활동이 북한 영토로 북상하는 것을 방지하기 위해 NLL을 설정했다. 지상 군사분계선을 연장하여 서해 5개 도서와 북한 지역 중간선을 기준으로 한강 하구로부터 서북쪽 12개 좌표를 연결한 해상경계선이 설정된 것은 정전체제를 안정적으로 관리하기 위함이었다(국방부 2007, 6-7).

NLL을 둘러싼 남북 간 갈등은 한국의 입장에서는 암묵적 합의에 대한 '강제의 문제'이다. 서해 5개 도서와 NLL 인근 수역은 위치상 38도선 이남에 위치해있고 한국전쟁 전에도 남한이 관할한 지역이다. 정전협정 체결 당시 북한에는 해군력이 존재하지 않다시피 하여 유엔군이 동해와 서해 모두를 장악했던 상황이었으므로(국방부

2007, 7), 한국은 NLL 설정을 정전협정의 세부 조항을 이행하기 위한 조치로 간주하고 있다. 정전협정 제2조 제13항의 (ㄴ)목은 "황해도와 경기도의 도계선 북쪽과 서쪽에 있는 모든 섬 중에서 백령도, 대청도, 소청도, 연평도 및 우도의 도서군들을 군제련합군 총사령관의 군사 통제하에 남겨 두는 것을 제외한 기타 모든 섬들은 조선인민군 최고 사령관과 중국인민지원군 사령원의 군사통제하에 둔다"라고 명시하고 있다(정전협정 전문 1953, 4). 이러한 조항은 NLL이 정전협정의 목적에 부합하는 근거로 간주되며, 현재까지도 한국이 NLL 인근 수역을 실효적으로 관할해왔으므로 NLL은 실질적 해상경계선으로 기능하고 있다(국방부 2007, 26).

북한은 NLL이 북한과의 동의에 의해 설정된 것이 아니므로 NLL의 무효화를 주장한다. 북한 입장에서는 정전협정 체결 당시 해상군사 분계선에 대한 협상 주체 간 합의가 실패했으므로 북한 선박의 NLL 월선은 불법이 아니고 NLL 문제는 앞으로 풀어야 할 '이슈해결의 문제'이다. 북한은 서해 군사분계선 문제가 정전협정과 관련되므로 당시 협상 주체인 미국이 북한의 협상 상대라고 주장하며 NLL 문제를 북미 간에 해결할 사안으로 간주한다. 북한은 1973년 10월부터 11월까지 NLL을 43회 월선하여 서해를 분쟁 지역화하고 1973년 12월 제346차와 제347차 군사정전위원회에서 NLL 문제를 공식적으로 제기하기 시작했다. 이후 북한은 황해도와 경기도 도계선 이북 수역에 대한 북한의 관할권을 주장하며 서해 5개 도서에 남한 선박 출입 시 북한의 사전 허가를 받을 것을 요구했다. 하지만 유엔사는 북한의 요구가 정전협정을 위반하는 것이라고 답하고 그러한 요구를 거부했다. 이에 더해 북한은 1977년 7월에는 200해리 경제수역을, 8월에는 해상 군사경계선을 일방적으로 선언했지만 남북한은 1992년 남북기본합의서 및 불가침부속합의서에서 정전협정에 규정된 군사분계선과 그동안 남북이 관할한 구역을 남북 간의 불가침 경계선 구역으로 재확인하여 그동안의 NLL과 관련된 남북한 갈등을 일단락 지었다(국방부 2007, 8-9).

한편 NLL과 관련하여 북한은 공식적인 문제제기와 실제 행동이 서로 상충되는 이중적 태도를 보여 왔다. 유엔군 사령관에 의해 NLL 이 설정되면서 사실상 북한은 황해도 인접 도서군의 통제권을 갖게 되었고, 이러한 군사안보상의 유익 때문에 북한은 1973년까지 남측에 대해 NLL 문제를 거론하지 않았다. 해군력이 미미했던 북한은 NLL의 설정으로 역설적으로 유엔군으로부터 보호를 받는 상황이었고, 그 러한 이유로 북한은 1999년 첫 번째 서해교전이 발생하기 이전 50여 년간 NLL을 준수해왔다. 북한이 1959년 발간한 <조선중앙년감>에도 NLL은 군사분계선으로 표기되어 있다(국방부 2007, 14-18). 심지어 1999년 해전이 발발하기 9일 전인 6월 20일 연평도 근해에서 NLL을 월선한 북한 선박을 남측이 나포하여 북한 경비정에게 인계할 때와 12월 대청도 근처에서 북한 선박이 좌초했을 때에도 남북한 선박은 NLL 선상에서 상봉하여 남측이 북한 선박을 북측에 인계했다. 이러한 일은 2003년에도 반복되는 등 북한은 NLL을 인정하고 준수하는 행위 를 보여주었던 것이다(국방부 2007, 31).

2. 북한의 현상변경 시도와 재협상 유인

북한에게 있어서 NLL은 새로운 협상을 통해 해결할 문제이나 NLL에 대한 북한의 한국에 대한 요구가 항상 서해상에서의 남북한 교전으로 이어지지는 않았다. 즉 북한의 서해도발 이유를 이슈해결의 문제로만 보기에는 1999년 이전 서해에서 북한의 도발이 부재했던 이유를 설명할 수 없다. 북한은 1973년부터 NLL 무효화를 공식적으로 요구하고 새로운 해상 군사분계선을 일방적으로 선언했지만 1999년에 이르기까지 북한의 NLL 월선은 군사적으로 공격적인 태도를 동반하지 않았다. 그러면 왜 1990년대 후반부터 북한의 NLL 월선이 서해상의 남북한 해상전투로 발전하게 되었는가?

1999년 제1차 연평해전에서와 같이 북한의 NLL 월선이 군사적 공격성을 띠기 시작한 것은 당시 북한의 새로운 지도체제인 김정일 정권이 강성대국론과 선군정치를 내세우며 현상변경을 추구한 것과 관련된다. 북한은 1990년대 중반 극심한 경제적 어려움을 경험했고 김일성이 사망하면서 체제 전반에 걸쳐 최대 위기를 경험했다. 새롭게 들어선 김정일 정권이 위기극복을 위해 군의 선도역할을 강조하는 가운데 1992년 국제원자력기구(IAEA)의 5회에 걸친 핵사찰 과정에서 북한 핵 프로그램이 드러나면서 제1차 핵 위기가 시작되었다. 북한은 이미 1980년대에 이란과 이라크에 스커드미사일을 수출했고 1990년 대에도 대륙 간 탄도미사일(ICBM)의 사정거리를 꾸준히 늘려왔다. 그러므로 북한 정권의 생존을 보장하지는 않으나 한반도에서의 전면 전은 효과적으로 억지해온 정전체제에 대한 북한의 불만족은 북한의 군사력 증대와 함께 고조되었고 이러한 상황에서 제1차 북핵사태로 인해 美 클린턴 행정부가 북한과 협상을 진행하여 1994년 10월 제네바 합의가 이루어진 것은 북한의 입장에서는 핵을 통한 북한의 현상변경 시도가 효과적인 협상 카드의 역할을 한 선례가 되게 했다.

북한 핵개발의 폐지보다 핵동결에 우선순위를 둔 제네바 합의는 북한이 미국에 대해 핵을 사용할 의도는 없을 것이고 북한 체제의 특수성에도 불구하고 핵억지에 대해서는 북한도 이성적으로 행동할 것이라는 클린턴 행정부의 판단으로 인해 가능한 체제였다(신성호 2008, 168-9). 1994년 10월 이후 8년간 유지된 제네바 합의체제와 북한에 대한 유화적인 정책을 펼친 한국 정부와의 우호적인 관계는 김정일 정권의 선군외교가 미국과의 협상에 주력할 수 있는 대내외 환경을 마련해주었다. 1994년 제네바 합의 이후 1995년 1월 美 국무부는 대북 경제제재 완화조치를 발표하고 북미 간 거래와 여행을 허용했으며 북한의 美 금융기관 사용 허가 및 북한으로부터의 마그네사이트 수입 등을 공표했다.

이러한 과정에서 북한은 미국에 대해 북미 간 평화협정 체결을 지속적으로 요구했으나 미국은 받아들이지 않았고 1997년 3월 시작된 4자 회담은 이후 북한의 거부로 1998년 6월 회담을 마지막으로 종결되었다. 이러한 결과는 당시 북한이 북미 평화협정 체결이 우선되어야 한다는 주장에 의한 것이었다(전재성 2010, 78-79). 이러한 분위기 속에서 출범한 김대중 정부 임기 첫 해인 1998년 8월 북한은 최초의 다단계 로켓인 대포동 1호를 발사하고 제1차 연평해전과 제2차 연평해전이 연달아 1999년과 2002년에 일어났다. 새로운 위기를 통해 북한이 자국에게 더 유리한 조건에서 미국과 재협상을 하려는 명분을 만들기 위함이었다.

연평해전의 발생 시기가 쉽게 이해되지 않는 것은 다른 시기에 비해 남북한 관계가 우호적이었기 때문이다. 하지만 '재협상의 유인 문제'의 시각에서 보면 북한이 당시 북한에 우호적인 한국과의 관계를 최대한 이용하여 협상 공간을 만들기 위해 서해도발을 이용했을 가능성이 크다. 당시 미국과의 협상에서 북한의 평화협정 요구가 받아들여지는 데 어려움을 경험한 북한은 서해교전을 빌미로 남북한 문제를 북미 협상에 이용할 유인이 있었을 것이고, 더불어 새로 출범한 김대중 정부의 대북 유화정책 의도를 시험할 동기를 가졌을 수 있다. 1999년 교전 당사자가 한국임에도 불구하고 북한이 6월 26일 조평통 서기국 보도를 통해 미국과 남측이 정전협정 이행을 포기했다고 비난하고 북미 간 평화보장체제의 수립을 요구한 것은 북한이 NLL 문제를 구실로 정전협정의 재협상이 우호적인 남북관계가 지속되는 데에도 필요함을 미국에 대해 강조한 것으로 보인다.

통일부 남북회담본부의 자료에 의하면 제1차 연평해전에도 불구하고 2000년 남북한 간 정치분야의 회담은 18회에 달했고 군사분야 회담도 4회에 걸쳐 이루어질 정도로 제1차 연평해전은 당시 한국 정부의 유화적인 대북정책 기조에 부정적인 영향을 끼치지 못했다. 1999년 해전 이후에도 김대중 정부는 현대의 금강산 관광을 유지시켰고 2000년 3월에는 북한 경제회복 지원과 한반도에서의 냉전 종식을 천명한 '베를린 선언'을 발표했으며, 3월과 4월 중국에서 북한과 여러 차례 접촉을 통해 남북정상회담 개최를 합의하기에 이르렀다. 남북은 2000년 6월 정상회담 후 6월 15일과 16일 휴전선에서 상대방에 대한 비방방송을 중지했고 9월에는 분단 이후 최초로 남북 국방장관회담을 개최했다. 또한 경의선 철도, 도로 연결과 관련하여 비무장지대 일부의 철책과 지뢰를 제거했으며 남북군사실무자 간 직통전화와 아울러 남북정상 간 비상연락망인 핫라인이 개설되었는데, 이후 2002년 제2차 연평해전이 발생했을 때 북한은 이 핫라인을 통해 교전에 대한 유감을 표했었다(백학순 2009, 319).

우호적인 남북관계를 통해 북미 협상에서 유리한 위치를 점하려는 북한의 전략은 미국의 군사안보 정책이 美 본토에서 일어난 2001년 9·11 테러 이후 완전히 전환되면서 더 이상 효과를 발휘할 수 없게 되었다. 새로 출범한 부시 행정부는 2002년 1월 29일 북한을 이란, 이라크와 함께 악의 축으로 지목하면서 북한에 대한 중유 제공과 경수로 작업을 중단했다. 이렇게 클린턴 행정부가 핵과 미사일에 관해 북한과 합의한 바를 부시 행정부가 폐기하자 2002년 말 북한은 핵동결 해제를 발표하고 12월 IAEA 사찰단을 추방했으며 2003년 1월 NPT에서 탈퇴하면서 제2차 핵 위기가 시작되었다. 2002년 제2차 연평해전은 2003년 제2차 핵 위기 전년도에 일어났다. 해전 직후 한국은 북한 경비정의 기습공격이 정전협정을 위반한 것이므로 북한의 사과와 책임자 처벌, 재발방지를 요구했고, 6월 30일 북한 해군 사령부 대변인은 교전이 한국의 도발에 의한 남북화해 방해 행위라고 비난하며 NLL의 비법성을 주장했다. 그런데 동시에 북한은 한국과의 핫라인을 통해 교전이 하급부대에 의한 우발사건이라고 유감을 표하기도 했다.

북한의 이러한 이중적인 태도는 국내에서 연평해전의 우발성 논쟁을 야기했다. 하지만 해전 발발 시기가 북한이 미국에 의해 테러리즘 지원국으로 지칭된 지 약 다섯 달이 지난 시점이었던 점과 해전 발발 네 달 뒤인 2002년 10월 美 국무부 동아태 담당 차관보 제임스 켈리(James Kelly)의 평양 방문 시 북한이 고농축우라늄 프로그램의 존재에 대해 밝히면서 제2차 북핵 위기가 시작된 중대한 시점이었던 것을 고려하면 미국의 對 테러전이 본격화되기 전에 북한이 앞으로의 북미 협상에서 한반도의 국지적 위기를 평화협정 체결과 연결시키려는 의도가 있었을 것임을 짐작해볼 수 있다. 정권의 생존 문제가 걸린 민감한 시점에서의 해상전투에 대한 북한의 우발사건 유감표명은 우발을 가장한 고의적 도발의 가능성에 무게가 실리게 한다.

그런데 서해교전은 2002년 제2차 연평해전 이후 2009년에 이르기까지 7년간 일어나지 않았다. 교전이 부재했던 이 시기는 2003년 제1차 북핵위기와 2006년 10월 제2차 북핵위기가 일어났던 노무현 정부 시기였다. 부시 행정부가 대북 강경정책을 펼치고 있는 상황에서 노무현 정부는 북핵문제에 대한 미국의 접근법에 대해서는 비판적이었지만 2003년 5월 15일 한미 정상회담에서 부시 행정부의 대북 강경책에 일정 부분 동의했고, 2004년 7월에는 탈북자 468명을 동남아에서 전세기로 한국으로 입국시켜 이후 약 10개월간 남북회담이 중단되기도 했다. 2003년 8월 말 북핵문제를 다루기 위한 제1차 6자 회담이 열리고 10월에는 부시 대통령이 북한에 대해 다자주의의 틀로 대북 안전보장을 제의했으나 북한이 이를 거부하고 2005년 2월 북한이 핵무기 보유를 선언하면서 북핵사태는 더욱 심화되어갔다.

이러한 상황에서의 서해교전의 부재는 어떻게 설명할 수 있을까? 북한으로서는 현상변경과 재협상으로의 유인이 가장 컸을 이 시기 북한은 왜 서해도발을 감행하지 않았나? 2003년 10월 북한 경비정 한 척이 월선했다가 한국의 경고사격을 받고 퇴각한 일이 있었고 2004년 7월과 11월에도 비슷한 일이 있었으나 남북한 교전은 발생하지 않았다. 노무현 정부 시기에는 남북한 간 일련의 군사긴장 완화 조치들이 이루어졌다. 2004년에서 2005년 사이 개최된 총 8회의 남북 군사회담은 모두 서해상에서의 우발적 충돌방지와 군사분계선 지역에서의 선전활동 중지 및 선전수단 제거 등을 위한 회담이었다(국방부 2014, 45). 2004년 6월 제2차 남북 장성급 회담에서 남북한은 국제상선 공통 무선망 활용 및 서해지구의 군 통신선 개설 등 서해에서의 우발적 충돌을 방지하기 위한 방안 마련에 합의했고 2004년에는 이러한 논의와 관련된 일련의 합의서를 체결했다. 즉 당시 정부는 북한이 이슈해결 혹은 분배의 문제로 접근한 NLL 문제를 북한과의 회담과 절충안 마련을 통해 직접적으로 관리해 나갔던 것이다.

노무현 정부는 기본적으로 '북핵과 남북관계의 병행론'을 유지했는데, 이는 북핵으로 인한 한반도 긴장고조를 일관된 대북 포용정책으로써 관리해 나가겠다는 의도였다. 즉 남북관계의 유지가 북핵으로 인한 한반도 안보위기를 막을 완충장치라는 인식이었다(김근식 2011, 342-350). 이후 2007년 1월 베를린에서 북미협상이 개최되고 6자회담을 통해 2·13 합의와 10·3 합의가 도출되는 과정에서 제2차 남북정상회담이 성사되었는데 이러한 과정에서 주목할 만한 남북한 긴장완화

조치는 2007년 10월 제2차 남북정상회담의 10·4 선언에서 남북한이 서해에 평화협력특별지대를 설치하여 공동어로수역과 평화수역을 설정하기로 합의한 부분이다. 남북한은 2007년 11월 국방장관회담에서 불가침 합의를 재확인하고 해상불가침 경계선을 설정하며 군사적 신뢰구축을 논의하는 남북군사공동위원회를 구성하기로 했다. 당시 NLL에 대한 논의에서 북한의 태도에 변화가 있었는데, 과거 북한은 해상에서의 불가침경계선 확정 논의를 북미 간 논의 사항이라면서 남북 간 논의하자는 한국의 제의를 거부했으나 2007년 회담에서는 해상불가침 경계선 확정 논의를 한국과 진행하며 적어도 NLL의 존재는 인정한 점이다(최규엽 2011).

이렇게 볼 때, 노무현 정부 시기 북핵 사태에도 불구하고 서해에서의 남북한 충돌을 막기 위한 조치를 직접적으로 다룬 일련의 남북한 회담은 교전 발발을 방지하는 데에는 효과적이었던 것으로 보인다. 즉 북한에게 있어서 이슈해결과 분배의 문제로서 다뤄진 NLL 문제를 노무현 정부는 두 문제를 모두 절충하는 방식으로 다룸으로써 북한은 사실상 NLL 문제를 북미협상 등 북한에게 유리한 방향으로 활용할 구실을 상실한 셈이다. 하지만 한국 정부의 이러한 절충적 접근법은 이명박 정부가 들어서면서 폐기되었고 2009년 다시 서해 교전이 발생했다.

노무현 정부 시기의 대북정책은 이명박 정부에 들어서 상당 부분 폐기되거나 재고되었다. 출범 초기 이명박 정부는 '비핵·개방 3000 구상'을 통해 북한의 선 핵포기와 선 개방을 전제로 한 남북관계의 진전을 추구했으며 이전 두 정부가 북한과 합의한 2000년 6·15 공동선언과 2007년 10·4 선언을 부정 혹은 사실상 폐기하는 입장을 취하여(정성장 2008) 결과적으로 노무현 정부 기간 남북 간 논의된 서해 평화협력특별지대의 설치는 무산되었다. 이에 대해 북한은 2009년

1월 17일 인민국 총참모부 대변인 발표에서 남한과의 '전면 대결태세 진입'을 선언했고 1월 30일 조평통 성명을 통해 NLL을 인정하지 않을 것이므로 군사적 충돌이 불가피하다고 주장하면서 '정치군사적 대결 해소 합의사항'을 무효화하고 1999년 선언한 서해상에서의 군사분계선을 고수할 것을 발표했다. 이후 2009년 3월 이명박 대통령은 3·1절 기념사에서 북한에 대해 남북한 합의존중 및 조건 없는 남북한 대화를 제의했으나 북한은 조평통 성명을 통해 서해에서의 한미 군사훈련을 비난하며 민간 항공기의 안전을 담보할 수 없다고 위협하는 등 2009년 초까지 경색된 남북관계가 이어졌다.

하지만 당시 이렇게 악화되던 남북관계에도 불구하고 2009년 11월 대청해전의 발발 시점도 쉽게 이해되지 않는 부분이 있다. 북한이 2차 핵실험을 단행한 2009년 5월 세 달 이후의 시점인 8월 4일 빌 클린턴 前 미국 대통령 방북 시 북한은 억류했던 미국 기자를 석방했고, 8월 10일에는 현대그룹 현정은 회장이 방북했고 북한은 8월 20일 12·1 통행제한조치를 해제했다. 또한 8월 26일에는 남북적십자회담이 개최되었고 29일에는 북한 경비정에 예인되었던 한국의 '800 연안호' 선박 및 선원이 한국으로 송환되면서 남북 간 화해 분위기가 조성되었다. 이어 9월 말에는 추석을 계기로 남북이산가족의 상봉행사가, 10월에는 남북한 간 임진강 수해방지 관련 실무회담이 있었다. 10월 29일 북한의 노동신문은 "북남관계 개선은 더 이상 늦출 수도, 미룰 수도 없는 절박한 과제이며 지금 북남관계를 새롭게 발전시켜 나갈 수 있는 조건이 마련되었다"라고 보도하기도 했다.

이러한 정황으로 인해 단 2분간 진행된 대청해전에 대해서도 우발적 사건 논쟁이 있었다. 교전 당시 여러 척의 북한 경비정이 있었는데 북한 경비정 한 척에 대해 한국 측이 함포와 발칸포로 5,900여 발의 대응사격을 했으나 북한의 다른 경비정들이 한국의 사격에 대항하여 교전을 지원하지 않았고 해안포에서도 아무런 반응이 없었기 때문이다. 이러한 사실은 우발적으로 침범한 북한에 대해 한국군이 과잉대응한 것으로 해석되기도 했다. 그러나 북한 경비정이 남측의 경고통신과 경고사격에도 불구하고 NLL 월선을 멈추지 않았고 남한 고속정을 겨냥하여 함포 50여 발을 기습적으로 조준 발사한 사실은 우연을 가장한 도발일 가능성에 무게를 두게 한다. 더군다나 대청해전 이후 북한이 11월 23일 한반도에서의 전쟁위험 제거와 남북한 간 무장충돌 방지를 위해 북미 간 평화보장체계 수립이 급선무라고 주장하면서 미국의 북한에 대한 적대정책 철회와 평화협정의 정전협정 대체를 요구한 사실을 볼 때, 당시 북한이 북미 간 대화를 앞둔 상황에서 남북한 교전을 빌미로 평화협정을 요구할 수 있는 상황을 만들려한 것으로 보인다. 또한 당시 새로 출범한 오바마 행정부에 대해 북한은 한반도의 평화와 NLL의 문제, 그리고 미국과의 평화협정이 서로 어떻게 연결되는지 새 행정부에 주지시킬 필요기 있었을 것이며, 실제로 북한은 미국과의 평화협정 체결의 이유로서 대청해전을 언급했다.

3. 교전의 학습효과와 북한도발의 변화

앞서 논한 바 2009년 서해에서의 북한의 군사적 도발은 이슈해결과 재협상 유인 문제의 접근법으로 설명할 수 있지만 2010년부터 남북한 간 서해에서 무력충돌이 부재한 원인은 이 두 접근법으로 설명하기 힘들다. 북한에게 있어서 정전협정을 평화협정으로 대체하려는 재협상 유인 즉 현상변경 유인은 지속적으로 있었지만 북한은 남북한 간 해상전투로 발전할 만큼의 서해도발을 현재까지 자제해오고 있는데, 반면 최근 남북한 대화가 성사되기 전까지 북한은

2010년의 천안함 폭침과 연평도 포격과 아울러 핵과 미사일 실험 등 이전보다 더 대담한 고강도의 도발을 감행했다.

2010년 북한이 보여준 이전과는 다른 형태의 도발에 더해, 새롭게 들어선 김정은 정권은 2013년 제3차 핵실험과 2017년 제6차 핵실험 및 2012년 이후 현재까지 80회 이상의 미사일 발사 실험을 단행하는 등 북한 도발의 성격과 형태는 변화했다. 2010년부터 변화한 북한의 국지적 도발이 이전 도발과 다른 점은 이전의 도발이 저강도의 전술적 도발의 성격을 갖는 반면 2010년부터는 고강도의 예상치 못한 수준에서의 공격으로 바뀌었고 사전 징후를 은폐하여 기습적으로 목표 대상을 직접 타격하는 방식을 취함에 따라 공격효과를 극대화하는 형태를 띠었다는 것이다(이윤규 2014, 92). 스스로 호전적인 주체임을 과시하는 형태의 이러한 도발은 특히 한국 사회에 심리적 충격과 후유증을 극대화하고 한국 정부와 군이 기습공격에 대비하는 대응 시스템을 마비시키는 효과도 목표로 하고 있다. 김정은 정권에 들어서서 잦아지고 있는 사이버 테러와 같은 도발도 같은 맥락에서 이해할 수 있다(이윤규 2014, 103-105).

그러면 북한은 왜 서해도발은 자제하고 있는가? 2009년 해전을 마지막으로 이후 서해교전이 부재한 원인은 강제의 문제와 불완전한 정보 문제의 시각이 더 잘 설명할 수 있다. 먼저 2009년 대청해전에서 한국군의 군사적 대응이 과도했다는 논란에도 불구하고 교전 발생 가능성을 감수하고라도 북한의 NLL 침범 시도 자체를 무력화시키려한 한국의 군사적 전략은 주효한 것으로 보인다. 당시 정부는 이전 정부 시기 남북한이 논의한 서해에서의 무력충돌 방지 조치를 폐기하고 NLL에 대한 한국의 실효적 지배를 강화하는 방법으로 북한의 도발을 차단하여 '강제의 문제'로서 NLL 분쟁을 다루었다. 서해에 평화협력특별지대를 설치하여 공동어로수역과 평화수역을 설정하기로

한 이전 정부의 북한과의 합의는 북한이 '이슈해결과 분배의 문제'로서 NLL을 다루고자 한 데 대한 일종의 절충적 해법이었다. 결과적으로 NLL을 둘러싼 남북한 무력충돌은 노무현 정부와 이명박 정부의 서로 다른 접근법을 통해 방지한 셈이다.

하지만 이 두 접근법은 2010년부터 북한이 다른 형태의 도발을 시도한 이유를 설명하지 못한다. 더군다나 2010년 북한이 취한 새로운 도발 방식은 한국군이 대비할 수 없거나 대비하지 못한 상황에서의 북한의 선제공격이므로 강제의 문제 혹은 분배의 문제와는 관련이 없다. 한편 '불완전한 정보 문제'의 접근법은 북한이 왜 다른 도발 방식을 취했는지 설명하게 한다. 즉 서해 NLL 인근 수역에서 비슷한 형태의 해상전투를 반복적으로 치른 북한은 일종의 학습효과를 경험했는데, 해상전투를 통해 북한이 한국에 대해 얻게 된 정보는 직접적인 무력충돌이 없었다면 알기 힘든 종류의 것이었다. 북한의 NLL 침범에 대한 한국의 강경한 대응은 NLL에 두는 한국의 가치가 크다는 것과 북한에게 있어서 NLL의 협상 의제로서의 가치도 더욱 커진 것을 의미한다. 또한 한국이 교전이 확전되지 않도록 무력충돌의 수준을 제한시킨 대응은 북한이 NLL 월선으로 제한적 교전을 유발함으로써 북한이 치를 손실도 상대적으로 크지 않은 반면 평화협상을 위한 명분 확보는 쉬울 수 있음을 의미하기도 했다.

이렇게 국지적인 제한적 교전은 북한에게 유익할 것으로 보였지만 세 차례의 서해교전에서 사상자나 물리적 피해의 측면에서 가시적으로 북한의 열세한 전력이 남한에 반복적으로 노출된 것과 NLL 무효화와 평화협상에 대한 요구가 한국과 미국에 의해 계속 거절되면서 협상명분으로서의 서해교전의 유익은 점차 상실된 것으로 보인다. 모든 해상전투에서 패배했던 북한이 교전 이후 한국에 대해 NLL의 불법성을 주장하고 새로운 해상경계선을 일방적으로 선포하며 미국에 대해 정전협정의 평화협정으로의 이행 필요성을 요구해왔지만 한국과 미국은 북한의 그러한 요구를 받아들이지 않았고 서해교전 이후 NLL과 정전협상과 관련하여 북한이 제시한 의제와 관련하여 남북한 간에 어떤 협상도 이루어지지 않았다.

결국 시간이 경과할수록 북한의 NLL 침범에 대한 한국군의 군사적 대응은 점점 더 강경해졌고 북한에게 있어서 서해도발은 더 이상 한국이나 미국과의 협상이나 현상변경을 위한 수단으로서의 기능을 상실하게 된 것으로 보인다. 그러한 근거가 2010년부터 나타난 북한의 도발 방식의 급격한 변화이다. 북한은 2010년부터 저강도의 해상 전투가 아닌 천안함 폭침과 연평도 포격과 같이 타격대상에 대한 기습적인 고강도 군사도발을 감행함으로써 남한의 피해와 남한 사회의 불안감과 공포심을 극대화하고 동시에 서해를 여전히 남북한 간의 위험지역으로 남게 하는 전략을 취한 것으로 보인다. 더군다나 서해에서 한미 합동군사훈련이 진행되는 동안 북한이 천안함을 피격했다는 사실은 서해에서의 한미 군사훈련이 한반도에서 위험천만한 상황을 초래할 수 있음을 북한이 가시적으로 보여주려 한 의도로 해석할 수 있다. 연평도 포격의 경우도 북한은 남쪽 영토까지 포격의 대상으로 삼았으며 한국의 전투기가 출격하는 등 교전의 수준과 범위는 이전의 해상전투와 비교할 때 확대되는 결과를 가져왔다.

V. 결론

북한에게 있어서 서해교전은 전면전으로 발전될 가능성이 낮은 제한적인 국지전이며 많은 사상자를 발생시키지 않는 저강도 전투로서 북한은 서해교전이 미국과의 협상에서 NLL 이슈를 부가시킬 수 있게 하여 정전협정의 재협상을 요구할 명분을 제공할 것으로 기대했다. 더군다나 서해교전은 미국에 대한 도발이 아니면서 한국과 미국에 대해 정전협정의 위험과 불안정성을 가시적으로 보여줄 수 있는 수단이었고 평화로운 서해로부터는 정전협정의 위험성을 알릴 수 없기 때문에 북한은 서해의 군사적 위험성과 정전협정의 밀접한 관련성을 알리고자 했을 것이다. 게다가 북한은 남북한 해상전투가 종결되면 교전이 우발적 충돌이었다든지 한국의 도발에 의한 것이었다는 주장으로 교전의 책임을 쉽게 한국에 전가할 수 있었기 때문에 서해교전은 북한에게 사후적으로 효율적인 전략적 수단으로 간주되었다.

하지만 북한의 서해도발은 더욱 강경해지는 한국군의 대응을 초래했고 해상전투에서 반복적으로 북한 전력의 열세가 노출된 것과 더불어 NLL 문제를 빌미로 한 북한의 정전협상 재협상 요구가 지속적으로 거절되자 서해도발은 협상카드로서의 유용성을 상실했다.

2009년 대청해전을 마지막으로 서해교전은 부재하게 되었고, 대신 북한은 먼저 군사적 공격을 취하지 않는 한국에 대해 상대적으로 북한이 군사적 강세를 갖는 선제도발로 도발 방식을 바꾸었다. 2010년 북한의 천안함 폭침과 연평도 포격은 여전히 서해를 남북한 군사긴장의 장으로 남게 했으며 김정은 정권의 북한은 협상카드로서의 유용성을 상실한 서해도발이 아니라 핵과 미사일 실험의 고도화를 통해 미국에 대해 평화협상을 지속적으로 요구했던 것이다.

  북한 도발방식의 변화와 함께 서해위기의 성격도 달라졌다. 천안함 폭침과 연평도 포격 이후 미국이 한반도에 조지워싱턴 항공모함을 급파하고 이후 대규모의 한미 군사훈련에서 항모의 탐색·공격 범위에 중국 영해와 중국 북부 및 랴오둥 반도 전체가 들어감에 따라 중국은 서해를 '근해'로서 언급하며 격렬하게 항의했다. 즉 서해가 남북한의 분쟁과 더불어 미국과 중국의 군사적 긴장이 고조될 가능성이 있는 공간으로 변화된 것이다. 특히 중국의 반발은 북한에게는 새로운 협상의 기회로 인식된 측면이 있는데, 즉 서해에서의 남북한 해상전투가 부재하더라도 서해에서 이루어지는 대규모의 한미 군사훈련에 대한 중국의 반발은 중국에게 북미 간 평화협상을 지지하게 할 명분이 될 수 있기 때문이다. 2017년 12월 서해에서 스텔스 전투기와 전략 폭격기가 동원된 대규모의 한미 연합군사 훈련에 대해 중국이 같은 시기 서해에서 전투기와 정찰기를 동원한 공군 군사훈련을 실시하고 이러한 훈련을 정례화할 것을 밝혔던 것이 그러한 정황을 말해준다. 또한 2018년 한국 동계올림픽 기간 동안 한미 군사훈련을 하지 않기로 한데 대해 중국이 그동안 내세운 북핵 해법인 한미 군사훈련의 중단과 북한의 핵과 미사일 도발의 중단을 의미하는 쌍중단(雙中斷)을 재차 강조하며 한미 간 결정을 환영했던 것도 같은 맥락에서 해석할 수 있다.

이 연구에서 살펴본 서해교전과 이후 서해위기의 성격이 변화한 과정을 고려할 때 현재 북한의 비핵화를 위한 논의와 북한의 실제 비핵화 이행과정은 서해에서의 미국과 중국의 군사적 긴장 완화에도 기여할 것으로 보인다. 2018년 6월 12일 북미정상회담 직후 기자회견에서 북미 간 선의의 대화가 계속되는 한 한미군사훈련을 중단할 수 있다고 언급한 트럼프 대통령의 발언은 남북한 갈등의 장이었던 서해의 성격이 변화할 수 있는 여지를 주고 있다. 미국과 중국의 동중국해와 남중국해에서의 군사긴장과 세력경쟁은 지속되고 있지만, 그럼에도 불구하고 이제 시작되고 있는 북한의 비핵화 과정과 북미 간 적대관계의 해소과정은 북한의 서해도발 유인을 제거할 것이다. 또한 미국과 북한의 관계정상화와 평화협정의 체결은 서해에 평화를 가져오는 것을 넘어 한반도와 동아시아의 긴장완화와 평화구축에 의미 있는 계기를 마련할 것으로 보인다.

참고문헌

구본학. 2010. "천안함 피폭사건 이후 한반도 안보전망", 제23차 세종 국가전략 포럼 발표 논문.

국방부. 2007. 『북방한계선(NLL)에 관한 우리의 입장』.

국방부. 2010. 『2010 국방백서』. 서울: 국방부.

국방부. 2014. 『2014 국방통계연보』. 서울: 국방부.

김근식. 2011. "노무현 정부의 대북정책: 평가와 쟁점", 강원택·장덕진 엮음, 『노무현 정부의 실험: 미완의 개혁』. 서울: 한울아카데미.

김진무. 2011. "북한의 대남 군사도발 가능성과 유형", 『2012년 한국 정치일정과 북한의 대남 도발 전망』. 국가안보전략연구소(INSS) 2011년 학술회의 자료집.

도재숙. 2002. "6·29 서해교전 이후 김정일의 대남정책 변화전망", 『국방연구』, 제45권 제2호.

백학순. 2009. "김대중 정부와 노무현 정부의 대북정책 비교", 『세종정책연구』, 제5권 1호.

신성호. 2008. "1·2차 북핵위기와 미국의 대북정책", 윤영관·신성호 엮음, 『북핵문제와 한반도 평화정착』. 서울: 한울아카데미.

유동렬. 2011. "북한의 정치심리전과 국내정치 파급영향", 『2012년 한국정치일정과 북한의 대남도발 전망』, 국가안보전략연구소(INSS), 2011년 학술회의자료집.

염동용. 2002. "북한 대남 전략전술의 분석과 우리의 대응: 서해교전을 중심으로", 『통일전략』, 제2권 제1호.

이윤규. 2014. "북한의 도발사례 분석", 『군사』, 제91호.

전동진. 2008. "북방한계선 논의의 전개와 향후 대응", 『통일전략』, 제8권 제3호.

전재성. 2010. "외교", 하영선·조동호 편, 『북한 2032: 선진화로 가는 공진전략』, 서울: EAI.

정경환. 2002. "서해교전의 발발배경과 대북정책의 방향", 『통일전략』, 제2권 제1호.

정경영. 2010. "천안함 사태와 한국의 안보태세", 『군사논단』, 제62호.

정기방. 2002. "서해교전과 우리의 대응", 『통일전략』, 제2권 제1호.

정성장. 2008. "이명박 정부의 대북정책 6개월 평가", 『정세와 정책』, 2008년 9월호. http://www.sejong.org/boad/bd_news/1/egofiledn.php?conf_seq=2&bd_seq=396& file_seq=728(검색일: 2012.03.03).

정성임·김보라. 2016. "북한의 대남도발 유형과 한국의 위기관리", 『통일연구』, 제20권 1호.

윌리암 케이 해리슨·남일. 1953. 『정전협정 전문』.

최규엽. 2010. "분단과 전쟁의 구조를 평화와 통일의 구조로 바꾸자: MB정부 남북관계 진단과 평화 통일의 과제", 6·15 공동선언 11주년 기념 정책토론 자료집.

통일부. 2010. 『2010 통일백서』. 서울: 통일부.

"청와대·군 '계획도발'로 뒤집어: 작년 서해교전 정보당국선 '우발사고' 결론", 한국일보. 2003.05.28. 초판.

Blainey, Geoffrey. 1973. *The Causes of War*. The Free Press.

Fearon, James. 1995. "Rationalist explanations for war", *International Organization*, Vol.49, No.3.

Fortna, Virginia Page. 2003. "Scraps of Paper? Agreements and the Durability of Peace", *International Organization*, Vol.57, No.2.

Hensel, Paul R. 1994. "One thing Leads to Another: Recurrent Militarized Disputes in Latin America, 1816-1986", *Journal of Peace Research*, Vol.31, No.3.

Holsti, Kalevi J. 1991. *Peace and War: Armed Conflicts and International Order, 1648-1989*. New York: Cambridge University Press.

Mearsheimer, John. 1994. "The False Promise of International Institutions", *International Security,* Vol.19, No.3.

Mearsheimer, John. 2001. *The Tragedy of Great Power Politics*. New York: Norton.

Slantchev, Branislav L. 2003. "The Principle of Convergence in Wartime Negotiations", *American Political Science Review,* Vol.97, No.4.

Wagner, R. Harrison. 2000. "Bargaining and War", *American Journal of Political Science,* Vol.44, No.3.

Werner, Suzanne. 1999. "The Precarious Nature of Peace: Resolving the Issues, Enforcing the Settlement, and Renegotiating the Terms", *American Journal of Political Science,* Vol.43, No.3.

Werner, Suzanne. 1999. "Choosing Demands Strategically: The Distribution of Power, the Distribution of Benefits, and the Risk of Conflict", *Journal of Conflict Resolution,* Vol.43, No.6.

Werner, Suzanne and Amy Yuen. 2005. "Making and Keeping Peace", *International Organization,* Vol.59, No.2.

제2부

———

북한문제의
현황과 해법

제5장

트럼프 vs. 닉슨:
패권하락기의 이단적 대통령들과 미국의 대북정책*

———

차태서

....

* 본 장은 Taesuh Cha and Jungkun Seo. 2018. "Trump by Nixon: Maverick Presidents in the Years of U.S. Relative Decline." *The Korean Journal of Defense Analysis*. 30(1)을 일부 발췌하여 수정, 번역한 글이다.

I. 서론:
닉슨의 렌즈를 통해 트럼프 독트린 읽어내기

도널드 트럼프(Donald J. Trump) 미국 대통령은 과연 일관된 국가 전략을 가지고 있는가? 과연 우리는 이 전례를 찾기 힘든 독특한 정권에서 "트럼프 독트린"이라고 부를 수 있는 대전략을 발견할 수 있을까? 많은 논평가들이 이 독특한 지도자를 이해하기 위해 쟁론하고 있지만, 제45대 미합중국 대통령이 그동안 미국의 정치행위를 주되게 인도해온 국가적 전통인 예외주의 개념에 기본적으로 냉담하다는 사실만큼은 확실해 보인다(Wertheim 2017; Boot 2017). 실제로 트럼프는 대부분의 미국 지도자들이 꾸준히 언급해 왔던 "신세계" 정치가치들의 장점, 건국부조들의 성취, 그리고 미국 민주주의의 빛나는 역사 같은 것들에 대해 거의 코멘트하지 않는다. 심지어 잔혹한 독재자로 알려진 블라디미르 푸틴(Vladimir Putin) 러시아 대통령을 왜 존경하는가라는 질문에 대해 트럼프는 "뭐 그럼 우리나라는 완전무결하다고 생각하는가 보지?"라고 퉁명스럽게 응수하기까지 했다(Ikenberry 2017, 2-3에서 인용).

이런 맥락에서 볼 때, 트럼프가 "구세계"에서 유래한 세계정치에 대한 비정통적 시각을 옹호하는 것은 매우 흥미로운 일이다. 경제 양극화와 인종적 위기의식에 불만을 느껴온 저학력 백인노동계급의 분노에 주로 기대고 있는 트럼프의 잭슨주의적[1] 외교정책노선은 유럽의 현실주의와 잘 공명하는 지점이 있다(Mead 2001, 245). 선거기간 중 트럼프는 현대 미국사에서 지배적이었던 자유 국제주의노선과 배치되는 홉스적 국제관계관을 명시적으로 밝힌 바 있다.

> 어떤 경우에도 자신의 이익을 첫째로 앞세우지 않고 번영한 나라는 없습니다. 우리의 우방과 적국 모두 우리의 이익보다 자신들의 이익을 우위에 놓고 있기에, 우리도 마찬가지로 그들에게 공평무사하되 우리의 이익을 우선시해야만 합니다. 우리는 더 이상 지구주의라는 거짓된 노래에 이 나라와 국민들을 굴복시키지 않을 것입니다. 민족국가는 여전히 행복과 조화의 진정한 토대로 남아있습니다…… 제 임기 중에 우리의 자율권을 축소시키는 어떠한 협약도 체결하지 않을 것입니다(Trump 2016a).

전후 미국에서 현실주의 이론이 "공공담론의 주변지대로 밀려나게"(Walt 2016) 되었던 사실을 고려한다면, 오늘날 미국정치공간에서 이러한 현실주의 독트린의 예기치 않은 귀환은 학술적으로 설명될 필요가 있다. 우리는 왜 갑자기 "외교정책에서의 현실주의적 계기"(Drezner 2016)에 도달하게 된 것인가? 왜 크리스토퍼 래인(Christopher Layne), 콜린 듀익(Colin Dueck), 존 미어샤이머(John Mearsheimer), 랜달 슈웰러(Randall Schweller), 헨리 키신저(Henry Kissinger) 같은 저명한 현실주의자들[2]이 트럼프 대통령에 대한 기대를 표명하게 된

---

1   잭슨주의 전통과 트럼프 현상 사이의 연계에 대해서는 Cha(2016)를 참조할 것.
2   Layne(2017), Dueck(2017; 2018), Mearsheimer(2016), Schweller(2017), Hoover(2016).

것일까?[3]

본 연구는 이에 대한 답변을 제시하기 위해 미국 현대사의 두 이단적 대통령들인 리처드 닉슨(Richard Nixon)과 도널드 트럼프의 역사적 평행성에 주목한다. 특히 미국의 상대적 하락[4]이라는 동일한 국제구조적 현실이 닉슨과 트럼프 행정부가 공히 "현실정치(realpolitik)"라는 비주류적 진로를 채택하게 만들었음을 주장하고자 한다. 1970년대 초반 미국의 지도부는 정치양극화가 심화되던 국면에서 비정통적인 국가전략을 추구함으로써 전후초기와 달리 미국의 세계지배력이 더 이상 확고하지 않던 당대 현실에 적응하고자 노력하였다. 그리고 그와 유사해 보이는 상황이 현 미국정권에서도 진행되고 있다. 기성 권력집단의 국내외 자유주의적 컨센서스를 공격함으로써, 트럼프 정부는 또다시 미국패권이 난국에 처한 시대에 "미국을 위대하게 만들기" 위해 노력하고 있다. 다극적 국제체제가 부상하고 기존의 국가적 합의가 붕괴되고 있는 상황에 직면하여, 세계무대에서의 패권적 지위를 유지하기 위해 극적인 정책상의 변동이 시도되고 있는 것이다. 이에 본 연구에서는 이러한 현 시대 미국대전략의 변동을 닉슨시기와의 비교를 통해 분석하고, 나아가 이런 대변환이 미국의 대북정책에 미치는 영향을 탐구해보고자 한다.

---

[3] 중요한 예외로서 하버드대의 대표적 현실주의 이론가 스티븐 월트(Stephen Walt)는 트럼프를 현실주의자로 인정하지 않을 뿐더러 트럼프 외교정책의 무원칙성을 강하게 비판해왔다(Walt 2016; 2017).

[4] 이 짧은 글에서 지면의 한계상 "미국패권의 하락"이라는 현대 국제정치학의 대논쟁을 직접 상세히 다룰 수는 없다. 그보다 미국 세계우위의 침식을 우려한 투표자들에 의해 지지를 받은 두 행정부가 공히 미국패권의 쇠퇴라는 "인식"에 기초해 자신들의 비정통적 대전략을 수립했음을 강조하고자 한다.

II. 구조적 맥락:
전 지구적 세력균형의 변동과 미국패권의 하강

트럼프의 정책구상은 닉슨의 국가전략과 놀라울 정도로 닮아 있다. 두 행정부는 모두 미국권력의 상대적 쇠퇴와 국내정치적 갈등심화라는 격변기에 정권을 인수하였다. 전후 국제질서가 붕괴되는 가운데 닉슨키신저가 통치를 시작한 것처럼, 트럼프도 유사하게 탈냉전 질서가 해체되기 시작한 시기에 미국의 행정수반으로 당선되었다.

사실 "단극시기(the unipolar moment)"의 첫 붕괴는 현 시대가 아닌 20세기 중반에 이미 일어났었다는 점을 인식할 필요가 있다. 비록 우리는 종종 냉전시대 전체를 쉽게 양극질서로 분류하곤 하지만, 주류 신현실주의적 기준으로도 "1940년대 말의 국제체제는 단극으로 간주되어야만"(Lebow 1994, 257) 한다.[5] 자유세계질서건설이 거의 달성된 1950년대 중반까지도 미국은 핵독점상태를 유지하고 세계의 철강, 에너지 생산량의 거의 절반을 차지하는 진정한 의미의 "자유주의적

---

[5]   Layne(2006, 39-50)도 참조할 것.

리바이어던(Liberal Leviathan)"(Ikenberry 2011)이었다. 한동안 어느 누구도 소련이 미국에 필적하는 초강대국이라고 주장할 수는 없는 상황이었던 셈이다(Lebow 1994, 256-257). 그러나 그러한 절대적 우위는 점차 사라져 갔고, 1970년대 초반에 이르면 미국의 패권이 전방위적으로 도전 받고 있다는 사실이 명백해졌다(Arrighi 2010, 309). 전형적인 제국적 과잉팽창의 사례로써 베트남전의 수렁에 빠진 미국은 국내외적으로 연성, 경성권력 모두의 토대가 의문시되기 시작했다. 특히 미소 간의 핵평형(nuclear parity) 달성과 서독, 일본 산업경제의 성장은 다극체제의 도래를 알리고 있었다. 결국 군사, 경제 영역에서 미국의 절대적 우위시대는 종언을 맞이한 것이다. 더구나 세계경기침체의 악화는 미국주도 전후경제질서의 기초를 심각하게 훼손하였다. 결국 1971년 달러-금 태환의 중지를 일방적으로 선언함으로써 본래적인 의미의 브레튼 우즈 체제(The Bretton Woods system)는 붕괴되었다.

1969년 취임연설에서 닉슨은 당시 미국사회가 처한 난국을 솔직히 인정하였다: "우리는 전쟁에 휘말려 평화를 갈구하고 있습니다. 우리는 분열에 처해 통합을 희구합니다. 우리 주변의 삶은 공허해져서 충족을 원하고 있습니다. 해결해야만 하는 일들이 산적해 있고 그 대책을 요구하고 있습니다"(Nixon 1969a). 키신저 역시 다음과 같이 당대의 어려운 상황을 분석하였다: "우리의 전략적 우위는 사라지고 핵균형상태가 도래하였습니다. 다른 나라들의 힘이 성장하고 세계경제에 대한 미국의 의존이 증가함에 따라, 우리의 정치경제적 우월성이 축소되었습니다. 우리의 안전 또한 위협을 받고 있습니다"(Kissinger 1975). 후일 회고된 것처럼, "미국이 세계무대를 거의 완전히 지배하던 시대가 종료되어감에 따라, 미국외교정책의 전반적 재평가가 요구되고 있었다"(Kissinger 1994, 703).

그러나 세월이 흘러 공산주의 진영이 몰락한 이후 두 번째 "단극체제"(Krauthammer 1991)가 도래하였다. 탈냉전기 전세계 군비의 거의 절반을 지출하던 미국에 필적할 군사적 라이벌은 더 이상 존재하지 않았으며, 세계경제에서 일본의 부상이 야기했던 공포도 이른바 "잃어버린 10년"을 경유하며 눈 녹듯 사라져 버렸다. 자유주의가 전일적으로 지배하게 된 새 시대에 우리는 마침내 세계가 미국의 이미지에 따라 변환되어가는 "역사의 종언"(Fukuyama 1992)이 도래했음을 고지 받게 되었다. 실제로 견제할 세력의 부재 덕분에 체제적 요소로서 단극상황은 미국의 혁명적 대전략의 범위를 유의미하게 확장시켰다(Jervis 2011).

하지만 9.11테러 이후 미국우위질서의 정점으로 등장했던 "신보수주의적 국면"은 빠르게 소멸되었다. 네오콘의 "세계혁명" 프로젝트의 실패는 미국 지도력의 또 한번의 쇠퇴를 가져왔다. 물론 현 시기가 지오반니 아리기 등의 회의론자들이 예측하는 것처럼 미국패권의 "최종적 위기(the terminal crisis)"로 귀결될지는 두고 보아야 할 일이다(Arrighi 2010, 379). 그럼에도 이라크전과 아프간전의 실패라는 또 한번의 제국적 과잉팽창주기가 지나간 이후(Burbach and Tarbell 2004) 미국의 영향력이 심각하게 하락한 것은 자명해 보인다. 게다가 마치 1970년대의 경제 스태그플레이션이 미국주도의 내장 자유주의(embedded liberalism) 시대를 종료시킨 것처럼(Ruggie 1982), 2008년 금융위기 이후 지금까지 지속되고 있는 전 지구적 경기침체는 기존의 신자유주의적 축적체제를 심대하게 훼손시켜 왔다. 무엇보다 소위 BRICS(특히 중국)의 부상은 세계정치무대에서 다극세력균형체제가 부활했음을 알리는 신호탄이라고 볼 수 있다. 미국주도의 자유세계질서 혹은 탈베스트팔렌적 지구 거버넌스 시대의 전망은 사라져 가는 듯하고, 대신에 "지정학의 귀환"(Mead 2014)이 최근 국제문제전문가들 사이의 새로운 유행어가 되었다. 패권상실위기의 상황에 직면하여, 트럼프 역시 선거기간 중에 미국권력의 한계점이 증가하고 있다는 점을 강조하였다: "현재 우리나라 안에는 너무나 많은 문제들이 산적해 있습니다…… 우리는 더 공세적일 수 없는 상황에 처해 있습니다. 우리는 우리 자신의 문제점들부터 해결해야만 합니다"(Trump 2016b).

Ⅲ. 자유국제주의적 합의 vs. 비정통적 대전략

    미국권력의 상대적 하락은 필연적으로 미국민들에게 중대한 정치적 질문을 제기한다. 과연 미국은 자신의 예외주의적 정체성과 잘 맞아떨어지지만 비용부담이 큰 자유국제주의 대전략을 고수할 것인가? 아니면 크게 바뀐 구조적 현실에 적응하기 위해 대안적인 새로운 노선을 개척할 것인가? 이런 맥락에서 볼 때, 닉슨과 트럼프 행정부는 미국외교정책의 향방에 있어 동일한 시대적 문제에 직면했으며, 양자는 모두 구 유럽대륙에서 수입된 비정통적 국가전략을 택하기로 결정하였다. 다시 말해, 미국패권의 위기에 대응하기 위해 닉슨과 트럼프는 현실주의 원칙을 기치로 미국의 대전략을 혁명적으로 변화시키기로 결심한 것이다. 미국우위의 시기 동안 자유주의적 개입전략은 미국의 국익과 잘 부합하였지만, 미국권력의 토대가 약화된 상황에서 개입주의 전략은 더 이상 지속 불가능한 선택지였기 때문이다.

    1969년 북대서양조약기구(NATO) 정상회의에서 닉슨은 국제정치에 대한 선악 이분법적 이해에 기초한 미국의 전통적인 세계관을 강하게 비판하였다. 그리고 대신에 그는 미국인들에게 세계를 "있는 그대로" 이해할 것을 촉구하였다: "우리는 있는 그대로의 세계에 사는 방법을 찾아야 합니다…… '좋은' 나라와 '나쁜' 나라라는 관점, 즉 확고한 동맹국과 절대적인 적성국으로 이루어진 세상이라는 관점을 가지고 있는 사람들은 그들이 상상 속에 만들어 낸 세계에 살고 있는 셈입니다…… 그들은 있는 그대로의 세상에 살고 있지 않습니다" (Martel 2015, 275에서 인용).

키신저 또한 미국민들에게 예외주의라는 단순한 이데올로기를 버리고 엄밀하게 정의된 국익개념에 기반 한 현실주의적 외교정책을 추구할 것을 촉구하였다. "오늘날 우리는 국익을 추구함에 있어 세심하고 유연하며 세련되고 상상력이 풍부한 외교를 수행해야만 합니다. 우리는 매우 사려 깊이 국익을 정의 내려야 합니다. 우리는 최상의 상황에 대해서만 계획을 세울 것이 아니라 최악의 사태에도 대비해야만 합니다. 우리는 제한된 목표들을 추구해야만 하며 동시에 여러 개의 목표들을 추구할 수 있어야 합니다"(Kissinger 1975).

유사한 맥락에서 트럼프의 잭슨주의 수사 역시 전후 자유주의 컨센서스를 강하게 비판하면서 "내부자들"과 "기득권층"이 헛된 국제주의 아젠다를 추구함으로써 미국민을 오도하고 미국우위의 기초를 파괴했다고 주장한다.

> 지난 수십 년 동안 우리는 미국의 산업을 희생시켜 외국의 산업을 살찌워 왔으며, 다른 나라들의 군대를 후원하면서 애석하게도 우리의 군대는 소모시켜 왔습니다. 우리는 다른 국가들의 국경을 지켜주면서 우리 자신의 국경은 방어하길 거부했고, 수조 달러를 해외에 쏟아 부으면서도 미국의 인프라는 방치상태로 놔두었습니다. 우리는 다른 나라들이 부유해지도록 만들어 주었지만, 우리나라의 부와 힘, 그리고 자신감은 저 너머로 사라져 버렸습니다(Trump 2017).

이런 맥락에서 트럼프는 세계평화를 위한 해외 민주주의 증진이라는 주류 예외주의의 독트린을 맹비난하고, 기존 대외개입주의 전략이 이성적 논리가 아닌 "어리석음과 오만"에 기초해 있다고 주장하였다. 그에 따르면, 미국은 "(해외)국가건설사업에서 벗어나 대신 세계의 안정을 창조하는 데 집중"(Trump 2016a)해야만 한다. 보다 구체적으로 강대국 간 관계, 동맹정치, 경제 민족주의 등 세 가지 주요 영역에서 우리는 닉슨의 대전략과 트럼프 독트린을 평행하게 병치시켜 볼 수 있다.

1. 강대국 간의 현실주의적 세력균형

키신저의 첫 저서 『회복된 세계(A World Restored)』(Kissinger 1957)가 호의적인 시선으로 꼼꼼하게 분석하고 있는 19세기 유럽협조체제(Concert of Europe)의 비전을 통해 닉슨이 국제관계를 해석했다는 것은 잘 알려진 사실이다. 이는 분별력 있는 정치가들에 의해 조심스럽게 운영되는 세력균형의 세계이며, 열강 간의 "정치적 평형"(Schroeder 1994)이 달성된 세계이다. 1971년 타임誌와의 인터뷰에서 닉슨은 자신의 현실주의적 세계평화비전을 상세히 설명하였다.

> 우리는 세계사에서 상당 기간 평화가 유지되었던 시기는 오직 세력균형이 존재했던 때뿐이라는 사실을 반드시 기억할 필요가 있습니다…… 저는 만일 미국, 유럽, 소련, 중국, 일본이 서로 간의 평등한 균형을 유지하게 되면 훨씬 안전하고 나은 세계를 갖게 될 것이라고 생각합니다(Kissinger 2015, 303에서 인용).

이러한 점에서 볼 때, 데탕트(Détente)는 균세, 국익 같은 현실주의적 개념들이 핵심이 되는 "미국외교정책의 의도된 신개념"(Bew 2016, 263)으로서 등장한 것이었다. 닉슨의 롤모델은 다름 아닌 19세기 유럽협조체제 탄생의 아버지였던 캐슬레이 자작(Viscount Castlereagh)이었다.

백악관 내에서 이뤄진 한 사적 대화에서 밝힌 것처럼 그는 "유럽의 열강들 사이에서 약자들의 편을 들어 강자에 대항하던 19세기 영국"의 국제적 역할을 수행할 수 있기를 희망했다(Bew 2016, 265). 1969년 3월 우수리강(烏苏里江)에서의 무력충돌로 절정에 달한 중소분열은 마침 미국이 자신의 상대적 쇠퇴에 대응해야 했던 시기에 전 지구적 세력균형을 미국에 유리하도록 변경할 수 있는 기회를 닉슨 행정부에 제공하였다.

"중국개방"과 소련과의 여러 군비통제협상들(전략무기제한협정, 반탄도미사일 조약 등) 이후 닉슨 행정부에 의해 창출되고 조정된 강대국 간 3각체제는 세 열강들 사이의 일련의 조약과 성명들을 통해 안정된 국제질서를 만들어 내려는 목적을 지니고 있었다(Goh 2005, 475-502). 하지만 1972년 미중 간 상해 코뮈니케의 문구("어느 누구도 아태지역에서 패권을 추구하지 말아야 하며, 양국은 제3의 국가 혹은 국가군이 그러한 패권을 수립하려는 시도에 반대한다"[6])에 명백히 밝혀져 있듯이 닉슨정부의 궁극적 목표는 "적은 비용으로 소련권력을 견제"(Dueck 2010, 165)하는 것이었다. 이는 경제적 압박이 갈수록 증가하는 구조적 조건에 적응시킨 봉쇄전략의 현실주의적 판본인 셈이었다. 더욱이 삼각 외교는 미국이 "베트남 문제에 있어 외교적 해결의 가능성을 높이는"(Dueck 2010, 165) 효과도 지녔다. 베이징과 모스크바에게 파리평화조약과 관련하여 하노이에 압력을 가할 것을 요청함으로써, 워싱턴은 강대국 정치를 통해 자신의 제국적 과잉팽창 문제를 해결해보고자 했던 것이다.

한편, 최근 한 국제문제 전문가는 미국의 45대 대통령이 "닉슨 이래

---

6   Joint Statement Following Discussions with Leaders of the People's Republic of China. 1972. February 27, http://www.presidency.ucsb.edu/ws/index.php?pid=3754&st=&st1(검색일: 2018.01.22).

처음으로 국가이성론을 외교정책결정과정의 지도원리로 삼는 대통령"
(Trifkovic 2017)이 될 것이라고 분석하였다. 온갖 분란을 일으켜온
거친 수사들과 말실수들을 논외로 한다면, 트럼프는 "일관성 있는
현실주의 외교정책"(Brooks 2016)을 가진 것처럼 보인다. 2017년 말
발표된 트럼프 행정부의 국가안보전략보고서(NSS)도 정권의 미국우선
대전략을 "원칙에 입각한 현실주의(principled realism)"로 정의하였다
(The White House 2017, 1). 역사학자 니얼 퍼거슨의 설명에 따르면
바야흐로 우리는 트럼프 정부 아래에서 "새로운 미-중-러 삼각체제"의
등장을 목격하고 있는 것이다(Ferguson 2016). "윌슨주의적 집단안보
개념"에 대항해 트럼프 대통령은 "강력한 지도자가 통치하는 지역열강
들에 의해 운영되는 세계, 모두가 지속적인 국제질서는 반드시 세력
균형에 기초해 있어야 함을 이해하는 세계"를 구상하고 있다(Ferguson
2016). 실제로 트럼프 행정부는 한편으로 중국과 러시아에 대한 강
력한 세력균형정책(The Department of Defense 2018)을 수행함과 동
시에 "강력한 지도자들이 통치하는 지역열강들과 타협"도 추구하고
있다(Barone 2016). 비록 전통적인 미국 예외주의자들은 이러한 냉혹
한 경쟁과 흥정의 세계관에 동의하지 않겠지만, 현실주의 정치로의
회귀는 포스트-단극시대의 국제관계에 일말의 질서와 안정을 유지
할 수 있게 해주며, 장기적으로 미국의 전 지구적 패권의 기반을 쇄신
하는 데 도움을 줄 수도 있다.

우리는 이러한 상황을 키신저식 대전략의 부활이라고 부를 수 있을
것이다(Bandow 2017a). 흥미롭게도 대외정책 분야의 거물인 키신저는
90대 중반의 고령임에도 오늘날 외교가에서 여전히 정력적으로 활동
중이다. 특히 그는 트럼프가 "상당한 업적을 쌓은 대통령으로 역사에
기록될 가능성"이 있다며 공개적으로 상찬하였고, 트럼프 역시 보도에
따르면 여러 차례의 만남을 통해 키신저에게 매혹되었다고 한다

(Toosi and Isaac Arnsdorf 2016). 물론 트럼프가 앞으로 키신저의 "강력정치(machtpolitik)" 철학을 충실히 따를지는 여전히 미지수이다(Grandin 2016). 실제에 있어 마치 닉슨이 소련과 중국을 이용해 베트남전 종전문제를 해결하려 시도했던 것처럼, 트럼프는 이슬람국가(ISIS)와 같은 골치 아픈 이슈들을 강대국들 간의 "거래"를 통해 해결하겠다는 입장을 강조해왔다. 이슬람 근본주의 문제와 관련해 트럼프는 미국과 러시아가 동일한 이해관계를 지니고 있다는 점을 강조했다: "ISIS와의 전쟁에 있어 나는 우리가 러시아와 공통의 지반을 찾을 수 있다고 믿습니다. 그들 역시 시리아 문제의 결과에 큰 관심을 가지고 있으며, 이슬람 테러리즘과의 전투도 치르고 있습니다"(White 2016). 보도에 따르면 많은 논란을 일으켰던 2017년 5월 세르게이 라브로프(Sergei Lavrov) 러시아 외무장관과의 회담에서 트럼프는 시리아에서의 대량학살을 종식시키기 위한 양국 간의 협력을 강조했을 뿐만 아니라, ISIS에 대한 최고기밀자료도 공유한 것으로 알려졌다(Miller and Greg Jaffe 2017).

2. "미국우선주의": 비용분담과 경제민족주의

기존의 패권적 지위가 위태로워진 상황에 대응해 그나마 남은 권력자원을 보존하기 위해서는 대안적인 동맹정책과 국제경제정책이 요구되었다. 닉슨 독트린은 "베트남전의 베트남화"라는 신정책을 일반화하여 동맹방위의 주된 책임을 미국으로부터 동맹국에게 이전하는 것을 목표로 삼았다(Dueck 2010, 157). 닉슨은 의회보고서를 통해 미국 군사력의 한계를 다음과 같이 시인하였다: "미국이 모든 계획을 수립하고, 모든 프로그램을 고안하며, 모든 결정들을 집행하고, 세계자유진영의 방어를 모두 짊어지는 식의 상황은 가능하지도 않고 그렇게 하지도 않을 것입니다"(Nixon 1970). 따라서 국제안보에 대한 미국의 신외교정책은 "위협을 받은 당사국이 방위를 위한 인력을 제공하는 책임을 우선적으로 부담하는"(Nixon 1969) 것을 목표로 하였다. 실례로 남베트남에서 미 지상군이 서서히 철수하는 가운데, 1971년까지 총 61,000명의 주한미군병력 중 20,000명이 본국으로 돌아갔다(마상윤·박원곤 2009).

이에 더해 미국의 갈수록 약화되는 금융입지로 인해 국제경제 분야에 있어서도 일련의 현실주의적이고 제로섬적인[7] 정책구상들이 등장하였다(Dueck 2010, 161-162). 닉슨과 그의 주요 보좌관들은 전후 미국주도 자유세계질서의 한 축인 브레튼 우즈 체제의 유지보다 미국의 경제적 이익과 정책자율성을 우선시하였다. 그렇기에 동맹국들과 아무런 협의도 없이 갑작스럽게 달러의 금태환을 중지시키는 결정을 내릴 수 있었다. 비록 자유경제질서 그 자체는 붕괴되지 않았지만, 결과적으로 본래의 국제통화체제는 미국의 일방적 행동에 의해 근본적으로 변경되었다. 이러한 민족주의적 정책은 국제경제환경을 크게 교란시키기는 하였으나, 달러가치를 낮추고 대외무역관계를 미국에 이득이 되는 형태로 재조형하는 효과를 가져왔다(Brands 2017, 83).

이와 유사하게 트럼프의 비즈니스적, 거래적(transactional) 외교접근법 역시 동맹 간의 보다 공평한 책임분담과 일방주의 원칙을 추구함으로써 미국의 대전략을 경제화하려 시도한다. 현실주의 국제정치학자 슈웰러에 따르면, 트럼프의 새로운 대전략은 미국이 전 세계의 "주요 지역 세 곳에서 세력분배에 따라 군사태세를 조정하며 지역세력들이 우선적으로 방어를 담당하도록" 해야 한다고 주장하는 "역외

---

7   닉슨의 달러-금 불태환 결정에 크게 영향을 미쳤던 존 코널리(John Connally) 재무장관은 "외국인들은 우리를 엿 먹이려고 한다는 것이 나의 기본생각이다. 따라서 우리가 할 일은 그들을 먼저 엿 먹이는 것이다"라고 발언한 바 있다(Dueck 2010, 162).

균형(offshore balancing)" 논의와 일맥상통한다(Schweller 2017, 13). 코소보 전쟁 직후인 2000년에 트럼프는 이미 대선용 팸플릿, <우리에게 걸 맞는 미국(The America We Deserve)>에서 유럽에서의 "분쟁들은 미국민의 생명을 희생할 가치가 없다. 유럽으로부터 철수하면 매년 수백만 달러의 돈을 절약할 수 있을 것"이라고 주장하였다(Applebaum 2016에서 인용). 그는 또한 상대적 하락의 시대에 더 이상 미국은 "세계의 경찰이 될 수 없다"(Parker 2016)고도 주장하였다. 따라서 트럼프는 동맹국들에 대해 엄격한 상호성과 책임분담의 원칙을 적용하는데, 이는 종종 기존 동맹조약들에 약속되어 있는 법적 의무들과 충돌하곤 한다. 그럼에도 동맹국들은 "방위의 비용을 치러야만 하며, 그러지 않을 경우 미국은 그 나라들이 스스로 방어하도록 준비시켜야만 한다"는 것이 트럼프의 입장이다(Trump 2016a).

취임 100일을 맞아 여러 언론들과 가진 인터뷰들에서 트럼프는 동맹관계에서의 이런 새로운 기준을 반복해 강조하였다. 특히 그는 새롭게 주한미군이 배치한 미사일 방어체제비용을 한국이 지불할 것을 요구함으로써 한국민들과 남한정부를 크게 당황시켰다. 그 특유의 거친 말투로 트럼프는 로이터 통신과의 회견에서 다음과 같이 주장하였다: "사드(THAAD) 시스템은 십억 달러가 걸린 일입니다. 나는 말했습니다. '왜 우리가 비용을 지불해야 하는가? 왜 우리가 십억 불을 지불해야 하는가? 우리가 그들을 지켜주고 있다. 그런데 왜 우리가 십억 불을 지불하는가?' 그래서 나는 남한 측에 '당신들이 비용을 내야 적절한 일이다'라고 통보하였습니다."[8]

유사한 맥락에서 트럼프의 "미국 우선(America First)" 독트린은

....

[8] "Highlights of Reuters interview with Trump". April 28, 2017. https://www.reuters.com/article/us-usa-trump-interview-highlights/highlights-of-reuters-interview-with-trump-idUSKBN17U0D4(검색일: 2018.01.22).

"미국물건을 사고, 미국인을 고용하자"(Trump 2017)라는 경제민족주의적 원칙(Zoffer 2017)을 지지한다. 이에 따라 기존의 자유주의적 지구화는 백인노동자계급을 희생시켜 "기득권층"만 배불린 전략으로 지탄받는다. 2017년 3월 무역정책의 우선순위와 목표에 대한 행정부의 첫 공식입장이 미무역대표부에 의해 서면으로 제출되었다(USTR 2017a). 동 보고서는 지난 대선의 의미를 "두 주요정당의 지지자들이 공히 미국무역정책의 근본적 변화를 요구"한 것으로 해석하였다. 따라서 국제경제정책의 "중차대한 목표"는 "모든 미국민들에게 보다 자유롭고 공정한 방식으로 무역을 확대"하는 것이 되어야만 한다. 이는 곧 트럼프 행정부가 "미국은 소위 지정학적 이득을 위해 지구시장에서 미국의 노동자들, 농부들, 목장주들, 기업가들에게 손해를 끼치는 불공정 무역관행들을 묵인해야 한다"는 전통적인 관념을 거부함을 의미한다(USTR 2017b). 이러한 정신에서 트럼프는 지난 2017년 4월말 대통령행정명령 13796호(Presidential Executive Order 13796)에 서명하였다. 이 문서는 미국이 그간 맺은 모든 국제무역협정의 실적을 총체적으로 재검토할 것을 명령하여 "무역협정위반과 악용" 사례들을 시정하도록 하였다. 또한 "궁극적으로 미국경제에 해를 끼치는 무역협정, 투자협정, 무역관계는 모두 재협상 혹은 종료" 대상이 될 것이다 (Office of the Press Secretary 2017).

IV. 북미관계의 향방

닉슨과의 비교라는 렌즈를 통해 트럼프 독트린을 살펴본 결과를 바탕으로 트럼프 시대의 북미관계를 분석해보자면 다음과 같다. 북한 문제와 관련해서도 현 미국 행정부는 강대국 간 외교와 흥정 및 강압을 통해 문제를 해결한다고 하는 현실주의적 원칙을 견지한다. 특히 트럼프는 기본적으로 "북한의 핵위협을 중국에 아웃소싱"(Chang 2017) 하여, 베이징이 적극적으로 이슈해결에 책임을 져야한다고 지속요구 해왔다: "중국이 반드시 그 문제를 해결해야만 합니다. 그런데 만일 그들이 문제를 풀지 않는다면, 중국이 무역에 있어 큰 곤란을 겪도록 만들 것입니다"(Talmadge 2017에서 인용). 보도에 따르면 트럼프는 시진핑 중국 국가주석과의 정상회담에서도 북핵문제를 우선순위에 두었으며, 북한에 대해 미중 간의 대타협을 이끌어내고자 시도하였다 (Bandow 2017b).[9] 대선 캠페인 도중 트럼프는 여러 경제이슈들과 관련해 중국을 강하게 비판하였었지만, 북한의 핵과 미사일문제 때문에

---

[9]　북한문제와 관련해 두 초강대국 간의 "빅딜" 가능성에 대한 보다 상세한 분석으로는 Bae(2017)를 참조할 것.

그의 대중요구는 크게 완화되었다. 가령, 중국을 환율조작국으로 지정하지 않아주는 대신에 베이징은 평양에 더 큰 압력을 가할 것을 요구받아왔다. 로이터와의 인터뷰에서 트럼프는 시 주석이 북한을 제어하기 위해 행한 노력을 치하하기도 했다: "나는 그가 매우 열심히 노력하고 있다는 점을 믿고 있습니다…… 그는 매우 좋은 사람이고 나는 그를 매우 잘 알게 되었습니다"(Adler, Holland and Mason 2017). 보다 최근인 2018년 1월, 월 스트리트 저널과의 인터뷰에서도 트럼프는 중국이 북한 핵 문제를 종식시키기 위해 미국을 돕는 것에 칭찬하는 한편, 그럼에도 중국이 앞으로 "더 많은 일을 할 수 있다"고도 말했다(Ballhaus et al. 2018). 또한 렉스 틸러슨(Rex Tillerson) 국무장관은 2017년 말 한 공개 강연회에서 북한의 급변사태 가능성에 대해 미중 간의 긴밀한 협의가 진행 중임을 밝히기도 하였다. 북한에서 정권 붕괴, 대량 난민 사태 등이 발생할 경우 핵무기 확보 문제와 미군의 진주문제 등을 중국 측과 논의했다는 것이다(Tillerson 2017). 이에 더해 트럼프 행정부는 러시아 역시 북한문제해결에 동참시키려는 듯하다. 평양이 단행한 일련의 미사일 실험에 대해 백악관은 "미사일이 러시아 영토에 매우 근접한 영향을 미치는 관계로, −사실 일본보다도 러시아에 더 가깝다− 대통령께서는 러시아가 이 상황을 기꺼워할 것이라고 생각지 않는다"라는 성명을 발표하였다(Park and Kim 2017).

이상과 같은 강대국 간 "그랜드 바게인(grand bargain)" 추구전략은 과거 닉슨독트린의 충격을 기억하는 동아시아의 동맹국들, 특히 일본에게는 큰 경고음과 같은 것이다. 70년대 "중국개방"정책을 단행하면서 닉슨은 미중 간의 역사적 빅딜에 대해 일본에게 어떤 사전통보도 하지 않았다. 만일 오늘날 워싱턴이 도쿄의 등 뒤에서 김정은 정권의 운명에 대한 또 다른 빅딜을 추진한다면, 이는 아베 신조 일본총리에게 무서운 악몽이 될 것이다(Browne 2017). 2018년 상반기 남북-북미정상회담 추진국면에서 일본이 소위 "재팬 패싱(Japan passing)"을 우려하여 절박하게 동분서주한 것은 이 때문이다(김병규 2018).

물론 이러한 키신저식 우회전술이 앞으로 성공적인 결과를 거둘 수 있을지를 예측하기란 어려운 일이다. 과거 소련, 중국과의 데탕트가 월남으로부터의 "우아한" 철수라는 닉슨 행정부의 중대목표를 달성하는 데 실패했다는 점은 잘 알려진 사실이다. 트럼프 시대에도 북한의 지속적인 핵, 미사일 개발은 멈추지 않아서, 급기야 2017년 하반기 6차 핵실험과 화성-15형 ICBM 발사를 단행한 북한의 김정은 위원장은 2017년 11월 "국가핵무력 완성"을 선언하기에 이르렀다. 2018년 1월, 획기적으로 전향적인 신년사 발표 이후 남북한 간 대화 국면을 주도하고 4월 남북정상회담까지 성사시킨 김정은이 과연 트럼프의 주변 강대국을 통한 압박전략이 의도한 대로 향후 움직여 줄 것인지는 여전히 미지수이다(최강·차두현 2018). 오히려 반대로 시진핑의 도움을 얻어 2018년 6월에 예정되어 있던 싱가포르 북미 정상회담에 앞서 유리한 고지를 차지하려 한 김정은의 시도는 트럼프 행정부에게 큰 실망감을 안겨주었고, 급기야 회담의 개최 여부를 놓고 롤러코스터와도 같은 반전이 계속되는 상황을 낳고 말았다. 중국을 통한 우회압박을 통해 북한을 길들이려던 트럼프는 5월 북중정상회담 이후 베이징이 도리어 평양의 편에 서서 김정은의 태도를 뻣뻣하게 만드는 등 문제를 복잡하게 만들고 있다는 의심만 가지게 된 것이다 (Mitchell 2018; 심재훈 2018). 즉, 중국과 북한 모두 미국의 의도와는 달리 서로를 지렛대 삼아 책략을 실행함으로써 동북아 국제정치의 방정식을 더 고차원화시키는 결과만 양산한 것으로 보인다. 결과적으로 우회전략이 아닌 북미 간의 직접 담판만이 문제의 해결을 가져올 것으로 예측되는 대목이다.

V. 결론

　비록 닉슨-키신저식의 외교정책방식이 갖는 비도덕성에 대해서는 그간 많은 비판이 쏟아졌지만,[10] 닉슨의 대통령직 수행이 "어려운 조건 속에서 미국의 국제주의를 포기하지 않고 지속하면서도 여러 대외관계에서 '미국 우선'"(Brands 2017, 83)의 원칙을 견지하는 데 상당한 성공을 거둔 것도 사실이다. 이에 대해 키신저는 그것은 마치 "오래된 대들보들을 치우면서도 구조자체는 붕괴시키지 않고 새로운 건물"(Brands 2014, 60에서 인용)을 건축하는 것과 유사한 일이었다고 묘사했다.

　그렇다면 과연 트럼프 역시 그와 같은 새로운 대전략을 세련되고 능숙하게 수행함으로써 미국주도의 세계질서를 재정의하고 미국의 지속적 우위를 보존할 수 있을까? 최근 예기치 않게 점화된 이른바 "광인이론(Madman Theory)"에 대한 논쟁은 바로 이 부분에 관한 우리의 의문과 결부되어 있다.[11] 트럼프의 예측불가능하고 상궤에 벗어난

10　키신저의 국가전략에 대한 통렬한 윤리적 비판은 Hitchens(2001)을 참조할 것.
11　오늘날 광인논쟁에 참여한 주요 논자들로는 Krauthammer(2017), Nedal and Nexon

연설과 행동을 과연 어떻게 이해할 수 있을 것인가? 트럼프는 영리한 광인 "이론가"인가 아니며 진짜 광인인가?[12] 파리평화회담에서 하노이를 굴복시키기 위한 방편으로 닉슨은 "광인이론"을 실행에 옮기고자 하였다. 그 자신의 설명에 따르면 그 이론은 다음과 같이 작동할 것이었다.

> 전쟁을 중단시키기 위해 내가 무슨 짓이든 할 수 있는 사람이라고 북베트남인들이 믿도록 만들어야 해. 가령 슬쩍 이런 식으로 말을 흘려보는 거야. 이봐 닉슨은 완전히 공산주의에 집착하고 있어. 그가 화났을 때는 아무도 그를 말릴 수 없다고. 그런데 바로 그런 닉슨이 핵버튼 위에 손을 올려놓고 있는 거지. 그 말을 들은 호치민은 이틀 후에 파리로 날아와서 평화협정을 맺자고 싹싹 빌게 될 거야(Swaim 2016에서 인용).

기본적으로 이 이론은 예측 불가능성의 전략적 효용을 강조한다. 트럼프 역시 전략적 수단으로써 외국의 경쟁자들의 마음속에 불확실성이 자라나길 바라고 있다: "현재 우리는 완전히 예측 가능합니다. 모든 것을 말해버리고 있으니까요. 군대를 보내려 한다고요? 그럼 그들에게 말해줍니다. 다른 것들도 보내려 한다고요? 그럼 기자간담회를 합니다. 우리는 예측 불가능해져야 합니다. 우리는 지금 당장부터 예측 불가능해져야 합니다"(Trump 2016a). 위에서 살펴본 현실주의적 강대국관계 운용과 트럼프의 "계산된" 예측 불가능성이 결합되어 중국과 러시아에 과연 "묘한 안정화 효과를 가져올지"는 앞으로 두고 볼 일이다(Kaplan 2017). 트럼프가 어떤 식으로 반응할지를 예측할 수 없게 되면 시진핑과 푸틴이, 그리고 또 다른 광인이론가인 김정은이

(2017), Walt(2017), Khrushcheva(2017) 등을 참조할 것.

[12] 실제 정신의학적으로 트럼프의 정신상태가 비정상적이라고 주장하는 전문가들의 글로는 Lee ed(2017)를 참고할 것.

좀 더 조심스럽게 행동하기 시작할지도 모르는 것이다.[13]

하지만 우리가 보다 심사숙고해야 할 근본적인 문제는 따로 존재한다. 1970년대 키신저가 고안한 19세기 유럽협조체제의 업데이트 버전이 당대에 여러 가지 측면에서 제대로 작동하지 못했었다는 점이다. 키신저와 같이 고도로 숙련된 경세가조차도 고전적인 강대국 정치의 범위를 넘어서는 여러 새로운 이슈들(가령, 제3세계에서의 반식민주의 운동, 초국적 행위자의 부상, 국제경제거래의 폭발적 증가 등)을 제대로 다루는 데 실패하고 말았다(Guzzini 1998, 102-103). 고래의 지정학적 논리는 소위 "복합상호의존 세계(complex interdependent world)"에서 등장한 새로운 문제들을 적절히 처리할 수 없었다(Keohane and Nye 1977). 그런데 오늘날 우리는 미국주도의 자유세계질서가 가속화 시켜온 보다 복잡해진 지구화와 후기근대의 시대에 살고 있다. 즉, 근대적인 강대국외교와 군사력의존적 정책으로는 오늘날 탈근대 지구정치를 전혀 포괄할 수 없는 상황인 것이다(Baylis, Smith, and Owens 2017). 따라서 19세기적인 민족주의적, 지정학적 전략들에 집중하는 것은 기존의 정밀한 세계질서를 교란시켜 초복합적 상호의존세계에 깊게 내장되어 있는 미국에도 부정적 효과를 가져올 가능성이 매우 크다.

그렇다면 트럼프의 새로운 "전 지구적 거래의 기술(the Art of the Global Deal)"(Zelikow 2016)은 어떤 결과를 낳을 것인가? 그는 과연 세계에서 미국의 주도적 역할을 지속시키는 데 성공할 수 있을까? 아니면 요즘 많은 진보파, 신보수파 비판자들이 경고하듯 그는 단순히

13 　실제 상궤를 벗어나 2018년 6월 북미 싱가포르회담을 전격 취소시킨 트럼프의 공개서한은 북한의 이른바 벼랑 끝 전술에 맞선 "역(逆) 벼랑 끝 전술"로써 북한이 이후 대미외교에 낮은 자세로 임하게 하는 소기의 성과를 거둔 것으로 해석될 수 있다(김남희 2018).

미국이 만든 전후 자유세계질서의 몰락을 가속화하여, 결과적으로 팍스 아메리카나의 조종을 울리는 역할을 맡고 말 것인가?[14] 트럼프 행정부가 출범한지 이제 1년 남짓한 시점에서 이런 거시역사적 질문들에 확실한 답을 내놓기는 어려운 일이다. 그러나 닉슨 시대가 그러했던 것처럼 2016년 대선과 뒤 이은 트럼프의 대통령 재임기가 미국 패권의 역사에서 중대한 변곡점으로 기록될 것만은 명확해 보인다. 우리는 바야흐로 세계사적 분수령을 경유하고 있는 것이다.

---

[14] 두 진영에서 나온 대표적인 反트럼프 비평들로 Ikenberry(2017)과 Kagan(2016)을 각각 참조할 것.

참고문헌

김남희. 2018. "트럼프 '역(逆) 벼랑 끝 전술'에 꼬리 내린 北", 연합뉴스. 2018.05.26. http://news.chosun.com/site/data/html_dir/2018/05/25/2018052501288.html(검색일: 2018.05.27).

김병규. 2018. "일본, 북미정상회담추진에 '재팬패싱론' 확산…'美에 버림받았다'", 연합뉴스. 2018.03.10. http://www.yonhapnews.co.kr/bulletin/2018/03/10/0200000000AKR 2018 0310028100073.HTML(검색일: 2018.05.25).

마상윤·박원곤. 2009. "데탕트기의 한미갈등: 닉슨, 카터와 박정희", 『역사비평』 86호, 113-139.

심재훈. 2018. "북미정상회담 무산에 놀란 중국…'시진핑 배후론'에 좌불안석", 연합뉴스. 2018.05.25. http://www.yonhapnews.co.kr/bulletin/2018/05/25/0200000000AKR 20180525063200083.HTML?input=1195m(검색일: 2018.05.25).

최강·차두현. 2018. "김정은 2018년 신년사 분석: 변화의 시작인가, 우회적 평화공세인가?", 『이슈브리프』(1월 3일). http://www.asaninst.org/contents/김정은-2018년-신년사-분석-변화의-시작인가-우회적-평/(검색일: 2018.01.21).

Adler, Stephen J., Steve Holland and Jeff Mason. 2017. "Trump Says 'Major, Major' Conflict with North Korea Possible, but Seeks Diplomacy", *Reuters*(April 28). https://www.reuters.com/article/us-usa-trump-exclusive/exclusive-trump-says-major-major-conflict-with-north-korea-possible-but-seeks-diplomacy-idUSKBN17U04E(검색일: 2018.01.21).

Applebaum, Anne. 2016. "Is This the End of the West as We Know It?", *The Washington Post*(March 4). https://www.washingtonpost.com/opinions/donald-trump-and-the-end-of-nato/2016/03/04/e8c4b9ca-e146-11e5-8d98-4b3d9215ade1_story.html(검색일: 2018.01.21).

Arrighi, Giovanni. 2010. *The Long Twentieth Century: Money, Power, and the Origins of Our Times*. updated ed. New York: Verso.

Bae, Joonbum. 2017. "Sino-American Cooperation and the North Korean Nuclear Crisis: A Reassessment", *Scowcroft Paper*. http://bush.tamu.edu/scowcroft/papers/bae/North%20Korea%20Policy%20Paper%20By%20Joonbum%20Bae.pdf(검색일: 2018.01.21).

Ballhaus, Rebecca, Michael C. Bender, Peter Nicholas and Louise Radnofsky. 2018. "Transcript of Donald Trump Interview with The Wall Street Journal", *The Wall Street Journal*(January 14). https://www.wsj.com/articles/transcript-of-donald-trump-interview-with-the-wall-street-journal-1515715481(검색일: 2018.01.21).

Bandow, Doug. 2017a. "A Nixon Strategy to Break the Russia-China Axis", *National Interest*(January 4). http://nationalinterest.org/blog/the-skeptics/nixon-strategy-break-the-russia-china-axis-18946(검색일: 2018.01.21).

_____. 2017b. "Time for a Better U.S.-China Grand Bargain on North Korea", *National Interest*(April 17). http://nationalinterest.org/blog/the-skeptics/time-better-us-china-grand-bargain-north-korea-20226(검색일: 2018.01.21).

Barone, Michael. 2016. "Is Trump Pursuing a 'Kissinger-Inspired Strategy'?", *National Review* (December 16). http://www.nationalreview.com/article/443109/donald-trump-strong man-foreign-policy-follows-henry-kissinger(검색일: 2018.01.21).

Baylis, John, Steve Smith, and Patricia Owens. 2017. *The Globalization of World Politics: An Introduction to International Relations.* 7th ed. Oxford: Oxford: Oxford University Press.

Bew, John. 2016. *Realpolitik: A History.* Oxford: Oxford University Press.

Boot, Max. 2016. "Trump's 'America First' Is the Twilight of American Exceptionalism", *Foreign Policy*(November 22). http://foreignpolicy.com/2016/11/22/trumps-america-first-is-the-twilight-of-american-exceptionalism-obama/(검색일: 2018.01.21).

Brands, Hal. 2014. *What Good is Grand Strategy?: Power and Purpose in American Statecraft from Harry S. Truman to George W. Bush.* Ithaca: Cornell University Press.

_____. 2017. "U.S. Grand Strategy in an Age of Nationalism: Fortress America and its Alternatives", *The Washington Quarterly,* 40(1), pp.73-94.

Brooks, Rosa. 2016. "Donald Trump Has a Coherent, Realist Foreign Policy", *Foreign Policy* (April 12). http://foreignpolicy.com/2016/04/12/donald-trump-has-a-coherent-realist-foreign-policy/(검색일: 2018.01.21).

Browne, Andrew. 2017. "U.S. Allies Fear Trump Will Pull a Nixon in China", *The Wall Street Journal*(November 7). https://www.wsj.com/articles/u-s-allies-fear-trump-will-pull-a-nixon-in-china-1510037786(검색일: 2018.01.21).

Burbach, Roger and Jim Tarbell. 2004. *Imperial Overstretch: George W. Bush and the Hubris of Empire.* New York: Zed Books.

Cha, Taesuh. 2016. "The Return of Jacksonianism: The International Implications of the Trump Phenomenon", *The Washington Quarterly,* 39(4), pp.83-97.

Chang, Parris. 2017. "Trump Bets on the Wrong Horse: Outsourcing North Korea's Nuclear Threat to China", *The Korean Journal of Defense Analysis,* 29(4), pp.513−531.

Drezner, Daniel W. 2016. "So When Will Realists Endorse Donald Trump?", *The Washington Post*(February 1). https://www.washingtonpost.com/posteverything/wp/2016/02/01/so-when-will-realists-endorse-donald-trump/?utm_term=.76c592b7edce(검색일: 2018.01.21).

Dueck, Colin. 2010. *Hard Line: The Republican Party and U.S. Foreign Policy since World War II.* Princeton: Princeton University Press.

_____. 2017. "Tillerson the Realist", *Foreign Policy Research Institute*(January 16). https://www.fpri.org/article/2017/01/tillerson-the-realist/(검색일: 2018.01.21).

_____. 2018. "Trump's National Security Strategy: 10 Big Priorities", *National Interest*(January 9). http://nationalinterest.org/feature/trumps-national-security-strategy-10-big-priorities-23994(검색일: 2018.01.21).

Ferguson, Niall. 2016. "Donald Trump's New World Order", *American Interest*(November 21). https://www.the-american-interest.com/2016/11/21/donald-trumps-new-world-order/(검색일: 2018.01.21).

Fukuyama, Francis. 1992. *The End of History and the Last Man*. New York: Harmondsworth.

Goh, Evelyn. 2005. "Nixon, Kissinger, and the 'Soviet Card' in the U.S. Opening to China, 1971-1974", *Diplomatic History*, 29(3), pp.475-502.

Grandin, Greg. 2016. "Mad Men: Trump May be the Perfect Vehicle for Kissinger's Philosophy", *The Nation*(December 8). https://www.thenation.com/article/mad-men-trump-may-be-the-perfect-vehicle-for-kissingers-philosophy/(검색일: 2018.01.21).

Guzzini, Stefano. 1998. *Realism in International Relations and International Political Economy: The Continuing Story of a Death Foretold*. New York: Routledge.

Hitchens, Christopher. 2001. *The Trial of Henry Kissinger*. New York: Verso.

Hoover, Amanda. 2016. "Why Henry Kissinger is Optimistic about Trump and His Policies", *The Christian Science Monitor*(December 20). https://www.csmonitor.com/USA/2016/1220/Why-Henry-Kissinger-is-optimistic-about-Trump-and-his-policies (검색일: 2018.01.21).

Ikenberry, G. John. 2011. *Liberal Leviathan: The Origins, Crisis, and Transformation of the American World Order*. Princeton: Princeton University Press.

_____. 2017. "The Plot Against American Foreign Policy: Can the Liberal Order Survive?", *Foreign Affairs*, 96(2), pp.1-7.

Jervis, Robert. 2011. "Unipolarity: A Structural Perspective", In *International Relations Theory and the Consequences of Unipolarity*, edited by G. John Ikenberry, Michael Mastanduno, and William Curti Wohlforth, pp.252-281. New York: Cambridge University Press.

Kagan, Robert. 2016. "Trump Marks the End of America as World's 'Indispensable Nation'", *Financial Times*(November 20). https://www.ft.com/content/782381b6-ad91-11e6-ba7d-76378e4fef24(검색일: 2018.01.21).

Kaplan, Fred. 2017. "Return of the Madman Theory", *Slate*(April 13). http://www.slate.com/articles/news_and_politics/war_stories/2017/04/trump_is_inadvertently_putting_nixon_s_madman_theory_to_the_test.html(검색일: 2018.01.21).

Keohane, Robert O. and Joseph S. Nye. 1977. *Power and Interdependence: World Politics in Transition*. Boston: Little, Brown.

Khrushcheva, Nina L. 2017. "The Return of the Madman Theory", *Project Syndicate*(September 25). https://www.project-syndicate.org/commentary/trump-erratic-response-north-korea-by-nina-l--khrushcheva-2017-09(검색일: 2018.01.21).

Kissinger, Henry. 1957. *A World Restored: Metternich, Castlereagh, and the Problems of Peace 1812-22*. Boston: Miflin.

_____. 1975. "The Moral Foundations of Foreign Policy", *The State Department* (July 15). https://history.state.gov/historicaldocuments/frus1969-76v38p1/d59(검색일: 2018.01.21).

_____. 1994. *Diplomacy*. New York: Simon & Schuster.

_____. 2015. *World Order*. New York: Penguin Press.

Krauthammer, Charles. 1991. "The Unipolar Moment", *Foreign Affairs*, 70(1), pp.23-33.

_____. 2017. "Trump and the 'Madman Theory'", *The Washington Post* (February 23). https://www.washingtonpost.com/opinions/trump-and-the-madman-theory/2017/02/23/d4f10f30-f9f4-11e6-be05-1a3817ac21a5_story.html?utm_term =.dfbf22e499fc(검색일: 2018.01.21).

Layne, Christopher. 2006. *The Peace of Illusions: American Grand Strategy from 1940 to the Present*. Ithaca: Cornell University Press.

_____. 2017. "The Big Forces of History", *American Conservative*(February 10). http://www.theamericanconservative.com/articles/the-big-forces-of-history/ (검색일: 2018.01.21).

Lebow, Richard Ned. 1994. "The Long Peace, the End of the Cold War, and the Failure of Realism", *International Organization*, 48(2), pp.249-277.

Lee, Bandy X. 2017. *The Dangerous Case of Donald Trump: 27 Psychiatrists and Mental Health Experts Assess a President*. New York: Thomas Dunne Books.

Martel, William C. 2015. *Grand Strategy in Theory and Practice: The Need for an Effective American Foreign Policy*. New York: Cambridge University Press.

Mead, Walter Russell. 2001. *Special Providence: American Foreign Policy and How It Changed the World*. New York: Alfred A. Knopf.

_____. 2014. "The Return of Geopolitics: The Revenge of the Revisionist Powers", *Foreign Affairs*, 93(3), pp.69-79.

Mearsheimer, John J. 2016. "Donald Trump Should Embrace a Realist Foreign Policy", *The National Interest*(November 27). http://nationalinterest.org/feature/donald-trump-should-embrace-realist-foreign-policy-18502(검색일: 2018.01.21).

Miller, Greg and Greg Jaffe. 2017. "Trump Revealed Highly Classified Information to Russian Foreign Minister and Ambassador", *The Washington Post*(May 15). https://www.washingtonpost.com/world/national-security/trump-revealed-highly-classified-information-to-russian-foreign-minister-and-ambassador/2017/05/15/530c172a-3960-11e7-9e48-c4f199710b69_story.html?utm_term=.7458984c2d4b(검색일: 2018.01.21).

Mitchell, Andrea. 2018. "The North Korea Summit Crumbled after China Lined Up against It", *NBC News*(May 25). https://www.nbcnews.com/politics/national-security/north-korea-summit-crumbled-after-china-lined-against-it-n877341(검색일: 2018.05.25).

Nedal, Dani and Daniel Nexon. 2017. "Trump's 'Madman Theory' Isn't Strategic Unpre-dictability. It's Just Crazy", *Foreign Policy*(April 18). http://foreignpolicy.com/2017/04/18/trumps-madman-theory-isnt-strategic-unpredictability-its-just-crazy/(검색일: 2018.01.21).

Nixon, Richard. 1969a. "Inaugural Address", *The American Presidency Project*(January 20). http://www.presidency.ucsb.edu/ws/?pid=1941(검색일: 2018.01.21).

_____. 1969b. "Address to the Nation on the War in Vietnam", *The American Presidency Project*(November 3). http://www.presidency.ucsb.edu/ws/?pid=2303(검색일: 2018.01.21).

_____. 1970. "U.S. Foreign Policy for the 1970s: A New Strategy for Peace", *Office of the Historian*(February 18). https://history.state.gov/historicaldocuments/frus1969-76v01/d60(검색일: 2018.01.21).

Office of the Press Secretary, 2017. "Presidential Executive Order Addressing Trade Agreement Violations and Abuses", *The White House*(April 29). https://www.whitehouse.gov/presidential-actions/presidential-executive-order-addressing-trade-agreement-violations-abuses/(검색일: 2018.01.21).

Park, Ju-min and Jack Kim. 2017. "U.S. says Trump 'can't imagine Russia pleased' with North Korea missile", *Reuters*(May 14). https://af.reuters.com/article/worldNews/idAFKBN18A02T(검색일: 2018.01.21).

Parker, Ashley. 2016. "Donald Trump Says NATO is 'Obsolete,' UN is 'Political Game'", *The New York Times*(April 2). http://www.nytimes.com/politics/first-draft/2016/04/02/donald-trump-tells-crowd-hed-be-fine-if-nato-broke-up/(검색일: 2018.01.21).

Ruggie, John Gerard. 1982. "International Regimes, Transactions, and Change: Embedded Liberalism in the Postwar Economic Order", *International Organization*, 36(2), pp.379-415.

Schroeder, Paul W. 1994. *The Transformation of European Politics, 1763-1848*. New York: Oxford University Press.

Schweller, Randall L. 2017. "A Third-Image Explanation for Why Trump Now", *The International Security Studies Forum*(February 8). https://issforum.org/ISSF/PDF/Policy-Roundtable-1-5M.pdf(검색일: 2018.01.21).

Swaim, Barton. 2016. "How Might Nixon's 'Madman Theory' Apply to Trump?", *The Washington Post*(December 15). https://www.washingtonpost.com/blogs/post-partisan/wp/2016/12/15/how-might-nixons-madman-theory-apply-to-trump/?utm_term=.a4a4b39e26d8(검색일: 2018.01.21).

Talmadge, Eric. 2017. "Will China be North Korea's Trump Card?", *Associated Press*(February 24). https://www.apnews.com/30890285660a42b38e5c0286a7364318(검색일: 2018.01.21).

The Department of Defense. 2018. *National Defense Strategy of the United States of America: Sharpening the American Military's Competitive Edge*. January 19. https://www.defense.gov/Portals/1/Documents/pubs/2018-National-Defense-Strategy-Summary.pdf(검색일: 2018.01.21).

The White House. 2017. *National Security Strategy of the United States of America*, December 18, https://www.whitehouse.gov/wp-content/uploads/2017/12/NSS-Final-12-18-2017-0905.pdf(검색일: 2018.01.21).

Tillerson, Rex. 2017. "On 'Meeting the Foreign Policy Challenges of 2017 and Beyond'", *The State Department*(December 12). https://www.state.gov/secretary/remarks/2017/12/276570.htm(검색일: 2018.01.21).

Toosi, Nahal and Isaac Arnsdorf. 2016. "Kissinger, a Longtime Putin Confidant, Sidles up to Trump", *Politico*(December 24). https://www.politico.com/story/2016/12/trump-kissinger-russia-putin-232925(검색일: 2018.01.21).

Trifkovic, Srdja. 2017. "Trump's Realist Vision", *Chronicles*(January 23). https://www.chroni clesmagazine.org/trumps-realist-vision/(검색일: 2018.01.21).

Trump, Donald. 2016a. "Transcript: Donald Trump's Foreign Policy Speech", *The New York Times*(April 27). http://www.nytimes.com/2016/04/28/us/politics/transcript-trump-foreign-policy.html(검색일: 2018.01.21).

_____. 2016b. "Transcript: Donald Trump on NATO, Turkey's Coup Attempt and the World", *The New York Times*(July 21). https://www.nytimes.com/2016/07/22/us/politics/donald-trump-foreign-policy-interview.html(검색일: 2018.01.21).

_____. 2017. "The Inaugural Address", *The White House*(January 20). https://www.whitehouse.gov/briefings-statements/the-inaugural-address/(검색일: 2018.01.21).

USTR. 2017a. "2017 Trade Policy Agenda and 2016 Annual Report", March 1. https://ustr.gov/about-us/policy-offices/press-office/reports-and-publications/2017/2017-trade-policy-agenda-and-2016(검색일: 2018.01.21).

USTR. 2017b. "The President's Trade Policy Agenda", March 1. https://ustr.gov/sites/default/files/files/reports/2017/AnnualReport/Chapter%20I%20-%20The%20President%27s %20Trade%20Policy%20Agenda.pdf(검색일: 2018.01.21).

Walt, Stephen M. 2016. "What Would a Realist World Have Looked Like?", *Foreign Policy*(January 8). http://foreignpolicy.com/2016/01/08/what-would-a-realist-world-have-looked-like-iraq-syria-iran-obama-bush-clinton/(검색일: 2018.01.21).

_____. 2016. "No, Donald Trump Is Not a Realist", *Foreign Policy*(April 1). http://foreignpolicy.com/2016/04/01/no-realdonaldtrump-is-not-a-realist/(검색일: 2018.01.21).

_____. 2017. "This Isn't Realpolitik. This Is Amateur Hour", *Foreign Policy* (May 3). https://foreignpolicy.com/2017/05/03/this-isnt-realpolitik-this-is-amateur-hour/(검색일: 2018.01.21).

_____. 2017. "Things Don't End Well for Madmen", *Foreign Policy*(August 16). http://foreignpolicy.com/2017/08/16/things-dont-end-well-for-madmen-trump-north-korea/(검색일: 2018.01.21).

Wertheim, Stephen. 2017. "Trump and American Exceptionalism: Why a Crippled America is Something New", *Foreign Affairs*(January 3). https://www.foreignaffairs.com/articles/united-states/2017-01-03/trump-and-american-exceptionalism(검색일: 2018.01.21).

White, Daniel. 2016. "Donald Trump's Ohio Speech on Immigration and Terrorism", *Time* (August 16). http://time.com/4453110/donald-trump-national-security-immigration-terrorism-speech/(검색일: 2018.01.21).

Zelikow, Philip. 2016. "The Art of the Global Deal", *The American Interest*(December 13). https://www.the-american-interest.com/2016/12/13/the-art-of-the-global-deal/(검색일: 2018.01.21).

Zoffer, Joshua P. 2017. "The Bully Pulpit and U.S. Economic Policy: Lessons for Trump from the Nixon Era", *Foreign Affairs*(September 13). https://www.foreignaffairs.com/articles/2017-09-13/bully-pulpit-and-us-economic-policy(검색일: 2018.01.21).

제6장

김정은 정권의 극단적 핵 및 미사일 위협 원인 고찰: 북한의 '전략 문화' 및 '체제 불안정성'을 중심으로*

유재광

* 본 연구는 한국 연구재단 지원(2016S1A3A2924409)에 의해 수행되었음.

I. 서론

2002년 제2차 북핵 위기의 발발 이후 북한은 핵무기 개발을 노골적으로 가시화하며 자신들의 핵 기술 발전에 근거해 다양한 형태의 핵 도발을 지속적으로 감행해왔다. 수차례에 걸친 핵실험과 더불어 자신들의 핵 능력을 고도화해 왔으며 이를 통해 최근에는 핵탄두의 소형화 그리고 이 소형화된 핵탄두를 실어 북한의 적성국으로 지정된 미국에 대한 대륙 간 탄도미사일의 개발마저 서두르고 있다. 실로 실전배치 가능한 핵무기의 개발을 위한 광폭의 행보라 볼 수 있다.

본 논문에서는 북한의 이러한 핵도발의 원인에 관한 문화적이고 제도적 접근 좀 더 구체적으로 "문화적 제도주의(cultural institutionalism)"를 시도하려고 한다. 북한의 도발을 통한 안보딜레마 극복과 체제 유지 강화 속성은 이미 주지의 사실이고 여러 논문에서 지적되어 왔다(Kang 2006; Cha 2011; Cha and Kang 2001; Oberdorfer 1997). 한미일 삼각동맹으로 둘러싸인 안보환경에서 안보딜레마를 극고로 경험하고 있는 북한이 지속적인 군사적 도발을 통해 내부의 결속을 다지고 외부의 적에게 군사적 경고를 하는 행태는 기존의 현실주의적 시각 혹은 국제정치의 국내정치에의 이용이란 시각에서 무리 없게 해석된다.

북한의 핵무기에 대한 집착과 이의 실전배치 노력을 통한 극단적 안보이익 추구 역시 위의 시각에서 큰 무리 없이 설명된다. 극도로 고립된 안보환경에서 세계최강의 군사전력을 보유한 미국과 라이벌리 관계를 맺고 있는 북한이 약자 생존의 최후 카드로 핵무기를 이용하려 한다는 것 역시 기존의 이론적 시각에서 무리 없이 설명될 수 있다.

하지만 흥미로운 점은 이러한 북한의 핵도발이 김정은 정권 이후 그 어느 때보다도 "빈번"하게 진행되고 핵 능력이 재빠르게 "고 능력화"되고 있으며 이러한 행태가 어느 때보다 극단적인 반미주의(Anti-Americanism)언사를 기반으로 진행되고 있다는 점이다. 김정은은 집권 후 총 4차례의 핵실험을 감행하였고 이전 북한 리더십에 비해 절대적으로 많은 미사일 도발과 핵 능력의 고도화를 지속적으로 추구해 왔다. 이런 시도는 미국 리더십의 성격 즉 오바마 행정부와 트럼프 행정부와 상관없이 지속적으로 진행되어 왔고 2017년에는 양국이 전쟁을 입에 올리며 그 구체적인 실행 안에 관해 대립하는 수준이 되고 말았다.

본 논문은 이런 김정은 정권하의 극단적인 핵 도발의 정치학의 원인을 설명하기 위해 북한의 전략 문화, 북한 정치적 제도 즉 권위주의 리더십의 리더십 교체 초기의 불안정성(regime insecurity)이라는 변수에 초점을 맞춘다. 좀 더 구체적으로 본 논문은 북한의 전략 문화가 기본적으로 대미 항전의 기본 프레임으로 작용하여 끊임없는 대미 도발의 사고적 환경(ideational milieu)으로 작용한다고 주장한다. 이러한 문화적 환경을 배경으로 본 논문은 북한 체제의 제도적 특성 특히 리더십 생애주기가 대미 도발의 디테일(details)을 결정한다고 주장한다.

본 논문은 다음과 같이 구성된다. 첫 번째 장에서는 기존 북한의 대미 군사적 도발에 관한 기존 연구를 리뷰하고 이들 연구가 갖고 있는 약점에 천착한다. 이 약점에 근거해 다음 장에서는 북한의 전략문화, 정치제도 그리고 이에 제약된 리더십의 생애주기에 기반 한 새로운 이론적 모델을 발전시키고 이에 근거한 새로운 가설을 도출한다. 이어지는 장에서는 이 가설을 각종 신문기사, 문헌조사, 지도자들의 발언 및 구체적 도발행태의 분석을 통해 입증하고자 한다. 마지막으로 결론에서 본 논문을 요약하고 본 연구가 가질 수 있는 정책적 함의를 도출한다.

II. 북한 외교정책에 관한 기존 연구

북한의 외교정책 특히 호전성에 관한 연구는 방대하다. 상이한 국제 정치 및 외교정책 이론 또한 역사적 접근방법에 근거하여 학자들은 북한 외교정책 혹은 대외정책에 있어서의 호전성(belligerence)을 설명 하려 하고 있다. 먼저 현실주의 입장에서 연구하는 학자들은 북한의 호전성은 미국-한국-일본의 유사 동맹과 북한 간의 극심한 안보딜레마 (security dilemma)의 전형이라고 본다(Kang 2006; 2010). 미국을 중심 으로 한 대북 적대동맹의 존재 속에서 북한의 호전성은 자국의 생존을 보존하려는 한 양태이고 아시아 지역의 국제체제 무정부성이 이러한 안보딜레마를 견인하여 북한의 호전성의 원인이라고 주장한다.

일련의 학자들은 북한 호전성의 원인을 북한이라는 레짐의 특수성 에서 찾고 있다. 극단적인 자강론으로 무장한 권위주의 혹은 독재체 제의 리더들인 북한 지도자들은 민주적인 정부에 비해 훨씬 더 호전적 이며 이는 내부견제세력의 부재, 선거의 부재, 그리고 권위주의 레짐 생존에 대한 강박증 때문에 발생한다고 본다(Cha 2012).

좀 더 역사적인 접근을 하고 있는 학자들은 북한 대외정책의 호전 성을 한국전쟁의 경험에서 설명하려 한다. 한국전쟁 당시 북한의 처절한 전쟁경험이 지도자와 인민들에게 세대를 걸쳐 이어져 오면서 지금의 호전적인 북한을 만들었다는 것이다(Cumings 2011). 이러한 역사적 기원을 좀 더 문화적이고 정신적인 코드로 읽는 연구도 존재하는데 이 연구에 따르면 한국 전쟁 중 북한은 미국의 엄청난 공습에 소위 말하는 영구화된 포위감(permanent siege mentality)에 노출되고 이것이 북한 지도부에 의해 내재화 제도화되어 북한의 지속적인 호전성의 바탕이 된다고 주장한다(Harrison 2001).

하지만 이런 기존의 논의들은 북한 리더십이 3대에 걸쳐 세습되는 동안 보여준 리더들 간의 호전적 외교 군사도발 정책의 변이(variation)을 설명하지 못한다는 한계가 있다. 안보 딜레마건 체제 생존의 정치이건 역사적이고 정신적인 변수이건 간에 지나치게 거시적이고 구조주의적이다. 북한의 대외정책에서의 호전성을 통시적으로 분석하는데 유용할 지라도 이러한 논의들은 북한 3대 북한 지도부 간의 대내적 위치의 차이성 이것에 기반 한 호전적인 대외정책의 미시적인 변화들을 설명하기 어렵다. 이런 기존 문헌의 한계점들을 보완하고자 다음 장에서는 "문화"와 "정치제도"라는 두 핵심 키워드를 통하여 북한 리더십들 간의 다양한 도발적 외교정책을 설명할 수 있는 분석틀을 제공해 보려 한다.

III. 분석 틀:
문화적 제도주의(cultural institutionalism)

　최근 들어 안보연구에서 문화적 접근법을 시도하는 연구가 양적으로 증가하고 있다. 이런 문화적 접근이 그 영향 세를 확장한 이유는 신현실주의 중심의 상대적 힘의 균형이론이 간과한 비(非) 물질적 변수(non-materialistic variables)의 정책 아웃컴(policy outcome)에 대한 영향력에 대한 재고에 기인한다. 좀 더 간추려 말하면 국제체제의 비슷한 힘 특히 군사력을 갖고 비슷한 서열에 위치한 국가들 중에서도 상이한 형태의 군사독트린 혹은 군사력 사용에 대한 선호도가 다르게 나타나고 있으며 이것이 왈츠식의 단순환 상대적 힘의 분포(relative power distribution)라는 변수로 설명되지 않는다는 것이다 (Johnston, 1995).

　본 연구가 주시하는 분야는 국가 수준의 전략 문화(state-level strategic culture)이다. 전략 문화에 관한 연구는 특정 조직 특히 군부 국내정치 그리고 국가나 한 레짐의 전략 문화에 관한 연구로 다분화되어 있다 (Bermudez Jr. 2006). 하지만 본 연구는 연구 대상인 북한이 단일 국가라고 상정하고 이 행위자에 고유한 특정 전략 문화를 개념화 및 입증하려고 한다.

우선 전략 문화는 한 국가가 국제정치의 특징, 특히 불안정성, 이것을 극복하기 위한 방법 그중에서 "군사력 사용"과 관련하여 갖고 있는 믿음체계라고 정의할 수 있다(Johnston 1996; Kier 1996; Desch 1998). 좀 더 풀어서 설명하자면 전략 문화는 하나의 행위자(본고에서는 국가)가 현재 마주하고 있는 국제정치체제에 대한 기본적 이해, 국제정치체계가 내포하는 기회와 제약들 그리고 이 기회와 제약들을 배경으로 하여 해당 국가의 국익을 군사적으로 실현하는 방법에 관한 믿음체계이다. 이것이 하나의 "집단적 문화"로 존재하며 이러한 문화적 코드가 한 국가의 정책 결정자들 특히 외교/안보 관련 정책 입안자들의 선호(preference)에 영향을 주어 이들의 전략적 선택을 추동한다는 것이다.[1]

이러한 특정 국가에 주로 통용되는 전략 문화는 어디에서 올까? 전략 문화 패러다임을 체계적으로 발전시켜온 구성주의 학자들은 이 전략 문화가 해당국가의 고유의 문화적 전통과 역사적 요소 같은 관념적 요소에 기인하고 있다고 주장한다. 한 국가는 고유의 문화적 전통을 갖고 있으며 이러한 전통은 역사적 체험을 통해 관념적으로 전 세대(predecessors)부터 이후세대(successors)로 전달된다. 특히 이 전통 혹은 역사적인 문화 코드가 무력 사용에 관한 합의를 전제로 하고 있을 때 한 국가의 전략 문화적 지위를 차지하게 된다.

이러한 인지적 가정 하에 Johnston은 이러한 가정의 조합이 상이한

---

[1]   최근의 전략 문화 연구의 핵심에 있는 이안 존스턴은 전략 문화가 정책 결정자의 군사적 행태를 제약하는 정신적인 환경이라고 정의 한다("Strategic culture, if it exists, is an ideational milieu which limits behavioral choice." "From these limits one ought to be able to derive specific predictions about strategic choice")(Johnston 1996, 222).

두 문화 즉 현실주의 문화(hard realpolitik culture)와 이상적인 문화(idealpolitik)로 구체화된다고 본다. 만약 한 국가가 국가 간 분쟁빈도는 상시적으로 높고 국가 간 분쟁이 근본적으로 제로섬 게임의 형태이며 분쟁 발생 시 가장 효율적은 해소 수단이 군사력이라는 신념체계가 존재하면 이는 강한 현실주의 문화로 구체화되며 이와 반대되는 신념 체계가 존재하면 이는 강한 이상주의 문화로 구체화된다고 보고 있다(Johnston, 1996, 217-218).

문제는 이러한 상이한 전략 문화가 한 국가 외교안보 결정자들의 전략적 선호(strategic preference)에 직접적인 영향을 미친다는 점이다. 만약 이들 결정자들 사이에 강한 현실주의적인 문화가 팽배할 경우 정책의 선호도는 군사적 공격→ 군사적 방어→ 외교적 타협으로 굳어져 공세적인 군사공격을 할 가능성이 높다는 점이다. 반대로 이들이 강한 이상주의 문화에 지배를 받을 경우 정책의 선호도가 외교적 타협→ 방어→ 공격 순으로 굳어져 갈등의 외교적 타협해결이라는 정책으로 귀결될 가능성이 높다는 것이다.

이러한 전략 문화적 이론을 배경으로 본 논문도 한 국가의 군사정책에 관한 선호도는 깊은 문화적 코드의 지배를 받는다고 주장한다. 만약 현실주의적인 문화가 역사적으로 그리고 문화적으로 팽배하면 그 국가들의 리더들은 이러한 정신적인 분위기(ideational milieu)에서 군사력 사용에 관한 정책을 입안하고 대응할 것이다. 현실주의적 문화가 호전적이고 무력사용에 거침이 없으며 심지어 공격이 최선의 방어라는 쪽으로 형성되면 이런 문화는 해당국가의 지도자들에게 방어 협상 타협의 정책적 선호를 형성하지 못하게 만든다. 또한 이런 전략 문화가 특정 국가 혹은 적대국을 상대로 형성되어 있을 경우 해당국가의 리더들은 적대국-공격적 대응이라는 단순한 문화적 코드에 사로잡히게 될 것이다. 이를 국제정치학에서 라이벌리라고 하는데 위에서 말한 공세적 현실주의 전략 문화가 특정 라이벌리 국가를 대상으로 할 경우 해당국의 지도자들은 방어 타협 협상이라는 또 다른 전략 문화적 코드를 아예 상상하지도 않는다는 것이다.

하지만 이런 전략 문화적 분석의 한계점도 제대로 응시해야 한다. 전략 문화 패러다임은 기본적으로 군사력 사용에 대한 전략적 문화가 해당 국가 지도자들의 합리성에 근거한 전략적 선택(strategic choice)의 문화적 배경으로 작동하여 이 문화가 현실주의적 문화(hard realpolitik culture)일 때 공격→ 방어→ 외교의 전략적 순위를 결정한다고 말한다. 하지만 이런 총체적 문화적 접근은 동일한 국가들의 리더들에게 나타나는 군사력 사용의 변이(variation)를 설명하는 데 큰 한계점을 지닌다. 특정 국가의 높은 수준의 동일성(homogeneity)을 가정함으로써 같은 전략 문화에 노출된 다양한 리더들이 다양한 군사전략을 취하며 왜 특정시기 특정 조건에서 더욱더 공격적이고 risk-taking한 행보를 보여주는지를 설명할 수는 없다.

예를 들어 현실주의적 전략 문화를 구조적으로 공유하는 국가의 리더들이 왜 때로는 재래식 전략을 선호하다 특정시기에는 비 재래식 전력 특히 핵 무력을 선호하는지 그리고 왜 이 전력을 사용해 특정시기에 도발을 집중하는지에 대한 답변을 주지 못한다. 이런 의미에서 전략 문화적 분석은 구조주의 이론이 필연적으로 내포하는 과잉결정(over-determinism)의 오류를 벗어나지 못하고 있다.

본 논문은 이런 미시적 군사력 사용형태 변화의 이유를 설명하기 위해 전략 문화라는 구조적 문화 변수에 제도 주의적 합리적 선택이론(institutional rational choice)이라는 이론적 속성을 결합한다. 이것을 "문화적 제도주의(cultural institutionalism)"라 부를 수 있는데 이 혼합 이론에 따르면 전략 문화는 특정 국가의 군사력 사용에 대한 문화적이고 구조주의적인 방향성만을 제시하고 이것을 배경으로 하여 해당

국가의 리더들이 구체적인 전략적 선택을 할 때 그 리더들이 마주하고 있는 제도에 제약된 합리적 인센티브에 근거하여 최종 결정을 내린다는 것이다.

여기서 주목할 점은 전략 문화와 제도가 상호 배타적이지 않다는 점이다. 전략 문화적 코드는 과거 역사와 전통 혹은 문화적 관습에 기반 한 군사력 사용에 관한 믿음체계이며 이는 현재 리더들의 전략적 선택에 지대한 영향을 준다. 하지만 문화 그 자체가 행위를 직접 동인하는 것이 아니라 현존하는 정치적 제도에 의해 투과(filtered)되어 전략적 행위를 추동하는 것이다. 따라서 특정국가의 리더들의 전략적 선택은 이중으로 규정된다. 먼저 거시적으로는 전략 문화에 짙은 영향을 받는다. 하지만 이런 전략 문화는 리더들의 전략적 선택의 디테일(details)들 즉 전략적 선택의 종류, 시기, 그리고 강도 등을 결정하지 못한다. 이러한 디테일들은 현존하는 정치적 제도에 영향을 그 영향을 강하게 받으며 따라서 리더의 최종 선택의 양태를 규정한다.

특정국가 리더들의 전략적 선택에서 제도의 역할은 광범위하게 논의되어 왔다. 먼저 일세 대 국제정치 학자들은 민주주의 비 민주주의 양분론에 의거해 전자는 평화를 후자는 갈등과 분쟁을 가져온다고 보았다(Doyle 1985; Oneal and Russett 1998). 이후 학자들은 이를 발전시켜 민주주의-민주주의 혹은 권위주의-권위주의는 평화 지향적이며 민주주의-권위주의가 분쟁의 원인이라는 것을 밝혀냈다(Oneal and Russet 2001). 이후 민주주의 일반이 아닌 미성숙한 민주화가 분쟁의 주범이라는 연구도 이어졌다(Mansfield and Snyder 1997; 2001). 2세대 학자들은 권위주의 중에서도 군부가 지배하는 권위주의가 일당에 기반 한 권위주의보다 더 갈등지향적임을 발견했다(Weeks 2014).

이런 제도주의적 연구를 배경으로 본 연구는 군-정 일체의 권위주의 국가 중에서도 리더의 생애주기 그중에서 막 집권하여 정치적 정당성이 부족 혹은 확보되지 않은 상태의 권위주의적 리더들이 더욱 갈등 분쟁 지향적이라고 주장하며 이로 인해 그들의 전략적 선택의 디테일에 있어서 더 강력한 공격적 무기를 사용하며 이 사용의 횟수를 증가시키며 이러한 행위가 극단적 수사에 기반 할 것으로 예측한다.

권위주의 국가에서 리더들의 정통성은 신화, 종교, 극단적 이데올로기, 가족(royal blood), 전쟁 영웅 등 거대한 메타담론을 중심으로 유지된다. 하지만 이러한 현상은 1세대 리더들이 사망하였을 경우 위의 담론을 중심으로 집권하게 된 차세대 리더들에게 정치적 정당성의 확보라는 중요한 숙제를 던져준다. 기존 리더들이 이러한 담론에 의한 영광 즉 정치적 안정성과 지속적인 집권이라는 이익을 누렸을 지라도 이들의 사망 후에 등장하는 리더들은 이러한 담론적 지지를 부분적으로만 받거나 아예 받지 못할 가능성이 커지는 것이다. 따라서 이들 차세대 혹은 새로운 권위주의적 지도자들은 정당성의 확보와 생존에 엄청난 집착을 보이게 된다.

권위주의 정치체제의 특성상 특히 집권 초기는 정치적 불안정성이 극도로 확대된다. 민주주의처럼 선거를 통해 그 제도적 연속성이 보장되지 않기 때문에 새로운 지도자들은 암살, 쿠데타, 민주화 요구 등 크나큰 위협에 노출되기 마련이다. 반면 이러한 위협들을 잘 극복하게 되면 새로운 지도자들도 자신들의 전임자처럼 막강한 자율권을 통해 신화, 이데올로기, 영웅담을 만들어 장기적 권력 공고화에 성공할 수 있다.

본 이론에서는 특히 주목하는 점은 새로운 권위주의적 정치지도자들이 정당성 확보를 위해 가장 쉽게 사용할 수 있는 카드가 대외 적을 상정하고 이를 악마화(demonization)시킨 후 이 적과의 군사 분쟁 혹은 군사 도발을 일으켜 이를 정당화하고 이것을 다시 국내정치적 정당성 확보와 결집에 사용한다는 점이다. 따라서 권위주의 집권초기의 정치적 불안정성은 새로운 지도자들이 군사력을 고강도로 사용할 인센티브를 부여한다. 앞서 말한 듯이 이 새로운 지도자도 기존에 존재하는 전략 문화에 일차적 제약을 받는다. 만약 이 전략 문화가 공격, 도발, 라이벌리 등의 현실주의적 문화로 존재한다면 새 지도자는 협상이나 타협이라는 이상주의적 군사정책 집행할 가능성은 극히 낮다. 이런 전략 문화를 배경으로 권위주의 새 리더들의 집권 초 불안정성은 이런 현실주의적 전략 문화를 실현할 군사적 디테일에 심각한 영향을 준다.

구체적으로 여러 외부의 적중 특정 국가를 악마화하여 이 국가와의 대립을 지속추구로 추진할 인센티브가 생긴다. 국가 생존을 위협하는 적을 상정함으로써 이에 대항하고 있는 자신의 정치적 정당성을 확보하려 할 것이다. 따라서 이 국가에 대한 군사적 도발은 필수적이며 이 도발의 횟수도 집권 초기에 극단적으로 증가할 것이다. 도발에 필요한 군사력의 사용 시 기존의 재래식 무기의 파괴성을 과시하기 위해 고도화된 재래식 군사력을 사용할 것이며 그 사용 빈도를 높일 것이다. 기존의 재래식 무기의 영향력이 제한적일 경우 핵전력을 사용할 가능성도 높다. 이 핵전력 사용의 빈도도 집권 초기에 집중할 것이며 이 핵전력의 고도화도 시도할 가능성이 높다.

이상에서 논의된 문화적 제도주의 입장에서 본 논문은 현실주의 전략 문화에 갇힌 권위주의 국가의 리더십이 새로 교체되어 이 리더들의 제도적 기반이 미약할 경우 리더들은 1) 적국을 악마화하고; 2) 군사도발의 횟수를 늘이며; 3) 고도화된 재래식 군사력을 사용한 도발의 횟수를 늘리며; 4) 핵 도발과 그 횟수를 늘릴 것이라고 가설을 설정한다.

Ⅳ. 연구 설계

　본 연구는 위의 가설을 테스트하기 위해 권위주의 혹은 독재국가의 상징인 북한의 도발정치 특히 2011-2017년 북한의 대미 도발행위에 분석의 초점을 둘 것이다. 김정은 집권 후 북한의 대미 도발 분석이 본 논문의 경험적 사례로 들어가는 이유는 이것이 문화적 제도주의 분석틀을 지지해 줄 수 있는 핵심사례(crucial case)이기 때문이다.

　잘 알려진 대로 북한은 자신의 근대사를 아우르며 적재적인 대미 정책을 고수해 오고 있다. 일정의 유화기(1974-1975; 1990-1991; 1993-1994)가 존재하기는 했지만 북한의 대미 적대시정책과 미국에 대한 도발을 지속적으로 실천해 왔다. 하지만 이러한 대미도발의 빈도와 강도는 김정은 집권 후 즉 2011년부터 지금까지 극단적으로 확대되고 있다. 따라서 위에 언급된 가설을 입증하는데 북한의 대미도발 2011-2017은 핵심사례로 매우 적실하다 할 것이다.

　이 핵심사례 연구 기법은 사례분석을 통한 강한 경험적 입증이 성공적으로 수행될 경우 기존의 북한의 외교행태를 설명해 왔던 분석틀을 반증(disconfirming)하고 새로운 분석 혹은 이론 틀을 확정(confirming)할 수 있다는 장점이 있으며 이 이론 틀을 핵심 사례에 기반 해 입증해 냄으로써 전반적으로 새로운 분석틀 그리고 새로운 가설의 도출에 기여한다는 장점이 있다.

반면 핵심사례 기법(crucial case study)의 단점도 숙지해야 한다. 새로운 분석틀이 기존의 분석틀을 반증하고 새로운 가설을 생산해 내어 경험적으로 입증할 수 있음에도 불구하고 핵심사례분석을 통한 경험적 증거는 어디까지나 비슷한 상황조건을 만족시키는 다른 후보군에만 적실성을 지니며 새로운 분석틀, 가설, 입증의 결과는 이들 사례에만 국한적으로 적용되어 해석해야 한다. 달리 말하면 핵심사례 분석에서 도출된 분석틀과 가설들은 사례 전반을 아우르는 일반 이론(general theory)에는 절대 미치지 못하며 이후 수많은 연구들에 의한 다수적 지지를 얻을 때까지는 이론은 한정적 분석틀로 고려되어야 할 것이다.

비록 아주 한정적인 핵심사례 연구기법이 원용될 지라도 이 연구기법이 지향하는 바는 문화적 그리고 제도적인 인과체인(causal chain)이 북한 외교정책 특히 김정은하 북한의 외교정책에 존재하는가 여부이다. 이 인과체인의 존재 여부는 다른 통제변수들을 적절히 고려했을 때 북한 김정은 정권이 기존에 존재하던 북한의 전략 문화에 거시적으로 영향을 받고 자신들이 처한 제도적 환경의 영향을 받아 좀 더 많은 수의 그리고 더 강력한 도발을 해왔느냐에 대한 입증에 달려 있다.

V. 북한의 전략 문화(Strategic Culture): 형성과 내용

여느 전략 문화와 다르지 않게 북한의 전략 문화는 북한 고유의 역사적 경험과 이에 기반 한 북한 지도부 특히 김일성의 위협인식을 통해 꾸준히 발전해 왔다(Hwang 2009). 따라서 북한의 전략 문화 이해에서 북한이 하나의 정치적 공동체로 겪은 역사적 경험과 이 경험의 엘리트-민중 레벨에서의 사회화되고 결국은 하나의 관습 제례 습관이 된 과정을 추적해야 북한 고유의 전략 문화를 파악해 낼 수 있는 것이다.

1. 한국전쟁의 유산-반미와 포위 멘탈러티(Siege Mentality)

북한 전략 문화의 형성의 시작은 한국전쟁의 경험과 유리되어 설명할 수 없다. 한국전쟁을 도발한 한국전쟁의 주범이긴 하지만 북한은 스스로가 전쟁 당시 미국의 대규모 공습에 노출되어 괴멸적인 타격을 입게 된다. 전쟁 당시 미군은 한반도에 폭탄 63만 5,000톤과 네이팜탄 3만 2,557톤을 쏟아부었다(Oberdorfer 2001). 이는 2차 세계대전

태평양 전쟁 내내 투하한 폭탄보다도 많은 양이다 즉 북한이 남침 후 미군 폭격에 의해 나라가 초토 되는 경험을 한 것이다.

이러한 전쟁의 참화는 세계 최강의 제국주의 국가에 북한이 "포위되어 있다"는 소위 영구적 포위 멘탤러티(permanent siege mentality)와 반미(anti-Americanism)를 북한 지도부와 국민들에게 깊게 각인시켰다(Harrison 2001). 한국전 중 북한쪽 참화의 주범으로 인식된 미국에 대한 적대감은 가파르게 증폭되었고 이에 따른 반미 혹은 반미 제국주의 문화는 이후 북한 지도부 특히 김일성과 북한의 군부에 결정적인 영향을 끼치게 되었다.

반미가 동전의 앞면이라면 포위감 혹은 포위 멘탤러티는 동전의 뒷면이었다. 북한의 궤멸적인 파괴의 주범인 최고 적대국 미국이 1953년 한미 상호방위조약으로 그 군대의 남한 주둔을 공식화하자 북한은 남한에 미군이 존재하는 한 자신들은 영원히 포위되어 있을 수밖에 없다는 영구화된 포위 멘탤러티를 신념체계(belief system)로 상정하게 된다. 즉 한국에 미군이 주둔하는 한 항상 세계 최강의 적국 미국에게 영구적으로 포위되어 있다는 신념체계가 만들어진 것이다.

이러한 포위 멘탤러티는 북한이 외국의 공격 특히 미국의 공격에 항시적으로 노출되어 있음을 의미하며 끊임없는 미국의 의도에 대한 견제와 미국으로부터의 위협에 대한 공포감 그리고 이러한 제국주의적 적에 대한 유일한 대응 방법은 군사력의 성장 및 확충을 통한 것이어야 한다는 닫힌 전략적 판단의 정립에 주도적인 역할을 한다(Hodge 2003).

실제 한국전 이후 북한은 수많은 서방세계의 적들에 노출되어 왔다. 냉전의 와중에 미국이 주도하기는 하지만 NATO를 위주로 한 대부분의 서방세계 전 식민지 세력이 북한의 자위를 위협하는 적이기도 하였다. 하지만 북한은 이들 적들 중에 유독 미국에 대한 날선 비판과 극도의 호전적인 자세를 일관되게 견지해 왔다. 한국전쟁의 참화와 미국의 살인적인 북 폭격이 결국 북한을 "북한 대 적성세계"가 아닌 "북한 대 미국"이라는 문화적 코드를 형성해 왔는데 그 기저에는 미국에 영구적으로 포위되어 있다는 위협인식이 위치하고 있다.

2. 주체와 자강

한국전 중 가해진 막대한 미국의 공습과 이후 정전협정 이후에도 이어진 미국 및 대서방의 경제 및 군사적 봉쇄 정책은 그 주체가 UN 혹은 미국인 것을 떠나 북한 내부의 강력한 자주적 군사외교 노선을 수립하게 되는 촉매제가 되었다. 1960년대 발생한 중소분쟁 역시 이러한 자강론에 힘을 실어주는 중요한 계기가 되었다(Hong 2011). 특히 김일성은 이러한 북한에 유리하지 않은 국제정세를 이용해 일종의 자강적 안보론인 주체사상을 만들고 이를 이용해 자신의 권력의 영구화와 대를 이은 세습화를 시도한다.

특히 주체사상은 북한식 사회주의 혁명의 핵심에는 김일성의 활약이 있으며 김일성만의 지도사상이 북한 외교/안보/경제의 지도사상이 되어야 하며 이 사상의 핵심에는 외세로부터의 이데올로기적인 독립, 정치적인 독립, 경제적 독립 그리고 국방에서의 자강에 근거한 독립이 위치한다(Hong 2011). 이런 사상에 근거하여 김일성의 권위에 도전하는 일체의 정치적 위협은 뿌리부터 근절되어야 하며 앞도적인 재래식 군사력에 근거하여 절대 악인 미국의 도발을 봉쇄해야 한다는 주장으로 이어진다(Bermudez Jr. 2006). 이 도발에 대한 유일한 해결책은 갈등 혹은 무력투쟁인 것이다. 해리슨이 함축적으로 요약한 하나의 믿음체계로서의 주체사상은 다음과 같다.

"주체사상은 북한을 무너뜨리려는 외세에 의해 북한이 끊임없는 외침과 항복이라는 굴욕을 수세기에 걸쳐 겪어왔으며 이러한 굴욕의 역사에 대한 반응으로 북한의 위대성에 대한 분명한 결의의 표현이다, 이 사상에 따르면 외세와의 갈등이 하나의 해결책이 된다기보다 정치적 문제들의 직접적 해결책이 된다는 것이다."

(Juche was, in effect, a passionate and unrestrained cri de coeur against centuries of perceived incursion or subjugation by external forces that had sought to weaken or destroy the country. It was also, in the sense, an unequivocal reassertion of Korea's will to national greatness.... Conflict did not require a solution; It was the solution to political problems.)(Harrison 2002).

위의 분석에서 알 수 있듯이 주체사상은 기본적으로 무정부적인 국제질서에서 북한이 믿을 친구 혹은 동맹은 존재하지 않는다고 본다. 정치 경제적 영역은 물론이고 군사적 측면에서 자강(self-reliance)의 확립은 북한식 사회주의의 생존에 가장 핵심적 역할을 한다고 주장하는 극단적인 자립형 믿음체계인 것이다.

이러한 믿음체계는 이후 북한의 군사력 사용 방식에 지대한 영향을 끼쳤다. 기본적으로 타국과의 모든 정치적 외교적 갈등의 해결에 군사력의 전면적 사용을 정당화시켰다. 이와 아울러 이런 전략적 신념체계는 북한의 비동맹 노선과 극단적인 군비강화라는 정책으로 연결된다. 오늘의 친구가 내일의 적이 될 수 있는 국제 무정부 체제하에서는 북한 스스로의 군비증강과 공격력 확대만이 유일한 길이며 이 군사적 능력이 고도화될수록 북한의 안정은 단선적으로 증가된다는 신념체계를 형성시켰다.

3. 냉전 종식과 포위 멘탤러티의 악화 및 "핵 신념"의 등장

북한의 전략 문화 발전에서 빠질 수 없는 부분은 소위 냉전 해체로 인한 국제정치 체계수준의 구조적 변화와 이로 인한 북한 후견국들 (security patrons)의 몰락의 경험이다. 냉전 이후 북한은 수십 년간 체득해온 북한체제의 불안정성(insecurity)을 극단적으로 경험하게 된다. 주요 군사 원조국인 소련은 붕괴했고 중국은 1992년 한국과 공식적으로 외교관계를 수립하게 된다. 이런 환경에서 북한은 이제 자신들의 안위는 좀 더 철저하게 자신들이 책임 져야 한다는 자력구제 (self-help)의 냉혹한 현실을 더욱 깊게 깨달은 것이다.

좀 더 구체적으로 북한은 소련과 중국의 개혁 개방으로 인해 이제 세계 유일한 패권국 그것도 수천 개의 핵무기로 무장한 미국이라는 초강력 제국주의 국가와 마주쳐야 하는 상황에 놓인 것이다. 과거 중국과 소련이 도와주었던 일차적인 억지(deterrence)가 무너지고 어느 때라도 핵무기로 무장한 미국이라는 적을 마주해야 된 것이다 (Stratford 2005). 이러한 상황은 기존의 북한의 현실주의적이고 공세적인 북한의 전략 문화에 일정 변화를 가져오는데 그것이 "핵무기" 확보라는 신념의 등장이다.

냉전시기의 힘의 균형이 몰락한 동아시아에서 수천 개의 핵무기로 무장한 미국과 미국의 한반도 및 일본 주둔은 냉전식의 상징적 효과만 가져오는 것이 아니라 실질적으로 핵위협을 제기하고 있으며 북한의 생존을 최전선에서 위협하게 되는 실체적 안보위협이 돼버렸다. 이 시기 등장한 김정일 체제는 따라서 기존의 북한의 전략 문화에 "핵"에 관한 신봉이라는 추가적 요소를 도입한다. 소련과 중국이 북한의 체제보장에 전혀 도움이 못되는 상황에서 영구의 숙적인 세계 최강 핵강국인 미국에 대응하는 유일한 방법은 핵무기의 획득 및 이의 전진배치를 통한 북한 생존의 보장이라는 믿음체계가 등장한 것이다.

이러한 전략 문화는 북한 지도부와 국민들에게 하나의 신념체계 혹은 상징 혹은 관례와 습관으로 깊이 각인되어 왔으며 종국적으로 이러한 문화적 신념체계가 리더십의 전략적 선호(strategic preference)를 결정하게 된다. 위에서 일별한 전략 문화의 가정 혹은 중심 패러다임(central paradigm)은 다음과 같은 전략적 선호 순위를 생성시키고 있다.

1. 미국의 영구 적대화 혹은 악마화
2. 공세적인 군사력 배치와 운용
3. 핵무기 배치 실전화를 통한 공세적 핵 운용
4. 억제와 방어
5. 협상/타협 전략의 후순위 탈락

대미 생존불안의 강방증이라는 문화적 믿음체계는 북한 전략적 선태의 선호도를 위와 같이 배열시켜 왔다. 일단 강박 증적 생존불안에서 가장 중요한 정책 선호도는 미국의 악마화와 이에 근거한 냉전기 군비증강과 공격적 군사운용이라는 정책 선호를 가져왔다. 냉전 이후 과거 후견국인 소련과 중국의 도움 없이 수천 개의 핵무기로 무장한 미국과 대결하게 되자 핵무기 취득과 이의 공세적 운용이라는 새로운 믿음체계가 생성된다. 이는 국제체제의 힘의 논리와 상관없이 적어도 미국에 관한한 수세적이고 방어적인 자세를 취하지 않겠다는 정책이고 더불어 핵공격의 가능성을 항상 열어두고 미국을 대응한다는 것이다. 뿌리 깊은 포위의식이 공격적 핵 운용 전략의 채택이라는 전략적 선호를 우선시하게 만든 것이다.

반면 방어 및 억지의 정책적 선호는 위에 언급된 공세적 정책의 후위에 위치하며 북한의 외교안보 정책선호 순위도에서 후위로 밀려난 형국이다. 대 남한 및 대 북한 방어 체제의 수립과 억지 무기의 획득이라는 정책을 집행하지 않는 것은 아니지만 북한 리더십에게 수동적인 억지와 방어 전략은 공세적 정책의 집행 이후에 고려되는 후순위선택인 것이다.

　　정책적 선호도의 가장 하위에 위치하는 카드는 외교들 통한 대화와 협상이다. 극단적 생존 공포증에 시달리고 있는 북한에게 선제공격의 위협 없이 바로 외교를 통합 대화와 협상을 통해 군사체계를 바꾼다는 것은 자살행위로 느껴지는 것이다. 특히 미국과의 관계에서 선재 타격의 카드 없이 대화와 타협을 한다는 것은 상상할 수 없는 것이다. 따라서 북한 리더십의 외교안보 정책 선호도에서 대화/협상의 카드는 가장 하위에 위치하는 것이다.

Ⅵ. 정치 제도로써 일인 지배체제의 외교정책

본 논문은 위에서 도출된 북한의 전략 문화는 대미 강방증적 생존 불안으로 요약된다. 이러한 전략 문화는 북한의 대외 대결정책이 왜 압도적으로 미국에 집중되고 있으며 북한의 군사전략이 상당히 공세 적이고 공격적이며 아울러 왜 국제사회에서 터부시 되는 핵전력의 완성과 고도화에 집중하고 있는지를 잘 설명해 준다. 즉 이러한 특 수한 전략 문화적 지형을 볼 때 북한의 군사정책에서 왜 방어, 협상, 타협, 굴복 등의 방어적 문화가 탈각되어 왔는지를 잘 설명해 준다.

하지만 문제는 이런 전략 문화 코드가 북한 군사력 사용의 비물질 적인 분위기(ideational milieu)와 전반적인 정책적 선호도를 설명할 수 있어도 미시적인 수준에서 왜 특정 시기에 특정 빈도로 이러한 군사력 사용을 가능케 하는지는 답을 주지 못한다. 이를 설명하기 위해 본 논문은 제도적 합리주의(institutional rational choice)에 근 거해 그 답을 제공해 보려고 한다.

1. 김정은 정권의 등장과 불안정성

김정은 정권(Kim Jung-un regime)이 과거 김일성 레짐과 김정일 레짐의 연장선상에서 권력에 특정 개인에 집중된 사유화된 정권(person-alist regime)인 점은 분명하다. 사회주의 헌법에 근거하고 할아버지와 아버지로부터 물려받은 혈통에 근거해 권력이 3대에 걸쳐 세습화된 것이다. 따라서 김정은의 개인적 결정은 북한의 결정을 의미하며 김정은의 군사력 사용에 대한 선호는 북한의 군사정책으로 그대로 이어지는 것이다.

하지만 여기서 주목할 점은 김정은 정권의 탄생이 이전 김정일의 권력 세습 과정과 상당히 차이를 두고 있다는 점이다. 김일성의 후계자로 일찌감치 권력 승계수업을 받고 김일성이 만들어 놓은 일련의 매뉴얼에 따라 김일성 사후 그 권력을 비교적 순탄하게 승계한 김정일과 달리 김정은은 이러한 승계 과정이 상대적으로 매우 짧았으며 아버지의 갑작스런 죽음으로 준비가 덜 된 상태에서 북한 권력의 정면에 등장하게 된 것이다(Ahn 2013).

이러한 김정은의 일련의 권력 승계 과정은 김정은 자신에게 치명적 약점을 불러일으킨다. 일단 북한의 모든 정치적 결정을 담당하고 북한 주민들 위에 절대 권력자로 그리고 북한의 미래에 영도력을 가진 것으로 믿어졌던 절대 권력의 죽음과 이로 인한 심각한 권력의 공백이다(Choi 2012). 이러한 리더십 공백을 갑작스레 마주한 김정은은 할아버지 아버지 그리고 자신으로 이어지는 "백두혈통"이라는 상징적 권력 외에는 권력 사유화의 어떠한 물적 제도적 뒷받침을 받지 못하게 된 것이다. 따라서 김정은은 정권의 태생 자체가 이후 끊임없는 정치적 정당성 부재와 맞물려 있다.

사유화된 권위주의 특정상 이러한 정당성의 공백은 거대한 변화의 씨앗이 될 수 있다. 지난 정권에서 전문화되고 그 힘이 비대해진 군부의 지지를 얻지 못하면 가차 없는 군부 쿠데타(coup)를 경험할 수 있으며 민심의 이반으로 인한 민주주의 요구 혹은 체제 개혁의 압박을 전국적으로 요구받을 수 있다. 정당성의 공백은 또한 국외 강대국의 북한정치의 개입과 자신들이 원하는 지도부의 설립이라는 위협도 크게 증가시키게 된다. 따라서 정당성이 상대적으로 부족한 사유화된 레짐의 지도자들은 이 정당성의 부족을 매우 빠른 정책적 성과를 통해 메우려 하고 이를 통해 잠재적 국내 반대자들(veto players)의 매수(co-optation) 및 숙청(purge)을 통해 자신의 국내정치적 정당성을 강화하려 한다.

북한내부에 대한 정보가 극단적으로 제약된 상태에서 김정은 정권의 제도적 취약성과 이로 인한 불안감은 일련의 사건을 통해 이해될 수 있다. 먼저 지적되어야 할 점은 잠재적 내부의 적에 대한 상식을 벗어난 조급한 숙청이다. 자신의 고모부이자 북한 내 권력 서열 2위(국방위 부위원장 겸 당 행정부장)인 장성택의 국가전복죄로의 처형은 김정은 정권의 대내적 취약성을 반증하는 사건으로 해석된다. 이영호 군 참모부 총참모장 역시 숙청되었으며 북 군부의 핵심권력인 현영철 인민무력 부장의 처형도 이런 시각에서 이해되어야 한다. 좀 더 구체적으로 국정원은 2012년 이후 2015년까지 숙청된 북한 관료 및 군 엘리트의 수가 72명에 이른다(연합뉴스 2015.05.13).

이러한 숙청을 통한 공포 정치는 북한 김정은이 여전히 잠재적 반대세력에 대한 의구심을 거두지 못하고 있으며 이들로부터 확고한 지지를 받지 못하고 있는 것으로 추정된다. 안정된 권위주의 국가에서 엘리트들 간의 분열은 거의 존재하지 않는다. 하지만 급작스런 집권과 과거 리더들이 누린 정치적 정당성이 부족한 김정은은 자신의 권위에 장애가 될 수 있는 여러 반대세력에 대한 의구심을 거두지 못하고 이를 극복하기 위해 극단적인 숙청 정치를 감행하고 있을 가능성이 높다.

최근 발생한 김정은 이복형 김정남에 대한 무리한 암살은 김정은 체제의 불안정성을 극명하게 보여주는 사건이다. 잠재적으로 자신의 대항마가 될 수 있는 김정남을 국제관계에서 무리수를 두면서까지 암살했다는 것은 북한 김정은이 얼마나 권력의 취약성을 대내적으로 겪고 있으며 얼마나 권력 기반의 공고화에 조급하게 매달리고 있는 지를 보여주는 상징적인 사건이다(중앙일보 2017.02.15).

2. 핵 도발과 정당성 강화

이런 극단적인 대내 불안정성에 마주하여 김정은은 영구화된 적(perpetuated enemy)인 미국카드를 더욱 극단적으로 사용할 인센티브를 갖게 된다. 거시적 수준에서 김정은의 대미 정책은 관례화된 북한의 전략 문화의 지배를 받아왔다. 즉 영구불멸의 적인 미국, 미국의 지속적인 적대정책, 이에 대한 공세적 대응, 그리고 아울러 핵을 통한 공세적 대응이다. 하지만 이러한 전략 문화적 코드는 김정은 군사 외교정책의 프레임(frame)을 제공했지만 그 디테일(details) 즉 군사력 사용의 운용코드(operational code)에는 직접적인 영향을 주지는 못했다. 이 전략적 운용코드에 직접 영향을 준 것은 김정은이 처한 제도적 위치 즉 사유화된 권위주의 체계의 리더십 변화와 이에 따른 새로운 지도자의 정당성 부족이었다.

김정은은 이러한 국내정치적 불안을 미국에 대한 적극적인 핵도발로 극복하려 하였다. 먼저 주목할 것은 북한의 핵실험이 김정은 집권 초기 집중적으로 발생하였다. 1993년 발생한 1차 북핵 위기 이후 북한은 핵능력 고도화와 핵무기 확보를 위해 끊임없는 노력을 하였다.

이는 김정일 체제하 1-2차 핵실험으로 구체화되었다. 2006년 10월과 2009년 5월에 각기 다른 핵실험을 실시한 것이다. 하지만 흥미로운 점은 이러한 핵실험이 김정은 집권 이후 거의 연례적으로 실시되었다는 점이다. 2013년 3차 핵실험을 실시한 김정은은 2016년에는 두 번에 걸친(4-5차) 핵실험을 실시하였다. 이는 2017년 6차 핵실험으로까지 이어졌다. 아래 표는 김정은 시기하의 핵실험 빈도와 강도를 김정일 시대의 그것과 비교하고 있다.

[표 1] 북한의 핵실험, 강도, 리더십 집권기간(duration)

년도	핵실험	강도	지도자	집권 후 기간†
2006	1차 핵실험	4.3	김정일	14년
2009	2차 핵실험	4.7	김정일	17년
2013	3차 핵실험	5.1	김정은	1년
2016(1월)	4차 핵실험	4.9	김정은	4년
2016(9월)	5차 핵실험	5.3	김정은	4년
2016	6차 핵실험	6.3	김정은	5년

자료: BBC, "North Korea Nuclear Tests: What Did They Achieve", BBC. 2017.09.03.
† 집권 후 기간(duration)은 필자가 직접 계산함

위의 표에서 보이듯이 김정은하 북한의 핵실험은 그 빈도와 강도 면에서 이전의 김정일 하의 그것과 크게 비교된다. 이러한 핵실험의 빈도 및 강도 증가는 바로 김정은 체제의 정당성을 내부적으로 공고화함에 그 목적이 있다.[2] 북한은 내부적으로 이러한 핵 실험이 영구적인 제국

....

2   본 연구가 단일사례 분석(single case study)이기 때문에 김정은하 북한의 핵 도발에 영향을 주었을 다른 변수 즉 통제변수를 고려하지 못하고 있음을 상기코자 한다. 예를 들어 핵 도발 이전의 미국의 대 북한 적대 정책 혹은 남한의 대결위주의 대북 정책 등이 이러한 통제 변수에 속한다. 하지만 잘 알려져 있다시피 김정은 정권 출범 후 북한의

주의 세력이며 북한의 가장 큰 적인 미국의 핵위협과 지속적인 대북 대결정책에 대한 정당한 대응으로 포장되어 선전되었으며 이러한 핵 강국의 위업이 김정은의 지도력하에 이루어진 것임을 대내외적으로 선전하였다. 정당성의 크나큰 공백으로 불안감을 느끼던 김정은이 핵 실험을 전면에 내세워 가장 큰 공적으로 내세우며 그 공백을 메우려 한 것이다.

예를 들어 외신 보도에 의하면 북한은 2013년 3차 핵실험 뒤에 이 실험이 "북한이 평화 목적으로 인공위성 발사를 할 수 있는 자주권에 대한 미국의 고조되는 적대감에 대한 대응"이라고 주장했으며 "이는 지도자 동지의 지시 하에 이루어 졌다"고 명확히 보도하고 있다(Guardian 2013.02.12). 2016년 핵실험에 맞추어 <조선중앙통신>은 또 한 번 "김정은 동지께서 주체조선의 첫 수소탄 시험의 장쾌한 뇌성이 천지를 진감시킨 주체 105(2016)년 새해에 즈음해 인민무력부를 축하 방문하셨다"고 보도하고 있다(연합뉴스 2016.09.13). 2017년 9월 3일 6차 핵실험후 <조선중앙통신>은 "김정은 노동당 위원장이 핵무기 연구소를 찾아 '핵무기 병기화 사업'을 현지 지도 했다"며 "최고 영도자 동지께서는 새로 제작한 대륙간탄도로케트 전투부(탄두부)에 장착할 수소탄을 보아주시었다"고 이 미사일의 시험이 전적으로 김정은의 관심하에 실시되었음을 알렸다(한겨레 2017.09.03). 이들 보도에서 볼 수 있듯이 영구화된 적 미국에 대한 북한의 일련 핵 억지 과시는 모두 김정은의 업적으로 묘사되고 있다.

사유화된 레짐하에 신생 지도자들이 자신의 정당성을 확보하기

주변정세는 그리 나쁘지 않았다. 북한은 오바마의 전략적 인내(strategic patience)정책으로 북한과의 대결을 자제했으며 한국 역시 천안함과 연평도 포격 이후 현상 유지 적 대결 정책을 펴 나갔다. 따라서 본 논문은 2013년 그리고 2016년 지속적인 핵 도발에 북한의 국내정치적 상황이 가장 큰 영향을 준 것으로 주장한다. 이러한 북한의 주변 정세는 2017년 트럼프 집권 후 크게 바뀌게 된다.

위해 쓸 수 있는 정책 수단은 경제적 정치적 그리고 외교적으로 많이 존재한다. 그중에 핵심이 대내적으론 경제적 성장과 대외적으로는 위협의 제거지만 전자는 상당한 시간과 비용이 발생한다. 따라서 김정은은 후자를 택한 것으로 보인다. 신생 김정은 정권은 영구화된 적에 대한 의도적인 갈등 혹은 도발 행위를 감행하고 이를 정당한 자위권으로 주장하며 다시 이를 국내적 선전하는 것이 "비교적 빠른 시간"에 "상대적으로 적은 비용"으로 자신의 정당성 공백을 메우는 아주 손쉬운 방법이라는 것을 알고 있다. 이러한 메커니즘이 김정은 정권 초반의 연속적인 핵실험과 그 강도의 강화의 한 원인이 될 수 있는 것이다.

3. 미사일 도발과 정당성 강화

핵실험과 함께 북한은 미국을 상대로 한 미사일 시험발사를 통해 초기 체제의 불안정성을 극복하고 있다. 북한의 대미 미사일 도발에 소형화된 핵탄두가 사용될 수 있는지는 여전히 논의의 대상이다 (Bermudez JR. 2015). 하지만 본 논문에서 주목하려는 것은 김정은 체제 등장 이후 북한의 미사일 도발 횟수가 비약적으로 증가했으며 미사일의 종류도 점점 더 공격적으로 변모하고 있다는 점이다.

[표 2] 북한의 미사일 도발, 횟수, 종류 및 리더십 집권기간

년도	횟수(연도별)	미사일 종류†	지도자	집권 후 기간††
1984	6회	재래식 미사일	김일성	36년
1986	1회	재래식 미사일	김일성	38년
1990	2회	재래식 미사일	김일성	42년
1991	1회	재래식 미사일	김일성	43년

년도	횟수(연도별)	미사일 종류†	지도자	집권 후 기간††
1992	1회	재래식 미사일	김일성	44년
1993	4회	재래식 미사일	김일성	45년
1998	2회	재래식 미사일	김정일	5년
2006	6회	재래식 미사일	김정일	12년
2006	9회	재래식 미사일	김정일	12년
2012	2회	탄도 미사일	김정은	1년
2013	6회	탄도 미사일	김정은	2년
2014	19회	탄도 미사일	김정은	3년
2015	15회	탄도 미사일	김정은	4년
2016	24회	탄도 미사일	김정은	5년
2017	23회	대륙 간 탄도미사일	김정은	6년

자료: CNN "North Korea's Missile Tests: What You Need to Know", CNN. 2014.12.04.
† 재래식 무기의 정의는 탄도설계가 들어가지 않은 중·단거리 미사일을 말한다. 탄도 및 대륙 간 탄도미사일(ICBM) 여부는 "North Korea's missile tests: What you need to know", CNN. 2017.12.04를 기준으로 한다.
†† 집권 후 기간(duration)은 필자가 직접 계산함

위의 표에서 확인되는 바와 같이 김정은은 집권 초기 과정에서 북한은 미사일 도발의 횟수를 크게 늘리고 있으며 이 미사일의 종류도 처음에는 "인공위성 테스트용"이라는 수사에서 이제는 노골적으로 "대륙 간 탄도미사일(ICBM)"이라는 선제타격용 공세적 미사일임을 명확히 하고 있다. 특히 과거 김일성 김정일 시대의 미사일 도발의 횟수와 강도와는 극명한 차이를 보인다.[3]

이러한 미사일 도발의 정치학은 다분히 김정은 체제의 불안정성을 극복하기 위한 전형적인 외부적의 악마화와 이에 대한 응전, 이를

---

[3] 물론 이러한 미사일 도발 횟수와 그 강도의 증가 측면에서 북한 미사일 기술의 발전 및 학습효과일 가능성도 분명히 존재한다.

다시 국내정치적 정당성 확보에 이용하려는 전략으로 볼 수 있다. 먼저 김정은 집권 이후 대다수의 미사일 발사가 주적으로 분류된 미국을 대상으로 하고 있다. 같은 맥락에서 이 미사일 개발 및 발사는 북한의 자위권 강화를 위한 목적이라고 대내외적으로 포장되고 있다.

흥미로운 점은 이러한 급증하는 미사일 도발이 직접적으로 김정은 의 영도력하에 김정은의 결심으로 북한 인민을 외세의 공격으로부터 선제적 공격을 통해 해결하려 하고 있다는 점을 알리고 있다는 점이 다. 집권 초기에 정당성의 커다란 공백 속에서 영구화된 적 미국을 향해 적극적인 미사일 도발을 감행함으로써 김정은 자신이 이전의 지도자 즉 김일성과 김정은이 해왔던 대로 조국의 안전을 외부 적 즉 미국에 대한 적극적 대응으로 해오고 있으며 이는 김정은의 정당성이 이전 지도자들에 비해 충분한 군사적 지도력을 확보하고 있음을 국 내적으로 주입하고 있는 것이다.

예를 들어 2016년 9월 미사일 도발과 관련하여 <조선중앙통신>은 김정은이 "유사시 태평양 미군 기지들을 타격할 인민군 전략 군 화성 포병부대의 실전능력과 새로 배치된 미사일의 성능을 점검"했으며 "주체적 핵 무력을 백방으로 강화해야 한다"며 전략 군에 다음 미사일 발사 훈련을 지시했다고 보도했다(MBC 2016.09.06). 같은 맥락에서 북한의 <조선중앙통신>은 2017년 "5월 21일 발사한 탄도 미사일은 북극성-2형"이라며 "김정은 노동당 위원장이 '완전히 성공한 전략무 기'라고 평가하고 부대 실전배치를 승인했다"고 주장했다(한국일보 2017.07.04). 아울러 <조선중앙통신>은 2017년 7월 28일 미사일 발 사와 관련 "현지지도에 나선 김정은 위원장이 이번 시험발사를 통해 대륙 간 탄도 로케트 체계의 믿음성이 재 확증되고, 임의의 지역과 장소에서 임의의 시간에 대륙 간 탄도 로케트를 기습 발사할 수 있는 능력이 과시됐다"며 "미 본토 전역이 우리의 사정권 안에 있다는 것이

뚜렷이 입증됐다"고 말했다고 전했다(한겨레 2017.07.29). 여전히 김정은-북한의 미사일능력 고도화-유능한 군사 지도자 프레임웍을 설파하고 있는 것이다.

미사일 도발에서 사용되는 미사일 종류에 대해서도 주목할 필요가 있다. 기본적으로 김일성과 김정은 시대 북한의 미사일 도발은 재래식 미사일을 사용한 도발이었다. 하지만 김정은이 집권한 이후 이러한 미사일 도발에서 사용되는 미사일의 종류도 큰 변화를 겪게 된다. 즉 과거 재래식 미사일의 발사에서 한걸음 더 나아가 이제 단거리 중거리 장거리 탄도미사일을 발사하고 있다. 2013년과 2014년에 북한이 발사한 미사일은 주로 단거리 탄도미사일(Short-Range Ballistic Missile: SRBM)이었다(박지영 2017). 하지만 이후 2017년에 이르기까지 북한은 중장거리 탄도미사일(Intermediate-Range Ballistic Missile: IRBM)과 후에 핵전력의 핵심 전략 자산이 될 잠수함 발사 탄도 미사일(Submarine-Launched Ballistic Missiles: SLBM)과 대륙 간 탄도미사일(Inter-Continental Ballistic Missile: ICBM) 시험을 감행하여 북한의 미사일 기술이 고도화되고 있음을 극명하게 보여주었다. 더 이상 재래식 중장거리 미사일로 미국에 대응하는 것이 아니라 이제 완성된 핵탄두를 소형화하여 이를 실어 날을 수 있는 대륙간 탄도미사일을 시험하고 있는 것이다(Reuter 2017.11.28).

이러한 극단적으로 위험한 도발은 미국으로부터 상당히 민감하고 적대적인 반응을 가져온 것이 사실이다. 하지만 핵 억지력이 2차 대량 보복 전력(the second nuclear strike capability)에 의존하고 있는 것을 감안할 때 북한이 수천 개의 핵무기로 무장한 미국에 직접 핵탄두가 잠재된 대륙 간 탄도미사일로 도발하려 한다는 주장은 과장된 것이다(Newsweek 2017.11.29).

그럼 북한은 왜 이러한 무리수를 두는 것인가? 이런 핵 탑재 대륙

간 탄도미사일의 개발, 시연 및 실제 배치는 김정은 정권의 체제 불안정성 극복과 정당성 강화에 상당한 기여를 하기 때문이다. 이제 권력 핵심에 위치한지 얼마 되지 않은 김정은 정권은 대내적으로 구체적 정책성과를 보여주어 이를 대내적 체제 안정에 이용해야 할 필요성을 강하게 느끼고 있다. 이전 리더들에 비해 혁명적 이데올로기적 혈통상의 정당성이 상대적으로 약한 김정은으로써는 이러한 도발을 통한 정당성의 확보는 자신의 향후 권력 안정에 핵심적인 역할을 할 것이다. 미사일 도발의 횟수와 고도화된 미사일 능력을 과시함으로써 이제 김정은하 북한은 핵 강국 미국과 본격적인 일대일 대결을 추진할 수 있게 되었다는 나름대로의 업적을 선전하여 김정은 정권은 자신의 국내정치적 정당성 공백을 급히 메우려 하고 있는 것이다.

Ⅶ. 전략 문화, 제도 그리고 핵 도발

김정은 체제하의 핵 및 미사일 도발 그리고 이에 따르는 극단적이고 적대적인 대미 언사(rhetoric)는 그 빈도와 강도 면에서 이전 지도자들 즉 김일성과 김정일을 크게 넘어서고 있다. 하지만 주의해야 할 점은 북한의 이들 세 지도자 간의 군사적 도발형태에 유사성(similarities)과 차이성(dissimilarities)이 공존하고 있다는 점이다.

유사성이라는 측면에서는 전략 문화라는 프레임 워크가 중요한 단서가 될 수 있다. 비록 일시적인 유화기(1974, 1991-1992, 1993- 994)라는 변수가 있긴 하지만 북한은 한국전쟁이후 전략 문화라 불리 우는 일련의 군사력 사용에 대한 믿음체계를 바탕으로 행동해 왔다. 그 핵심에는 영구적인 외부 적 -즉 미국- 의 상정, 방어에 앞선 공격력의 신봉, 공격적 군사배치 그리고 절대 무기(현재에는 핵무기)에 대한 집착이라는 전략적 믿음이 자리 잡고 있다. 3세대 세습을 거치는 동안 이러한 문화적 코드는 끈질기게 그 명맥을 이어 왔으며 여전히 북한의 모든 군사력 운용에 핵심적인 믿음체계(belief system)로 작동해 왔다.

하지만 이러한 전략적 문화의 실제 적용에 있어서는 3명의 지도자 간에 차이가 난다. 특히 최근 권력의 정점에 오른 김정은의 그 군사적 도발의 양과 질적인 측면에서도 이전 리더에 비해 더 극단적으로 치닫고 있다. 미국 적대화를 극단적으로 실천하고 있으며 군사 도발의 횟수나 질적인 측면에서도 이전 리더들에 비해 훨씬 앞서 나아가고 있다. 이러한 군사력 사용의 디테일한 차이는 전략 문화라는 구조적 변수가 설명할 수 없다.

이런 디테일의 차이를 설명하기 위해 본 논문은 기존 국제정치의 레짐이론을 원용하여 설명했다. 주지하다시피 김정은은 충분한 후계자 수업 없이 그리고 그에 따른 정치적 정당성 확보의 없이 아버지의 급작스런 사망으로 사유화된 북한 권력을 이어받게 된다. 권위주의 정치질서하의 이러한 급격한 리더십 변화는 군부의 쿠데타, 민주화 요구, 외세의 간섭이라는 엄청난 불안정성(insecurity)을 극단적으로 증가시킨다. 이런 위협에서 정권을 잡은 김정은은 정당성의 공백을 메우는 전략의 일환으로 외적의 극단적인 악마화, 군사도발 횟수의 증대, 그리도 군사도발의 강도 증대를 시도하게 되었다고 본 논문은 분석하고 있다.

따라서 본 논문이 제기한 질문 즉 김정은 정권의 군사도발의 극단화 원인은 두 가지 축으로 설명되어야 한다. 먼저 전략적 문화이다. 이 전략적 문화는 일련의 군사력 사용에 대한 믿음 체계이며 해당 국가 고유의 역사적 경험, 문화적 유산(cultural legacy), 그리고 국제정치 에서의 위치 등에 영향을 받아 형성 유지된다. 만약 미국의 주적화, 공격적 군사력 배치, 더 강력한 무기체계의 획득이라는 북한식 전략 문화가 없었더라면 북한 3대 지도자에 걸친 일관적인 대미 적대정 책과 이를 위한 공격적 군사도발이 설명될 수 없다. 즉 이런 전략 문화 때문에 미국에 대한 새로운 이해, 방어력 중심의 군사배치, 그 리고 재래식 군사균형을 통한 현상유지라는 정책적 선호도를 북한 지도자들이 보유하지 못하게 된 것이다.

이러한 전략 문화적 유산을 배경으로 김정은이 마주한 북한 권위주의적 제도의 제약이 그의 극단적 군사도발의 중요한 이유가 된다. 이전 세대와 단절된 희박한 정치적 정당성, 준비가 부복한 상태에서의 최고 지도자로의 선택, 이에 따른 체제 불안의 요소 등이 김정은으로 하여금 군사적 도발 횟수 및 강도의 증가를 추동하게 된 것이다.

VIII. 결론 및 함의

본 논문은 "전략 문화"와 "레짐 불안정성(regime instability)"이라는 두 개의 이론적 틀을 결합하여 김정은 정권하에서 진행 중인 극단적인 반미, 핵 도발, 미사일 발사의 횟수 및 강도 증가를 설명하였다. 본 연구는 이러한 극단적이고 도발적인 김정은하 북한의 외교정책이 북한이 지난 수십 년간 형성시켜 온 전략 문화와 김정일 사후 두드러진 제도의 취약성에서 기인하고 있음을 증명하였다.

구체적으로 북한의 외교정책은 일차적으로 북한 스스로가 형성 발전시켜 온 전략 문화 혹은 문화적 관성에 영향을 받는다. 반미, 군사력 증가와 군사력의 공세적 배치 및 사용, 핵무기에 대한 집착과 이의 공세적 사용, 군사력의 방어적 사용에 관한 무관심, 그리고 협상과 타협에 대한 회의로 요약되는 일련의 전략 문화적 코드는 북한의 지도자들이 공유하는 일련의 신념체계(belief system)이며 그 변화의 가능성도 극히 낮다. 이런 비물질적 혹은 정신적 분위기(ideational milieu)에서 김정은의 극단적인 핵 도발도 일차적으로 이해되어야 한다. 하지만 이런 문화적 시각은 왜 북한 리더들이 특정 시기 도발을 집중하여 상이한 형태의 무기체계를 선택 발전시키고 이를 실전에

운용하는지를 설명할 수 없다. 권위주의 레짐의 리더십 변화의 초기 이 레짐의 불안정성(insecurity)에 초점을 맞추어 본 논문은 집권 초 정당성이 극히 약한 김정은이 극단적인 대미 핵 및 미사일 도발을 통해 불안정성을 극복하려 하고 있음을 보여주었다.

하지만 이러한 소기의 성과에도 불구하고 본 연구는 몇 가지 한계를 지니고 있다. 먼저 북한 도발의 또 다른 원인이 될 수 있는 북미관계 남북관계 북한의 군사기술 발전수준, 그리고 북한의 경제 사정에 대한 자세한 분석이 동시적으로 이루어지지 못했다. 이는 향후 북한리더 들의 군사도발 행태를 분석하는 연구들이 여기서 제시된 분석틀을 사용할 경우 고려해야 할 사항이다.

이와 더불어 향후 북한연구는 북한은 무력도발에 광적으로 집착 하는 독재국이라는 오래된 아이디어에 좀 더 여러 가지 이론적 분석 틀을 사용해 도전해야 한다. 거의 정치적 변화가 감지되지 않는 독 재국이긴 하나 북한은 연구의 대상이 될 만한 여러 가지 정치경제적 변수를 지니고 있다. 본 연구에서 언급한 리더십의 생애주기, 당-군 간의 관계, 북한 3대 리더들의 공격성의 차이, 시장화의 정도, 그리고 경제 성장률, 경제개혁의 실패, 식량부족, 그리고 기념일에 대한 집착 등이 향후 북한 연구에서 이론화되고 경험적으로 입증되어야 할 변수 들이다.

본 연구는 크지는 않지만 일정의 정책적 함의도 제공하고 있다. 먼저 아무리 독재 국가라 해도 리더십의 교체는 필연적이다. 이런 리더십 교체는 과거 리더들과 차별화된 정당성을 가진 새로운 리더의 등장을 의미하며 이 새로운 리더들은 자신이 부족하다고 느끼는 정당 성의 공백을 만회하기 위해 상대적으로 비용이 적게 드는 외부와의 갈등을 적극 이용할 가능성이 높다. 김일성 집권 후 짧은 기간 내에 한국전쟁이 일어났고 김정일 집권 후 한반도 핵 위기는 고조됐으며 김정은 집권 후 채 5년이 지난 지금 북한은 핵 및 미사일 도발을 극단적으로 밀어붙이고 있다. 이는 북한의 공격적 행동이 주변국 특히 남한과 미국과의 관계에 영향을 받을 수도 있지만 반대로 그 내부적 취약성에도 영향을 받을 수 있다는 것이다,

따라서 한국의 대북 정책 담당자들은 북한의 이러한 도발이 외부적 요인이 존재할 경우 어느 정도 북한 내부 정치적 상황에 의해 불필요하게 확대되고 극단으로 치닫게 되는지를 잘 살펴볼 필요가 있다. 만일 외부적 요인이 일정하다고 가정할 때 북한의 도발수위가 높아지면 그것은 북한의 국내적 요인에 영향 받을 가능성이 크고 이 경우 한국 및 미국의 대응은 강대강의 악순환으로 대응할 필요는 적어지는 것이다.

참고문헌

〈단행본〉

Ahn, Munsuk. 2013. "How Stable is the New Kim Jong-un Regime?", *Problems of Post-ommunism,* 61(1), pp.18-28.

Armstrong, Charles. 2013. *Tyranny of the Weak: North Korea and the World, 1950-1992.* Ithaca, NY: Cornell University Press.

Bermudez Jr., Joseph. 2006. "North Korea's Strategic Culture", *SAIC,* pp.1-22.

Cha, Victor. 2012. *The Impossible State: North Korea Past and Future.* New York: Harper Collins.

Cha, Victor and David Kang. 2005. *Nuclear North Korea: A Debates on Engagement Strategies.* New York: Columbia University Press.

Cumings, Bruce. 2005. *Korea's Place in the Sun: A Modern History.* New York: W. W. Norton & Company.

Desch, Michael C. 1995. "Cultural Clash: Assessing the Importance of Ideas in Security Studies", *International Security,* 23(1), pp.141-170.

Harrison, Selig S. 2002. *Korean Endgame: A Strategy for Reunification and U.S. Disengagement.* Princeton, NJ: Princeton University Press.

Hodge, Homer T. 2003. "North Korea's Military Strategy", *Parameters,* Spring, pp.68-81.

Hong, Yong-Pyo. 2011. "North Korea's Strategic Culture and Threat Perception: Implications for Regional Security Cooperation", *Korea Observer,* 42(1), pp.99-115.

Johnston, Alastair Iain. 1995. "Thinking about Strategic Culture", *International Security,* 19(4), pp.32-64.

Kang, David. 2003. "International Relations Theory and the Second Korean War", *International Studies Quarterly,* 47(3), pp.301-324.

Katzensteinn, Peter J. (eds.). 1996. *The Culture of National Security: Norms and Identity in World Politics.* New York: Columbia University Press.

Kim, Ilpyong. 2006. "Kim Jong Il's Military-First Politics", In Kihl, Young Whan and Hong Nack Kim (eds.), *North Korea: The Politics of Regime Survival.* New York: M. E. Sharpe.

Kihl, Young Whan and Hong Nack Kim (eds.). 2006. *North Korea: The Politics of Regime Survival.* New York: M. E. Sharpe.

Kim, Samuel S. 2011. "The Rivalry Between the Two Koreas", in Sumit Ganguly and William R. Thompson (eds,), *Asian Rivalries.* Stanford, CA: Stanford University Press.

Nanto, Dick K. 2003. "North Korea: Chronology of Provocations, 1950-2003", *Congressional Research Service.* RL 30004.

Oberdorfer, Don. 1991. *Two Koreas.* New York: Basic Books.

Oh, Kongdan and Ralph Hassig. 1999. "North Korea between Collapse and Reform", *Asian Survey,* 39(2), pp.287-309.

_____. 2010. "North Korea in 2009: The Song Remains the Same", *Asian Survey,* 50(1), pp.89-96.

Russett B and Oneal J. 2001. *Triangulating Peace: Democracy, Interdependence, and International Organizations*. New York: W. W. Norton & Company.

Stratford, James D. 2005. "Strategic Culture and the North Korean Nuclear Crisis: Conceptual Challenges and Policy Opportunities", *Security Challenge*, 1(1), pp.123-133.

Snyder, Scott. 1999. *Negotiating on the Edge: North Korean Negotiating Behavior*. Washington, D.C.: United States Institute of Peace Press.

Weeks JL. 2012. Strongmen and straw men: Authoritarian regimes and the initiation of international conflict. *American Political Science Review*, 106(2), pp.326-347.

⟨신문 기사⟩

연합뉴스. 2015.05.13.
연합뉴스. 2016.09.13.
중앙일보. 2017.02.15.
한겨레. 2017.07.29.
한겨레. 2017.09.03.
한국일보. 2017.07.04.
BBC. 2017.09.03.
Guardian. 2013.02.12.
CNN. 2014.12.04
Newsweek. 2017.11.29
Reuter. 2017.11.28

제7장

'북한 위협론'의 비판적 검토:
인식론적 전환의 필요성*

———

조은정

* 본고는 저자의 소속 기관의 견해와는 무관하며 저자 개인의 의견임을 밝혀둡니다.

Ⅰ. 서론

"북한의 완전한 파괴야말로 우리가 [북한 문제를 해결하기 위해] 유일하게 선택할 수 있는 방법이다(We will have no choice but totally destroy North Korea)."

- 도널드 트럼프 미국 대통령(2017년 9월 20일 국제연합(UN) 총회)

2017년 11월 13일 만장일치로 합의된 국제연합의 '올림픽 휴전결의(The Olympic Truce)' 이후, 평창 동계 올림픽 기간의 평화 특수를 한반도 긴장 완화를 위한 대 전환점으로 만들어 보려는 노력이 남북관계와 국제사회에서 다각적으로 이루어지고 있다. 그러나 다른 한편으로 이 짧은 '휴전'기간 동안에도 북미는 긴장의 끈을 더욱 놓지 않고 있다. 트럼프 미 행정부는 한미연합훈련 연기와는 별개로 여전히 북한에 대해 지속적으로 "[군사적 옵션을 포함한] 모든 가능한 선택지가 테이블에 있다(All options are on the table)"며 '최대압박(maximum pressure)' 정책을 펼치고 있고, 북한 공산당 지도부 역시 목숨 건 항쟁도 불사하겠다는 '벼랑 끝 전술'로 맞대응을 멈추지 않으면서, 평창 올림픽 참여 선수단을 볼모로 삼은 채 유례없는 막말 전쟁으로 한반도 긴장 수위를 한껏 높이고 있다(Johnson 2018; 마이크 펜스 2018; The Telegraph 2018). 미국은 2017년 12월 18일에 발표된 '국가안보전략 (National Security Strategy)'과 2018년 2월 6일에 발표된 '핵태세 보고서 (Nuclear Posture Review)'에서 북한을 "공공의 적(mutual threats)"이자 "미국이 직면한 위급하고 예상 불가능한 위협(an urgent and unpredictable threat to the United States)"으로 천명하였다(NSS 2017, 46; NPR 2018, 12). 이들 보고서에서 북한 위협 해소를 위해 보다 "유연한 능력(flexible capabilities)"과 "맞춤식 억지방법(tailored deterrence strategies)"을 제안하고 있는 가운데, 미군부와 행정부에서는 북한에 대한 선제 타격 가능성에 대한 언급이 끊이지 않고 있어 5월 말로 예정된 북미 관계를 낙관하기 이르다는 평가가 미국 내에서는 지배적인 듯이 보인다(NPR 2018, 25-26, 32; Cooper 외 3인 2018; Sisk 2018). 과연 '선제 타격'은 '북한 위협'의 해결책인가?

주류 안보 담론에서 이처럼 북한이 한반도 주변뿐만 아니라 세계 안보를 위협하는 주범으로 지목되고, 과격한 해결책들이 미국 트럼프 행정부의 고위 정책결정자들의 입에서 성급하게 쏟아져 나오고 있지만, 정작 '북한 위협론'의 기본 가정은 그동안 충분히 의심되고 검토 되지 않았다. 가령, '북한은 세계 초강대국 미국에게 어떻게 위협이 되는가?', '1950년 한국전 당시와 70년 뒤 오늘 북한은 여전히 같은 성격의 위협인가?', '북한은 한국, 일본, 중국, 러시아에게도 (같은 종류의) 위협인가?', '북한 파괴가 세계안보 증진의 최선책인가?' 이처럼 답을 기다리고 있는 일련의 질문들은 모두 북한이 왜 위협인지 그리고 북한이 어떤 위협인지에 관한 지금까지의 인식론적 존재론적 전제의 재검토를 요구한다. 즉, 단순히 현실주의와 자유주의 간의 이론적 논의가 아니라 이들의 사유의 토대가 되는 메타 이론적 논의 가 '북한 위협론'과 관련해서는 아직 본격적으로 논의되지 않았음을 뜻한다. 이 점에서 본 연구는 '북한 위협론'이 딛고 있는 실증주의적 가정에서 간과된 오늘날 북한 위협의 다면적인 성격을 성찰주의적 안보관과 면역학적 패러다임을 통해 새롭게 조명함으로써 북한 위협 해소에 기여할 수 있는 보다 적확한 안보 프레임 개발이 시급함을 강조한다. 이를 위해 Ⅱ절에서 북한 위협론에 대한 미국 주류담론을 검토하고 북한 문제를 해결하는 데 있어 드러난 한계를 보완하기 위해 인식론적 전환이 우선되어야 함을 지적한다. Ⅲ절에서는 실증 주의적 안보관과 핵심 가정들의 문제점과 보완점을 논의하고, Ⅳ절 에서는 존재론적 안보 이론을 통해 북한 위협이 구조적 문제이며 신경성 폭력의 성격을 띠고 있음을 설명한다. 이로써 Ⅴ절에서는 북한 문제를 이해하는 데 냉전적 패러다임의 부적절성을 지적하고, 기존 이론에 따른 북한 문제의 재단이 아닌 북한 문제에 맞는 안보 이론 개발의 중요성을 강조하는 것으로써 글을 맺는다.

II. 미국 주류 담론 검토: 북한은 왜 위협인가?

역사사회적 맥락을 거두절미한 '북한=위협'이라는 단편적인 도식은 전문가와 일반인을 불문하고 무비판적으로 공유되고 있다. 그러나 일반적으로 유통되는 북한 위협론은 기존 국제정치 및 안보 이론의 기본 가정들에 위배되는 것처럼 보인다. 첫째, 북한은 군사력이 강한 국가는 약한 국가보다 위협적이라는 현실주의 가정에 위배된다. 대표적으로 로버트 길핀은 힘과 야망은 비례하므로 신흥부상국의 등장은 국제질서의 불안정성을 예고한다고 설명한다(Gilpin 1981, 95). 그러나 북한의 경우는 객관적 지표로 봤을 때 군사적 수행 능력이 턱없이 부족함에도 불구하고 국제사회에서 주된 위협이라고 인식되고 있다. 둘째, 현상변경 의도를 지닌 세력이 국제질서의 안정성을 저해한다는 가정에도 북한은 부합하지 않는 것처럼 보인다. 북한의 온갖 비이성적인 발언과 정책들은 뒤에 설명할 합리적 억지주의자들의 설명처럼 궁극적으로는 북한의 생존, 체제 유지를 위한 것이라고 이해될 수 있다. 이에 반해, 미국의 "화염과 분노(fire and fury)"는 북한 체제 변화 및 교체 혹은 "파괴(destroy)"를 통해 동아시아 안보 지형 재편까지 염두에 두고 있다는 점에서 현상변경의 동인은 오히려 미국에서 발견된다(Baker and Choe 2017; Dye and Manson 2017). 현실주의적 안보이론에서처럼 위협의 자격이 현상변경의 의도를 지니면서 이를 실현할 수 있는 능력을 보유한 국가에게 주어진다면, 우리는 왜 미국보다 군사 경제 어느 면에서나 훨씬 열위에 있으며, 현상유지를 고집하는 북한을 더 두려워하고 있는가? 다음에서 북한 위협론 유통의 수원지가 되고 있는 미국 주류 담론을 통해 미국의 북한 위협 인식을 살펴본다.

1. 광인론(Mad Man Theory)[1]

첫째, 미국 정계의 강경파들은 소위 북한(지도부)이 제 정신이 아니라는 심리적 가설에('mad man theory') 따라 북한이 향후 어떤 위험한 불장난을 저지를지 모른다는 정책적 불안정성을 북한 위협의 주요 원인으로 설명한다. 가령, 벤자민 길만(Benjamin A. Gilman) 공화당 의원은 1999년 10월 13일 의회에 제출한 보고서에서 북한 정권의 "예측불가능성(unpredictable)"을 국제안보 불안의 가중 요인으로 지목했으며, 2017년 11월 29일 북한의 화성 15호 발사 직후 린지 그래햄(Lindsey O. Graham) 미 상원의원 역시 "미치광이(crazy man)" 김정은이 미국에 비이성적 도발을 하고 있다고 규정하였다(NAPSnet Daily Report 1999; Chaitin 2017). 대중적으로 북한 지도자들은 대대로 "(김정일은) 핵에 미친 사람(the radioactive lunatic)" 혹은 "(김정은은)

---

1   역설적이게도 북한의 '광인론(The Madman Hypothesis)'은 베트남 전쟁 시 미국 닉슨 대통령이 공산주의 세력에 대항하기 위해 제안한 미국의 셀프 '광인론'과 논리적 궤를 같이 한다. 닉슨은 미국이 공산주의 위협을 멈추기 위해 "어떤 [미친] 짓"도 감행할 수 있다는 인상을 줌으로써 공산주의 세력들에 대해 보다 공세적 위치를 점하고자 하였다(Mint 2014).

자멸을 앞둔 로켓맨(rocket man on a suicide mission)"과 "병든 애송이(a sick puppy)"처럼 보통의 기준으로는 이해할 수 없는 미치거나 아픈 상태로 치부되고 있다(McGrory 2002; Liptak and Diamond 2017; Lima 2017). 이처럼 북한의 행위적 당위성을 근본적으로 부정함으로써 북한 정권의 개선의 여지를 부정하는 소위 슈퍼 매파들은 북한의 정권교체를 유일한 대안이라고 주장한다. 최근 트럼프 행정부 신임국가안보보좌관으로 임명된 존 볼튼(John R. Bolton) 전 UN주재 미국대사는 임명직전까지도 북한에 대한 선제타격설을 주장한 대표적 인물이다. 평창올림픽 직후 그는 월스트리트저널 기고문에서 "북한의 핵무기가 조성하는 현재의 '불가피한 일'에 선제타격으로 대응하는 것은 미국에서 완전히 합법적이다"라고 주장한 바 있다(정의길·김지은 2018; Bolton 2018).

흥미로운 점은 북미 간의 격론에서 미국 강경파와 북한의 언설 구조가 흡사 거울처럼 서로 닮아 있다는 것이다. 미국의 북한 선제 공격계획이 일명 "코피작전"으로 알려지면서 북한은 미국의 이 같은 군사적 움직임이 "그 어떤 정책적요구나 리성적판단에 의해서가 아니라 미치광이 대통령의 무지와 광기에 따라 벌어지고 있다"고 비판하였다(최강철 2018, 6). 특히 김정은이 미국본토 전역이 북한의 핵 타격권 안에 있으며 핵단추가 북한 최고수뇌부의 집무실책상 위에 놓여있다고 경고하자 트럼프가 "나는 그보다 더 큰 핵단추가 있다. 그리고 작동도 된다"고 응수한 것을 두고는 "주체조선의 위력에 질겁한 정신병자의 발작증세, 미친개의 비명소리"로 평가절하한 데서도 보듯이 북미 모두 상대를 대화가 통하지 않는 비정상적 대상으로 규정하고 있다(리현도 2018, 6). 특히 트럼프와 김정은 간의 "화염과 분노", "괌 타격" 등으로 격화된 비이성적 설전은 단지 레토릭으로 끝나지 않았다. 2018년 2월에 발표한 미 핵태세 보고서(NPR)와 같이 북한 핵 위협에 더욱 고도화된 핵 무장으로 맞대응한다면, 북미 관계는 강대강 국면으로 급격히 돌입할 수밖에 없을 것이다(리현도 2018; NPR 2018). 결국 북미와 그 주변국 모두 출구 없는 안보 딜레마에 빠지게 될 것은 명약관화이다.

2. 합리적 억지론(Rational Deterrent Theory)

이와 달리, 현실주의자들은 북한이 나름의 매우 이성적 판단과 타당한 논리구조하에서 일관되게 대외정책을 운영하고 있을 가능성으로부터 출발한다. 앞서 소개한 트럼프의 언급들과 달리 당시 트럼프 행정부 내 온건파인 국무장관 렉스 틸러슨은 김정은을 두고 "무자비하지만(He may be ruthless)" "미치지는 않았다(But he is not insane)"며 북한 문제를 푸는 데 여전히 "북미대화(direct talks)"가 중요함을 강조하였다(Lima 2017). 심지어는 강경파로 알려진 전(前) 미 중앙정보부(CIA) 국장 마이크 폼페오도 CIA는 김정은을 체제수호를 위한 분명하고도 장기적인 목표에 따라 정책을 수립하는 "합리적 행위자(rational actor)"라고 본다고 밝혔다(Cohen 2017). 현실주의자들은 전쟁을 유일한 대안으로 삼을 수밖에 없는 국제안보 환경과 북한의 국내정치 여건이 악화된 상황 속에서 궁지에 몰린 북한이 스스로의 안전을 위해 취할 수 있는 선택지는 핵미사일과 같은 보다 강력한 무기개발과 더욱 원색적이고 호전적인 언사일 수밖에 없었을 것이라고 이해한다(Jerger 재인용, Michaels 2017). "어느 한쪽이 너무 강력해지면 억제 체제 자체가 위험해진다. 세력 균형이 변하기 시작하면 억지는 유지될 수가 없다. 한반도에서 압도적인 힘을 얻고 있는 쪽은 미국이며 그것은 북한의 우려를 불러"올 것이기 때문이다(데이비드 강 2007, 95). 따라서 북한의 입장에서 핵무력 개발은 바로 "미국이 모험적인 불장난을 할 수 없게 제압하는 강력한 억제력"으로 합리적 선택으로 이해된다(김정은 2018). 같은 맥락에서 대표적 현실주의자 중 한 명인 미어샤이머 역시 최근 서울 이화여대 강연에서 "북한 입장에서는 '체제를 보장해줄 테니 비핵화하라'는 미국을 갑자기 신뢰할 이유도 전혀 없다"고 주장하면서, 북한을 합리적 행위자로 상정하였다(연합뉴스 2018.03.23).

그러나 합리적 억지주의자들 사이에서 북한의 무력도발 가능성 여부를 두고 설전이 벌어지고 있다. 보수주의자들은 북한처럼 더 이상 물러설 곳이 없는 경우 당장의 위기를 모면하기 위해서 어떤 일이라도 벌일 가능성이 있다고 여전히 의심하고 있다. 빅터 차에 의하면 북한은 강압적 협상방법을 능수능란하게 사용해왔다. 1999년 6월에 벌어진 한반도 서해교전에서 보듯이 승산이 없더라도 앞으로 더 나빠지는 것을 방지하기 위해 무력도발을 서슴지 않았듯이 북한은 불리하다고 판단되면 상황을 타개하기 위해 전쟁을 도발할 유혹을 느낄 수 있다고 예상한다(빅터 차 2007, 56, 117-121). 이에 반해 자유주의자들은 북한이 더 이상 잃을 것이 없어서 자포자기한 상태가 아니며, 북한도 전쟁을 피하고 싶은 최악의 경우라고 여길 이유가 충분하다고 가정한다(데이비드 강 2007, 157). CIA 코리아 임무 센터(Korea Mission Center) 이용석 부센터보도 독재정권의 보수적 특성상 김정은이야 말로 전쟁이 일어나지 않기를 가장 바라는 인물일 것이라며 북한이 먼저 공격을 감행할 가능성을 일축했다(Cohen 2017).

북한의 향후 행보는 여전히 이견이 존재하지만, 위험을 최소화하려는 미국의 대응책은 분명해 보인다. 북한의 무력도발 감행여부에 상관없이 미국에게 최선책은 군사적 옵션을 포함한 견제와 압박 정책을 유지해야 한다는 것이다. 이러한 논리적 귀결이 트럼프 행정부가 북미 유화기류에도 압박정책을 늦추지 않는 요인이 되고 있음은 분명하다(Wagner and Fifield. 2017). 미어샤이머 역시 군사적 옵션이 테이블에서 완전히 배제되어서는 안 된다고 본다. "북한을 선제 타격하는 예방 전쟁(preventive war)은 절대 안 되지만, 북한이 전쟁을 일으킬 실제 조짐이 보일 때 이에 대응하는 선제 전쟁(preemptive war)의 능력은 갖추고 있어야 한다"(연합뉴스 2018.03.23). 이러한 주장은 북한이 화성 15호 발사로 미국 본토를 사정거리로 둔 "핵무력" 완성으로 '행위자성(의도)'에 '능력(capability)'까지 갖추면서 미국 내에서 더욱 힘을 얻고 있다. 2017년 11월 핵무력 완성으로 북한은 북미 관계의 기울어진 운동장을 수평화하는 데 성공하였다고 자축하였지만, 오히려 북한 위협론의 확산으로 미국 강경파에 힘을 실어주고 스스로를 국제사회로부터 고립을 자초하는 악수를 둠으로써 평창 올림픽 중에도 북미 관계는 긴장이 고조되었던 데서도 볼 수 있다.[2] 또한 평창 올림픽 이후 북미 정상회담 준비가 한창인 가운데 온건파로 분류되는 인사들을 해임하고 폼페오와 볼튼과 같은 강경파를 중용한 것 역시 미국의 북한에 대한 높은 불신을 읽을 수 있다.

3. 자연붕괴론

앞서는 북한 정권의 존재로부터 '북한 위협론'이 발생되었다면, 이번 관점은 북한 정권의 부재로부터 그러하다. 북한 정권의 붕괴를 안보 불안요인으로 보는 이유는 다음 두 가지 경로에서이다. 첫째, 회의주의자들은 북한 정권의 붕괴 후 힘의 공백 상태에 따른 국제정치적 혼란을 힘의 분배와 균형의 관점에서 우려한다(Bennett 2013;

---

2   일견 극적전환이라고 평가되는 평창올림픽 즈음의 남북관계 개선은 "핵무력 완성을 달성한" 북한이 고립과 압박을 돌파할 수 있는 유일한 대안이었을 것이다.

Scobell 2005; Roy 2009). 북한을 당연히 수복해야 할 땅으로 생각하지만 정작 전시작전권이 없는 한국, 북한 지역을 역사적으로 자기 영역의 일부로 여기는 중국(CFRUSS 2012, 4), 기지국가에서 전장국가로 탈바꿈 중인 일본(남기정 2016; Cho and Shin 2018), 반세기 넘게 한국과 일본에 주둔 중인 미국, 그리고 미국과 각을 세움으로써 냉전시대 양강의 위상을 회복하고 싶어 하는 러시아까지 모두 북한 문제 논의에서 소외되지 않도록 적극적으로 경쟁에 나서게 될 것이다. 그 과정에서 극심한 지역질서 불안정성은 필연적이라고 할 수 있다.

둘째, 인도주의자들은 북한 체제 불안정성 및 붕괴에 따른 의도되지 않은 후속 효과로부터 야기될 수 있는 안보 불안을 보다 개인적 차원과 인권의 측면에서 주목한다(이신화 1998; Hughes 2006; Söderberg 2006). 각종 지표에 의하면, 북한은 '실패한 국가(failed state)'이다.[3] 북한 그 자체로 위협적이기 보다는 자원 배분의 비효율성과 이로 인한 국민들의 정권에 대한 불만족도의 상승과 같은 구조적 불안정성을 내포하고 있다는 점에서 더욱 위협적이라고 이해된다.[4] 북한 지도부의 거버넌스의 실패는 단순히 국내정치적 불안에 머무르지 않는다. 영양실조와 열악한 위생수준으로부터 전염병이 창궐하고, 북한정권의 감시와 통제가 소홀해진 틈을 타 대규모 북한 주민들이

---

[3] 2017년 취약국가지수(FSI, Fragile States Index)에 따르면 북한은 93.3/120을 획득해 178 조사국 중 30번째로 체제 불안정성이 높은 것으로 조사되었다. 이는 취약 단계 중 가장 심각한 경보 수준에 해당한다. 참고로 취약국가지수는 실패국가지수(Failed States Index)의 변경된 명칭이다. http://fundforpeace.org/fsi/(접근일: 2018.02.11.).

[4] '실패 국가(failed state/pariah state/fragile state/weak state)가 안보 위협인가?'라는 질문은 여전히 논쟁적이다. 위협이라고 보는 견해는 다음을 참조. The European Security Strategy(2003), The US National Security Strategy(2002). 위협이 아니라고 보는 견해는 다음을 참조. Patrick(2011). 앞서의 대 전제와 별도로 '북한이 실패 국가인가 아닌가'에서도 설전이 벌어지고 있다. 북한을 실패 국가로 보는 견해는 다음을 참조. Bechtol(2011). 북한을 실패 국가로 보는 데 반대하는 의견은 다음을 참조. Pearson(2011).

경제·정치적 이유로 국경을 넘고, 탈북 주민들의 재사회화 실패로 한국 사회가 분열되는 시나리오처럼 혼란은 국경을 넘어 발생하게 될 것이다. 또한 북한은 세계 최악의 인권 유린국이다(CoI Report 2014).[5] 인도주의적 안보 연구자들은 국제사회가 보다 적극적으로 인권보호를 위한 예방책을 강구해야 한다고 주장한다(이신화 2012).

역설적이게도 이러한 인도주의적 주장이 국가가 개인의 인권 보호에 실패하는 경우 국제사회가 적극적으로 개입해야 한다는 인도주의적 보호책임성(R2P, responsibility to protect) 원칙과 맞물려 네오콘의 북한 정권 교체와 선제타격론에 힘을 실어주는 상황이 벌어지기도 했다.[6] 그러나 2000년대 아프가니스탄과 이라크, 시리아, 리비아에서 이루어진 외부로부터의 체제변경이 실패로 돌아가고, 첫 번째 경로에서 우려하는 것처럼 동아시아에서 급격한 힘의 공백 사태로 벌어질 후속 여파에 대한 대비책이 부족한 가운데 일방적인 힘에 의한 북한의 정권교체 혹은 붕괴는 최선책이 될 수 없다는 방향으로 국제사회의 여론이 선회하였다. 특히 자연붕괴설이 회자된 지 30여 년이 지났지만 온갖 경제적 제재와 외교적 압박에도 불구하고 북한은 여전히 붕괴되기는커녕 건재하다는 점, 그리고 기대했던 북한 안으로부터의 체제 전복을 위한 시도가 감지되고 있지 않고 있다는 점에서 자연붕괴론의 설득력은 축소되었다. 앞서 북한 위협론에 대한 두 이해와 마찬가지로

---

[5]   2013년 3월 21일 국제연합 인권위원회(The United Nations Human Rights Council)는 결의안 22/13에 E라 북한의 인권 침해 실태를 심층적으로 조사하기 위한 위원회(CoI, Commission of InquiryCoI)를 발족하였다. 멈추지 않는 북한 정권의 행태에 국제사회의 적극적 대응이 필요함을 강조하였다("There can be no longer excuse for inaction.") (CoI 2014).

[6]   과연 폭력적 수단이 정의로운 목적 달성을 위해서 정당화될 수 있는지에 대한 공방은 북한 이슈 이전에 이미 미국의 대테러전 수행과 관련해서 활발히 논의된 바가 있다. 정전론(正戰論, justice of war)에 관해서는 다음을 참조. Hehir and Murray(2013); Orford(2013); Roff(2013); Thakur and Weiss(2009).

북한 위협의 해소 방안 강구를 위해 북한은 과연 어떠한 위협인지 이해하는 것이 과제로 남아있다.

4. '북한 위협' 성격의 재규정 필요성

미국의 북한 위협인식에 대한 다양한 이해를 제공함에도 불구하고 소개한 세 담론들은 공통적으로 북한이 바로 지금 우리에게 어떤 위협인지를 알려주지 않는다. 그 결과, 북한 위협 해소를 위한 제안들에 대한 정확한 평가가 이루어지지 못하고, 또 어느 방안에도 힘이 실리지 못하고 있다. 따라서 우리가 지금 북한 위협 해소를 위해 당장 답을 구할 질문은 광인론과 억지론, 자연붕괴론이 공통적으로 문제로 삼은 '북한은 왜 위협인가'라기 보다는 '북한은 어떠한 위협인가'이다. 또한 기존 연구에서는 위협이 될 만한 외부적 조건이 동일하더라도 모든 구성원들이 동일하게 위협으로 인식하지 않을 수도 있다는 점 역시 선행 연구에서 간과하였다. 이 같은 주류 국제안보담론의 이론적 한계는 북한뿐만 아니라 북한과 유사하게 물리적 힘의 부존에도 불구하고 세계 안보의 위협으로 지목된 소위 실패한 국가들(failed states) 혹은 불량국가들(rogue states)의 위협론을 설명하는 데에서도 동일하게 적용된다. 북한, 시리아, 리비아, 이란이 미국과, 유럽, 한국에게 과연 동일한 성격과 강도의 위협일까?[7] 그리고 대응법도 동일할 것인가? 이 같은 한계를 극복하기 위해서는 단순히 외부적 요인의 나열이 아니라 어떻게 이러한 외부적 조건들이 위협으로 인식되게 되었는지 그 조직 원리에 관심을 기울일 필요가 있다. 다음

[7] 화행이론(speech-act theory)이 언어의 구체적 사용법에 주목하여 특정 사안의 공론화 및 정치화 과정에 관심을 기울였다면, 본 연구에서는 위협 요인이라는 외부 세계가 아니라 위협이라고 인지하는 주체의 내부적 동학에 주목한다.

절에서는 주류 안보이론의 기본 가정을 오늘날 당면한 안보 위협에 비추어 검토하고 북한 위협 해소를 위한 대안적 가정을 제안한다.

Ⅲ. 위협 인식의 성찰주의적 이해

이번 절에서는 실증주의적 안보관이 바탕으로 삼고 있는 핵심적인 인식론과 존재론적 가정들에 대해 오늘날 변화된 안보 환경을 들어 비판을 시도하고, 보완을 위해 성찰주의에 기반 한 대안적 가정들을 제시한다. 한 가지 주지할 것은 본 논문에서는 냉전시대를 풍미한 실증주의적 안보 패러다임의 한계를 비판하는 데 그치지 않고 이를 보완하는 데 목적이 있다. 대안적 안보 패러다임의 구축을 위해 본 논문에서는 성찰주의적 가정을 참고하였으나 실증주의와 성찰주의가 반드시 이분법적 대립, 대항의 관계에 있다고 보지 않으며 메타이론으로 이 두 입장만 있다고 단정 짓지도 않는다. 본 절에서 특별히 논의의 대상으로 삼는 메타적 가정 세 가지는 다음과 같다.

1. 가정 1: 안보 위협은 제거될 수 있다.

실증주의적 인식론에 따르면 A가 위협이라서 우리가 위협으로 인식한다고 이해된다. 이에 반해 성찰주의는 우리가 A를 위협으로 인식

했기 때문에 위협이 되었다고 설명한다. 늑대, 쥐, 벼룩, 바이러스 어느 것도 처음부터 인간에게 위협이 되기 위해 태어난 것은 아니었다. '위협'은 그들의 존재의 목적이 아니다. 다만, 특정 조건과 맥락에서 특정한 누군가에게 위협이 되었을 뿐이다. '위협'이란 실증주의적 안보관과 달리 다분히 주관적이고 내부적 과정에 의해 결정된다. 또한 이러한 위협인식은 진공 상태의 단일 행위자가 독단적으로 결정할 수 있는 것이 아니라, 반드시 그 행위자가 맺고 있는 '관계' 안에서 생성되는 것이라는 점에서 '위협'은 어디까지나 상대적이다. 누구에게 어떻게 얼마나 위협적인지는 절대량에 의해서가 아니라 상대량으로 결정된다. 그러므로 위협 요인이란 시대에 따라 얼굴을 달리할 뿐 인류와 늘 함께 했다. 이전 시대의 위협 요소(예: 늑대, 쥐, 벼룩, 바이러스)가 소멸하는 것은 아니기 때문에 안보 위협이란 점점 더 늘어날 수밖에 없다. 오히려, 위협은 파괴나 제거의 대상이 아니라 '관리'의 대상이다.

그러므로 '북한'이 사라지면 '북한 위협'도 사라질 것이라고 믿는 북한 선제타격론이나 자연붕괴론은 지나치게 순진한 발상이라 비판될 수 있다. 북한 위협을 단순히 북한이라는 일개 행위자의 문제로 국한하는 것은 '북한=위협'이라는 일면적 행위자성에 집중한 연역적 결과이다. 또한 이는 북한이 맺고 있는 '관계성'을 고려하지 않은 결과이기도 하다. 광인론과 억지론 모두 북한은 북한을 위협으로 인식하는 행위자들에게만 위협이며, 보다 폭넓게는 북한이라는 영세국이 위협으로 비화된 구체적 안보 환경의 조건 안에서 위협일 수 있다는 점을 간과하고 있다. 위협의 '관계성'과 '상대성'을 무시한 위협인식 아래서는 북한이 사라져도 그 구조적 공백을 메울 또 다른 위협 요인이 부상하게 될 것이다. 결국 인식 구조가 변화되지 않으면 그 구조에 의해 지배되는 행위자성도 쉽게 변화되지 않을 것임을 알 수 있다.

따라서 안보 위협이 제거될 수 있다고 믿는 실증주의 안보관의 첫 번째 가정은 반박된다. 대신 본 연구에서는 안보 위협은 제거되지 않으며 오히려 시간이 지날수록 증가하기 마련이라고 전제한다.

2. 가정 2: 위협은 이질적인 존재의 외생적 발현이다.

현대 안보 패러다임에 영향을 미친 바이러스성 면역학적 패러다임에서, '아(我)'와 '비아(非我)'의 이분법적 분류는 오늘날 더 이상 적실성을 가지지 못한다(조은정 2017). 나와 동질한 것은 모두 나의 웰빙을 증진한다고 믿었던 가정은 류마티즘과 같이 스스로 자신의 면역세포를 공격함으로써 발생하는 질환을 발견하면서 반박된 지 오래이다. 현대인들의 흔한 질환이 되어버린 '비만'의 원인 역시 다름 아닌 '나의 살(fat)'이다. 동질성으로 말미암아 비만의 위험성이 면역체계에서는 위협으로 감지되지 못하여 존재가 스스로 위험에 빠질 수 있다는 사실은 동질성이 반드시 우호적인 것은 아님을 말해준다. 오히려 백신접종이나 장내 박테리아처럼 이질적인 것이 나의 웰빙(well-being)에 기여하는 경우도 쉽게 찾아볼 수 있다. 이처럼 '동질성-이질성'의 프레임으로는 더 이상 21세기 안보 환경을 설명하기 어렵다. 그 결과, 면역학에서는 '위험모델(danger model)'과 같이 적과 동지는 태생적 '유사성'이 아니라 태도의 '우호성' 여부로 구분되는 방향으로 선회하고 있다(Matzinger 2007).

마찬가지로 국제 안보에서도 동질성이 반드시 우호적이지 않을 수 있고, 또한 이질성이 반드시 적대적인 것만은 아님이 발견된다. 냉전 말기에 큰 호응을 얻었던 민주 평화론(democratic peace theory)은 체제적 동질성에 기반 한 안보 가능성을 주장한 대표적 이론이었다(Doyle 1983). 민주주의 국가들은 민주주의 가치의 공유와 체제 유사성으로부터 서로 전쟁에 이를 가능성이 적다는 주장을 폄으로써 냉전시대 공산주의 체제에 내재된 호전성과 공산국가들이 민주화되어야 하는 이유를 제공하였다. 그러나 공산주의가 몰락하고 공산권이 민주화된 지 30여 년이 흘렀지만 종교와 인종 갈등, 사회통합 실패 등의 이유로 민주주의 국가들 사이에서도 아직 평화는 요원하다.[8] 2월 연례회의를 앞두고 뮌헨 안보회의 의장 볼프강 이싱거는 2017년도의 한반도, 동유럽, 걸프만 분쟁을 거론하면서 "단 하나의 잘못된 결정이 연쇄 충돌의 방아쇠를 당길 수 있는 위험한 상황"이라고 우려를 나타내었다(동정민·위은지 2018). 미국, 중국, 일본, 러시아, 인도 그리고 유럽까지 냉전 이래 최대 국방비 증액에 앞 다투어 나서고 있는 상황에서 이러한 우려는 현실이 될 가능성이 높아 보인다(동정민·위은지 2018). 냉전 시대 꿈꾸던 민주화를 이루었는 데도 국제 질서는 왜 여전히 불안정한가? 자아성과 타자성으로 적과 동지를 구분한 주류 안보관에서 '동질성'에 대한 과도한 집착과 '이질적' 존재에 대한 배타성이야말로 안보 위협은 아닌지 되짚어 볼 문제이다.

면역학에서 패러다임의 대 전환이 오늘날 국제 안보 연구에 주는 또 다른 함의는 패러다임에 따라 무엇이 위협인지 아닌지가 결정될 수 있다는 점이다. 가령 조울증, 공황장애, 불안장애, 소진증후군과 같은 신경증적 질환이 21세기에 처음 등장한 것은 아니었으나 바이러스성 질환 중심의 기존의 면역학적 패러다임에서는 질병으로 인식되지 못하다가 신경성 패러다임으로 전환되면서 이들 질환의 심각성이 비로소 드러난 것처럼 말이다. 마찬가지로, '북한 위협'이란 기존의 주류 안보 패러다임에서 특정된 위협이라는 점을 유념할 필요가 있다.

---

[8]   민주 평화론에 대한 보다 종합적인 반박은 다음 연구를 참조. Layne(1994), Risse-Kappen(1995), Barkawi and Laffey(1999), Desch(2007/8).

다시 말해, 패러다임에 따라 '북한 위협'의 성격이란 달라질 수도 있다는 점이다. 그러므로 성찰주의적 인식론에서 '위협'이란 고정된 것이 아니며, 안보 패러다임에 따라 유동적이라고 이해된다. 따라서 '위협'은 외생적 요인이라고만 단정 지을 수 없다. 오히려, 위협은 위에서 논의한 것처럼 실체적으로나 인식론적으로나 내생적으로 발생한다고 보는 편이 오히려 타당하다. 이 점에서 위협을 이질적인 요소의 외생적 구성이라고 보는 두 번째 가정 역시 오늘날 안보 환경을 설명하는데 부적합하다.

3. 가정 3: 궁극적으로 위협이 제거되면 안보가 증대된다.

만일 이 가정이 타당하다면 미국이 테러리즘을 지원한 수장으로 지목한 오사마 빈 라덴과 사담 후세인과 카다피가 모두 제거된 지금, 세계와 미국의 안보는 증대되었어야 마땅하다. 그러나 미국의 2017년 국가안보전략 보고서에서도 우려한대로 알카에다와 ISIS가 그들의 공백을 채웠고, 세계는 자생적 테러리즘의 위협으로부터 여전히 안전하지 않다(NSS 2017). 이는 미국이 불량국가로 지목한 이란과 파키스탄, 북한을 모두 제거해도 마찬가지일 것이라고 유추해볼 수 있다. 위협이 제거되어도 안보가 증진되지 않는 이유로 다음의 두 가지 가능성을 생각해 볼 수 있다. 첫째, 위의 첫 번째 가정의 대안적 토대로 논의한 위협 인식의 주관성에 의하면 '북한 위협'은 북한의 것이 아니라 북한을 위협이라고 인식하는 행위자의 것이다. 그렇다면, 그 행위자의 위협인식이 변화되지 않는 한 안보 환경은 개선되지 않을 것이다. 둘째, 앞서 두 번째 대안적 가정처럼 위협 요인의 내생적 가능성으로부터이다. 암이나 지방처럼 실제로 내부에서 생성될 수 있다면 나와 구분되지 않는 나를 분리하려다가 오히려 존재의 생존까지 위협할 수 있을 것이다. 이 경우 무차별적 위협 요인의 소거가 오히려 존재의 안보 불안을 가중시킬 것이라고 짐작해볼 수 있다.

[표 1] 안보 패러다임의 비교

가정	실증주의적 안보관	성찰주의적 안보관
1	안보 위협은 제거 될 수 있다. 위협 요인을 행위자성으로부터만 파악 위협 요인의 객관적 실체성 강조	안보 위협은 제거되지 않고 증가한다. 위협 요인 파악 시 구조적 요인도 고려 위협 인식의 주관성과 상대성 강조
2	위협은 외생적이다. 이질성과 타자성이 위협 유무의 척도	위협은 내생적이다. 적대성과 유해성이 위협유무의 척도
3	위협이 제거되면 안보가 증대된다.	위협이 제거되었다고 안보가 반드시 증진되는 것은 아니다.

종합하면, 시대 별로 안보 위협은 변화되어 왔으나, 이는 새로운 안보위협이 발생한 것이라기보다는 역사·사회적 맥락에 따라 동시대인들의 위협인식이 변화했기 때문이었다(조은정 2017, 182). 이와 같이, '안보 위협'이란 기존의 안보 위협이 다른 것으로 대체되기보다는 이 전 시대의 위협 요인들에 더해지면서, 시간이 지날수록 줄어들지 않고 증가하기 때문에 궁극적으로 우리는 안보 위협을 제거할 수 없고, 오직 위협을 적절히 제어·관리할 수밖에 없다는 결론에 다다르게 된다.[9] 그러나 냉전과 탈냉전이 중첩된 21세기에도 우리는 냉전적 위협인식에 경도되어 안보 현실과 안보 인식 간의 괴리가 커지고, 이에 대한 적절한 대응에 실패하면서 더욱 안보 불안을 자초하고

---

[9]　이것이 국제정치학에서 '안보' 개념이 확장될 수밖에 없는 논리적 귀결이다. 전통적 현실주의 안보 연구에서는 신흥안보/비전통안보의 등장을 두고 '안보' 개념의 남용이라고 비판한 바 있다. 그러나 이는 시대별로 안보 환경과 안보 질서 패러다임이 유동적으로 변동해 온 사실을 무시한 몰역사적 이해이다.

있는 듯이 보인다. 탈 냉전기에 점점 적과 아군을 구분하기 어려워지는 위협 양상의 변모에도 불구하고 대량살상보복전략(mass retaliation strategy), 외과적 수술(surgical strike)과 같은 '외부' 위협 요인의 '제거'를 목표로 하는 냉전적 대응 방식을 고집함으로써 안보 불안을 오히려 키우고 있기 때문이다. 탈냉전시대에 내생적인 위협과 적과 동지 간의 모호해진 경계 그리고 이러한 변화가 안보환경에 미칠 영향에 대한 몰이해가 스스로 위험을 자초하고 있지는 않은지 따져 볼 문제다. 단순히 이질적인 것을 색출, 제거하면 안전해진다는 가정은 오히려 존재(Self)에도 치명적인 결과를 낳을 수 있기 때문이다(조은정 2017, 190).

이처럼 더욱 복잡해진 안보질서를 이해하지 못한 채 과거의 방식으로 미래의 적을 상대하려 한다면, 스스로의 안보를 위협하는 모순적 상황을 자초하게 될 것임은 너무나 분명하다(조은정 2017, 184-191). 따라서 새로운 안보 위협을 보다 잘 이해하기 위해서는 신흥안보연구의 개설처럼 단지 새로운 위협요인들을 목록에 추가하는 데 그칠 것이 아니라, 이러한 안보 위협이 등장하게 된 안보환경의 변화를 이해하기 위한 안보이론의 메타 이론적 대 전회가 시급하다(조은정 2017, 184-5). 이어지는 4절에서는 위에서 비판한 실증주의적 안보 가정들의 한계를 보완할 수 있는 대안적 개념으로 면역학적 패러다임에서 빌어온 '신경성 폭력'을 소개하고 이를 통해 '북한 위협'을 설명한다.

Ⅳ. 구조화된 신경성 폭력으로서 북한

북한에 대한 가장 흔한 오해는 북한 정권 혹은 북한 핵무기만 없어지면 '북한 위협'이 사라질 것이라고 생각하는 것이다. 이 경우 해법으로는 냉전적 안보 패러다임에 근거하여 선제타격과 자체붕괴 유도가 제시된다. 그러나 다음과 같은 점에서 북한 위협에 대한 근본적인 검토와 안보 패러다임에 대한 보완 및 재편이 필요하다고 보인다.

1. '신경성 폭력'의 성격

북한의 군사적 위협은 주류 안보 이론의 가정과 달리 전쟁과 같은 고강도의 폭력적 '사건(event)'이라기보다는 지난 70여 년간 지속되어온 이제는 '일상(routine)'화된 위협이다. 한국 전쟁 이후 본격적인 교전은 벌어지지 않았지만 남과 북은 팽팽하게 대치해 왔으며, 미국과 중국, 일본도 지리적 거리와 무관하게 한국과 마찬가지로 북한 문제로 피로감을 느끼고 있다. 이처럼 항구적 긴장 상태로부터 비롯된 불안을 존재에 지속적으로 가중시키는 형태의 폭력을 본 연구에서는 '신경성 폭력'이라고 지칭한다(한병철 2012; 조은정 2017). 북한 위협은 이 점에서 생존을 직접적으로 위협하는 폭력이기 보다는 존재를 늘 불안하게 만드는 '신경성' 폭력이라고 이해된다.

신경성 폭력은 반드시 시기와 장소, 주체와 객체를 특정할 수 있는 두드러진 사건으로부터 기인하는 것은 아니다. 심지어 당사자들도 폭력의 원인과 시작을 인지하지 못하는 가운데 그 폭력의 결과가 심각한 수준까지 악화된다. 신경성 폭력은 바이러스에 의한 감염이나, 물리적 폭력에 의한 외과적 손상처럼 그 질환이 쉽게 드러나지 않을 뿐만 아니라 당사자가 스스로 문제의 심각성을 자각하지 못하는 경우가 대부분이다('비자각성'). '비자각성'은 비단 피해자에만 국한되지 않는다. 가해자의 경우도 역시 자신이 가해자인지 모르는 경우가 대부분인데, 이는 미미해 보이는 폭력이 상시적이고 관습적으로 행해지면서 구조화되어 구성원들의 행위에 죄의식 없이 스며들기 때문이다. 죄의식 없음은 신경성 폭력 피해자가 자신에게 책임을 돌릴 때 주변에서 동조하거나 묵인함으로써 다시 폭력을 가할 수 있는 여지를 남긴다. 따라서 신경성 폭력의 사례에서는 전통적인 가해자와 피해자의 이분법적 구도와 달리 그 둘의 경계가 모호해짐으로써 가학성과 피학성이 단일 행위자에 공존하는 특성을 보인다. 다시 말해, 신경성 폭력의 당사자는 피해자인 동시에 가해자 혹은 가해자인 동시에 피해자가 될 수 있다('양가성'). 피해자가 문제를 자각하더라도 외부에 도움을 청할 생각을 못하는 것은 자신이 겪는 문제의 원인을 자신으로부터 찾기 때문이다. 피해자가 폭력 원인과 자신을 일체화한 결과, 문제의 책임을 자신에게서 찾기 때문에 자신이 변하면 문제는 해결될 것이라고 믿는 논리적 구조가 만들어진다. 이처럼 폭력의 원인과 결과를 구분하기 어려운 모호성 때문에, 문제가 사라지지 않으면 자신부터 문제 해결의 제물로 삼는 비극적 결과를 초래하게 된다('내생성'). 기존의 바이러스성 패러다임에서 '광인' '비정상성'에 대해 사회적 이해의 장은 협소하다. 그 결과, '광인' 혹은 '비정상인'은 조직적인 치료나 돌봄 대신, 사회에서 조직적으로 격리되거나 심지어 제거 당하는 운명을 맞는다(푸코 2010). 객관적 요건이 아니라, 무엇이 '정상'인지 규정하는 사회적 담론에 의해 이들은 공동체에서 위협으로 규정되는 것이다.

따라서 신경증에 대한 일반적 이해와 달리 신경성 폭력은 단순히 개별 행위자나 사안의 특수성에 기댄 독립적 폭력이라기보다는, 의도했든 아니든 구성원들에 의해 상호적으로 구성되고 있다고 보는 편이 더 타당하다. 그러나 새로운 세기 안보 환경이 빠르게 변화하고 있음에도 불구하고 무엇이 위협인지 아닌지를 가늠하는 중요한 잣대가 될 새로운 안보 패러다임의 개발이 지연되고 있다. 그 결과, 구조적 폭력임에도 불구하고 신경성 폭력에 대한 방어는 철저히 개인적 차원으로 전가되고 상시적 위협이기 때문에 사안의 긴급성이 무시되었다. 이는 앞서 논의한 실증주의적 안보관과 성찰주의적 안보관의 기본 가정의 차이에서 보듯이 구성원들 간의 안보/위협 인식론적 부정합에서 원인을 찾을 수 있다.

[표 2] 신경성 패러다임의 전통적 패러다임과의 비교

	바이러스성 폭력	신경성 폭력
촉발 요인	관찰 가능한 물리적 공격 인과관계가 대개 분명함	관찰이 어려운 억압적 기제 인과관계가 분명하지 않음
폭력 현상	즉각적으로 갈등이 표면화됨 외생적 폭력	즉각적으로 갈등이 표면화되지 않음 내생적 폭력
위협 인식	폭력의 책임소재 분명 피해자와 가해자는 분명히 구분됨 폭력성의 행위자적 특수성 강조	폭력의 원인과 책임소재 불분명 피해자와 가해자의 구분 불분명 폭력성의 구조적 보편성 강조
문제 의식	기존의 패러다임에서 문제로 자각, 인식됨	기존의 패러다임에서는 문제의 심각성이 드러나지 않음

2. '북한 위협'의 신경증적 성격

북한 위협의 신경증적 성격은 최근에 벌어진 일련의 해프닝 속에서 잘 나타난다. 북한은 동해상에서 미사일/로켓 실험을 계속해오면서 주변국의 핵미사일 공포를 점증적으로 높여왔다. 상상만으로도 전쟁은 이미 현실이 되었다. 2018년 1월 내재된 북한에 대한 위협인식과 핵공포가 집단 파라노이아와 히스테리로 미국과 일본에서 나타났다. 먼저 1월 13일 오전 미국 하와이에서 탄도미사일 위협을 알리는 경보 문자를 받고 시민들은 공황상태에 빠졌다(Cohen 2018). 38분 뒤 거짓 경보로 밝혀졌지만 집단 공황상태와 히스테리는 그 후에도 한동안 지속되었다(WTOL 2018). 불과 사흘 뒤인 1월 16일 저녁 6시 55분 일본에서는 북한발 미사일 위협을 알리는 경고 메시지가 방송과 문자 메세지등으로 전송되었다(Fifield 2018). 2017년 11월 29일 북한이 미국 본토를 사정권 안에 둔 핵무력을 완성했다고 선전한 뒤, 하와이에서는 12월에 북한 미사일 공격에 대비 대피 훈련을 치른 적이 있던 터라 사람들은 경보에 민감히 반응했다. 실제로 2017년 8월과 9월에 실제로 북한 미사일이 영공을 지난 일본 역시, 며칠 후 도쿄에서 북한의 미사일 공격 대비를 위한 첫 대피 훈련이 예정되어 있을 정도로 일본 내 북한 위협 인식이 고조된 터라 일본인들은 퇴근길에 (전쟁 없이도) 전쟁을 경험하였다(Stumer and Asada 2018).

이 같은 해프닝에서 보듯이 북한은 아무 것도 하지 않아도 그 존재 자체로 동북아 지역 질서의 불안을 가중시켰다. 북한 정권이 이처럼 공격성을 직접적으로 드러내지 않을 때에도, 그리고 심지어 1990년대 북한에서 연이은 자연재해로 북한 주민들이 식량난에 처해서 대규모 경제 난민이 월경을 감행하고 북한 정권이 스스로의 존립 여부조차 장담할 수 없었던 최약체의 순간에도, 북한은 한국과 주변국에 위협적 존재로 인식되었다. 이는 북한 위협이 북한으로부터만 기인하지 않음을 말해준다. 한반도 긴장의 원인은 북한으로부터 시작되었다 하더라도, 하와이와 괌을 포함하는 아시아 태평양 전체가 안보 불안과 군비경쟁에 휩싸이게 된 것은 이 지역에 내재된 안보 구조적 취약성 때문일 수 있다. 북한 위협을 이유로 들어 미국과 중국, 그리고 헌법에서 군대를 보유할 수 없도록 규정한 일본까지 군사력 증강에 뛰어듦으로써 이 지역 국가 모두가 북한을 포함한 이 지역의 안보 불안 심화를 자초하고 있다는 사실에서 보듯이 말이다(하영선 외 5인 2015). 다시 말해, 탈냉전기 신경성 폭력은 국제 관계에서 시스템의 비만 즉, "국가성의 긍정과잉에 의한 시스템의 과부화"로부터 비롯된 것일 수 있다(조은정 2017, 197).

이들 국가들이 모두 경쟁적으로 완전한 주권을 향한 현상변경을 갈구하는 것은 이들의 지연된 현실인식, 다시 말해 근대의 핵심 행위 주체로서 국가의 역할을 탈근대에서도 지나치게 초점을 맞춘 결과, 국제정치의 불안요소를 국가 행위자의 불완전성에서 찾고 있기 때문이다. 그 결과 베스트팔렌체제하에서 완전한 국가주권 완성에 대한 강박적인 열망이 국가들 간의 국민국가건설 경쟁을 심화하고, 끝없는 현상변경에 대한 욕구가 계속해서 구조적 불안정성을 낳고 있다. 이러한 구조적 불안정성은 특히 식민주의를 경험한 비 서구 국가들에서 여전히 두드러진다. 이들 국가들은 근대에 만국공법체제를 강압적인 형태로 접하면서 베스트팔렌체제의 이상과 현실의 괴리를 체험하였다. 이러한 괴리를 서구 국가들은 이상을 현실에 맞추어 수정 보완함으로써 좁히려고 노력해 온 반면, 주권을 침탈당하는 트라우마를 겪은 국가들은 이상에 현실을 맞춤으로써 현상변경을 통해 이상과 현실 간의 괴리를 맞추기 위해 노력해 왔다.

동아시아는 이 같은 구조적 불안정성을 보이는 대표적인 예라고 할 수 있다. 현재 동아시아 국가들의 현실인식은 "두 개의 한국, 두 개의 중국, 그리고 비보통국가 일본"으로 요약되므로, 베스트팔렌 체제하에서 이들 국가들의 근대국가 형성 과업은 여전히 미완으로 이해된다(전재성 2017, 8). 이 같은 견해에 따르면 동아시아 지역 질서의 불안정성을 타개할 해법은 제국주의와 냉전 시대를 거치면서 침탈당하여 '불완전해진' 국가주권의 회복에 있다. 즉, 동아시아에서 국가주권의 회복이란, 한국과 북한은 '통일'을, 중국은 대만과의 통합을, 그리고 일본은 보통국가로의 회귀이다. 이들 국가들 간의 승인 경쟁은 과열된 결과, 중국의 동북공정과 일본의 독도와 북방5도의 영유권 주장, 중국의 센카쿠 열도 영유권 주장처럼 '잘못된' 과거를 바로 잡기위해 오히려 '과거 이전의 과거'로 회귀하려고 하는 반동적 움직임까지도 곳곳에서 포착된다. 상대를 소거함으로써 나의 안보를 달성하고자 하는 이 같은 노력의 종착점은 결국 현상회복이 아니라 '현상변경'이다. 그러므로 동아시아 지역의 안보 불안은 어떤 특정 국가 행위자의 단독 원인에 의해서 촉발되었기보다는 이들 국가들의 현상인식(the perception of reality)과 현상타파의 방법으로 상정된 이상형들(ideal-types) 간의 극심한 부정합이 국가들 간에 연쇄적으로 충돌하면서 빚어진 구조적인 문제라고 볼 수 있다. 따라서 안보 딜레마를 잠재울 신뢰나 안보 체제가 뒷받침되지 않는다면, 혹은 현상변경을 요구하는 인식론적 동력이 이 지역에서 변화되지 않는다면 오늘 북한이 사라진다 해도 언제든지 새로운 안보 위협이 이 지역에서 등장할 것이다. 따라서 '북한 위협'은 앞서 행위자(agency) 수준의 문제이기 전에 구조적(structure) 차원의 위협일 수 있다. 그러나 이처럼 북한 위협의 구성 원리에도 불구하고, 앞서 설명한 신경성 폭력처럼 행위자 중심의 해결안만을 여전히 강조하고 있다는 점에서 안보/위협 인식에 대한 인식론적 전환이 시급히 필요하다.

정리하면 마치 바이러스성 폭력에 집중한 면역학적 패러다임으로는 우울증, 만성피로, 공황장애, 소진증후군과 같은 신경성 질환들이 그다지 심각한 질환으로 인식되지 못하는 것처럼 기존의 안보관으로부터 '북한 위협'은 오해되었을 가능성이 크다. 가령, 앞서 논의한 신경성 폭력의 '양가성'으로부터 북한이 북한 밖 세상에 취하는 호전적 태도가 북한 스스로는 존재의 안보 불안으로부터 비롯된 신경증적 반응일 수 있지만, 냉전적 안보관과 타자의 시선에서는 전쟁을 염두에 둔 외과적/바이러스성 폭력으로 읽힐 수 있기 때문이다. 앞서 소개한 북한의 신경증적인 반응들은 근본적으로 핵을 갖기 이전과 다를 바 없다. 그렇다면, 북한의 핵무력 완성 선언으로 종래의 남북관계나 북미 관계가 크게 달라졌는가? 본질적으로 아무것도 없다. 관여적 억지주의자 데이비드 강도 2002년 10월 북한이 핵실험을 고백하면서 국제사회에 충격을 주었지만 객관적으로 이후 북한의 대외전략과 태도에 큰 변화가 없었다는 점을 들어 북한 정책 목표의 일관성을 주장한 바 있다(데이비드 강 2007, 175). 각종 군사무기 개발과 호전적 태도에서 보여준 북한 정책의 일관성이란, 바로 북한이 자신에 대해 적대적 태도를 견지하는 압도적인 군사경제 거인 앞에서 "순수한 안보 불안"을 가지고 있으며 이러한 가장 기본적인 생존 불안을 해소하는 방향으로 북한의 대외정책이 줄곧 실천되고 있다는 것을 뜻한다(데이비드 강 2007, 175). 따라서 "북한이 전투적인 '일대 도박' 또는 '먼저 때리기'가 최선이자 유일의 대안이라고 생각하는 상황에 직면"하지 않도록 미연에 조치하는 것이 북한 위협 해결의 최우선책일 것이다(빅터 차 2007). 위와 같은 현실인식으로부터 북한의 위협은 병(동아시아 안보 불안)의 원인이기 보다는 위에서 설명한 동아시아의 구조적 안보 불안정성으로부터 기인한 병리적 현상의 결과라고 이해될 수 있다.

또 다른 한편으로는 이처럼 구조화된 신경성 폭력으로 북한 위협이 일상화된다면 북한 정권이나 핵무기와 같은 실체적 위협요인이 물리적으로 제거되더라도 인식론적으로 북한 위협론은 쉽게 사라지지 않을 것임을 말해준다. 적(敵)의 역사에서 시대 별로 안보 위협은 변화되어왔으나, 이는 이들 위협이 사라진 것이 아니라 다른 위협으로 대체되었을 뿐이며, 그리고 이 같은 위협의 변화는 역사·사회적 맥락에 따라 동시대인들의 위협인식의 변화에 따른 것처럼 말이다(조은정 2017, 182). 현재와 같은 동아시아 지역과 세계 안보 구조의 취약성 아래에서는 북한이 사라지면 제2의 북한이 등장할 것이다. 따라서 북한이라는 문제적 행위자의 제거가 '북한 위협'의 근본적 해법이 될 수 없다. 신경증에 가까운 북한 위협에 외과적 타격술 혹은 예방적 공격을 도입하는 것은 증상에 부합하지 않는 처치 방법이다. 북한 문제의 궁극적인 해결책을 구하기 위해서는 북한이 아니라 동아시아 지역으로 시각을 확대해야 한다.

V. 결론

본 연구는 단순한 위협요인의 추가가 아니라 위협인식의 전환을 통해서만이 오늘날 위협에 효과적으로 대응할 수 있다고 설명하였다. 이는 북한 문제에 있어서도 마찬가지이다. 북한은 아직 풀지 못한 오래된 숙제와 같다. 아직 해결되지 못했다면 우선적으로 할 일은 두 가지이다. 첫째, 그 문제를 정확히 이해하고 있는지 다시 짚어볼 필요가 있다. 북한 문제가 한국전 당시와 그로부터 70년이 지난 오늘날 과연 같은 문제인지, 달라졌다면 어떻게 변화되었는지 면밀히 따져봐야 한다. 둘째, 기존 이론과 그 이론이 딛고 있는 인식론과 존재론적 가정이 타당한지 재검토해야 한다. 진단이 달라지면 처방도 달라진다. 혹시 전통적 이론 틀의 타성에 젖어 현실 분석은 잊은 채, 현실을 이론에 맞추려고 하지는 않았는지 반성할 일이다.

이 같은 문제의식 아래 본 연구는 북한 문제에서 항구적 전쟁 상태에 놓인 신경성 폭력이 구조화되는 경향을 포착하였다. 냉전이 종식되었다고 하지만 21세기에 동아시아에서 교전 없는 항구적 전쟁 상태가 지속되고 있는 것은 여전히 동아시아가 탈냉전과 탈식민이라는 역사적 숙제를 완수하지 못했기 때문이다. 바꿔 말하면, 식민과 냉전을 겪으면서 100여 년에 가까운 시간동안 지속적으로 폭력적인 환경에 노출된 결과 동아시아 국가 전체가 소진되고 신경쇠약에 걸려 있기 때문이다. 특별한 군사적 위협이 없어도 동아시아 국가들이 사안마다 예민하게 반응하고 이들 간의 긴장이 고조되는 경향은 모두 지난 역사적 경험으로부터 발현된 것이라고 볼 수 있다.[10]

아울러, 전통적 안보이론에서 '북한 위협'은 행위주체(agency) 수준의 안보 불안 요소로 이해되어 왔다. 즉, 상대를 고려한 관계론적 사고가 아니라 단지 타자성에 기반 한 개체론적 사고의 결과 북한 위협론은 적과 동지라는 이분법적 구도에 함몰되기 쉬웠다. 그러나 본 연구에서는 이 지역의 구조적 안보 불안이 북한이라는 가장 약한 고리로 표출되었다고 이해하였다. 동시에 북한이라는 위협은 북한이라는 행위자로부터 뿐만 아니라 지역 안보질서의 구조적 취약성으로부터도 그 파괴력이 확대될 수 있다고 설명하였다. 이 점에서 기존 안보관으로부터 '북한 위협'은 오해되었을 가능성이 크다. 이 같은 분석으로부터, 앞으로 국제안보 연구에서 북한은 동아시아 불안의 원인이기보다는 다양한 불안의 결과일 수도 있다는 보다 열린 관점에서 북한 위협의 분석이 필요함을 강조하였다.

근본적으로 북한 문제 해결을 위해서는 먼저 동아시아 국가들이 그들의 "완전한" 주권에 대한 강박과 이를 현실화하려는 국제 규범을 넘어선 현상변경 욕구로부터 해방될 필요가 있다. 동아시아 국가들은 각자의 주어진 역사적 노정 속에서 나타난 개별 국가 주권의 특수성을 간과한 채 '보편적' 모델의 동아시아 지역 적용에 매몰됨으로써 동아시아 국가들은 각자 앞에 놓인 현실에 모두 불만족하고 따라서

---

[10] 이처럼 동아시아 정치공간에서 근대와 탈근대, 냉전과 탈냉전, 식민과 탈식민의 구성 원리가 공존하고 있는 만큼 이 같은 복합적 지역질서를 설명할 수 있는 보다 통합적인 안보 패러다임의 개발이 필요한 것은 당연하다.

현실을 바꾸고자 한다. 또한 힘의 정치가 역사적 체험으로 각인되어 있는 이 지역의 국가들은 국제 규범 수호에 대한 의지나 규범 정치가 작동 여부에 대한 신뢰수준도 낮은 편이다. 따라서 현상변경의 기회가 포착될 때마다 국가 이익을 최대화하기 위해 법보다 힘이 먼저 작동하고, 이러한 외교 행태에 대한 죄의식도 적다.

본 연구에서는 이것이 바로 북한이 느끼는 안보적 불안의 핵심이며 이러한 북한의 존재론적 안보불안을 해소하지 않고서는 '북한 문제' 해결은 요원하다고 보았다. 북한을 각국이 정치적 이익을 위한 제물로 삼는 가운데 주변국 모두가 북한을 위협으로 지목한 '북풍'은 이제 오히려 북한에 더욱 위협적인 방향으로 불고 있다. 일본 헌법 개정과 일본의 재무장 추진 정책, 미국과 중국의 동아시아에서 군비 경쟁, 한미일 동맹의 공세적 태도는 안보 딜레마를 가중시킨다. 모두 '북풍'에 군사력 증강의 원인을 돌리고 있지만 경쟁적 군사력 경쟁이 오히려 북한의 안보 불안을 부채질하고 있는 것이다. 이처럼 동아시아 안보 위협으로 북한을 지목하면서 오히려 북한을 압박하고 있는 현재와 같은 안보환경으로는 절대 북한을 국제사회가 원하는 방향으로 변화시킬 수 없다. 북한이 변화되기 원한다면, 먼저 북한이 직면한 '순수한' 존재론적 안보 불안을 인정하고, 동아시아의 집합적 안보 불안 역시 전근대에서 근대로의 강압적 이행과정으로부터 발생한 구조적 결과라는 점을 인지하고 이 지역에서 발생하는 '합리적' 안보불안을 해소하기 위한 방안을 적극적으로 모색할 필요가 있다.

참고문헌

김정은. 2018. "신년사", 『로동신문』, p.1. 2018.01.01.

남기정. 2016. 『기지국가의 탄생: 일본이 치른 한국전쟁』. 서울: 서울대학교출판문화원.

데이비드 강. 2007. "2장 위협적이지만 억지되고 있는 위협", 김일영 역, 『빅터 차 vs. 데이비드 강 관여전략 논쟁: 북핵 퍼즐』, 서울: 따뜻한손.

동정민·위은지. "러시아, 방아쇠 당길 수 있는 상황"-유럽 군비 냉전후 최대증액", 동아일보. 2018.02.13. http://news.donga.com/3/all/20180213/88646791/1 (검색일: 2018.02.13).

로동신문. 2017. "국가핵무력완성의 력사적대업 실현: 새형의 대륙간탄도로케트시험발사 대성공", 1면 사설. 2017.11.29.

리현도. 2018. "미국은 전략적 선택을 바로하여야 한다", 『로동신문』, p.6. 2018.01.10.

리현도. 2018. "얼혼이 나간 정신병자의 절망적인 비명", 『로동신문』, p.6. 2018.01.16.

미셸 푸코. 이규현 역. 2010. 『광기의 역사』. 서울: 나남.

빅터 차. 김일영 역. 2007. "1장 약하지만 여전한 위협", 『빅터 차 vs. 데이비드 강 관여전략 논쟁: 북핵 퍼즐』. 서울: 따뜻한손.

"미어샤이머 교수 "북한 핵 포기 안할 것…북미회담 실익 의문"", 연합뉴스. 2018.03.23. http://www.yonhapnews.co.kr/bulletin/2018/03/23/0200000000AKR20180323084700004.HTML(검색일: 2018.03.29).

전재성. 2017. "서문", 서울대학교 국제문제연구소 편, 『세계정치 26-복잡성과 복합성의 세계정치』, pp.5-11. 서울: 사회평론.

전재성. 2017. "동북아의 불완전한 주권국가들과 복합적 무정부상태", 서울대학교 국제문제연구소 편, 『세계정치 26-복잡성과 복합성의 세계정치』, pp.83-126. 서울: 사회평론.

정의길·김지은. "'북한과 악연' 볼턴, 북-미 정상회담 어떤 영향 미칠까", 한겨레. 2018.03.25). http://www.hani.co.kr/arti/international/america/837568.html#csidx5078d85821d449fb34f035deeadd0fa(검색일: 2018.03.29).

조은정. 2017. "국제안보 개념의 21세기적 변용: 안보 '과잉'으로부터 안보불안과 일본의 안보국가화", 서울대학교 국제문제연구소 편, 『세계정치 26-복잡성과 복합성의 세계정치』, pp.179-216. 서울: 사회평론.

제니퍼 자켓. 2017. 『수치심의 힘: 약자들이 강자들에게 휘두를 수 있는 강력한 무기』. 서울: 책읽는수요일.

최강철. 2018. "민족의 대사를 망쳐놓으려고 발광하는 아메리카깡패들", 『로동신문』, p.6. 2018.01.15.

하영선·손열·이숙종·이원덕·전재성·정재정. 2015. 『EAI 스페셜 리포트: 신시대를 위한 한일의 공동진화』. 서울: 동아시아연구원.

한병철. 2012. 『피로사회』. 서울: 문학과 지성사.

Baker, Peter and Sang-hun Chae. 2017. "Trump threatens 'Fire and Fury' against North Korea if It Endagers U.S.", *The New York Times*. 2017.08.08. https://www.nytimes.com/2017/08/08/world/asia/north-korea-un-sanctions-nuclear-missile-united-nations.html(검색일: 2018.01.30).

Barkawi, T. and M. Laffey. 1999. "The imperial peace: democracy, force and globalization", *European Journal of International Relations*, 5:4, pp.403-34.

Bechtol, Bruce E. Jr. 2010. *Defiant Failed State: The North Korean Threat to International Security*. Washington D. C: Potomac Books Inc.

Bennett, Bruce W. 2013. *Preparing for the Possibility of a North Korean Collapse*. RAND Corporation.

Bolton, John R. 2018. "The Legal Case for Striking North Korea First", *The Wall Street Journal*. 2018.02.28. https://www.wsj.com/articles/the-legal-case-for-striking-north-korea-first-1519862374(검색일: 2018.03.29).

Cha, Victor. 2018. "Giving North Korea a 'bloody nose' carries a huge risk to Americans" (op-ed), *The Washington Post*. 2018.01.30. https://www.washingtonpost.com/opinions/victor-cha-giving-north-korea-a-bloody-nose-carries-a-huge-risk-to-americans/2018/01/30/43981c94-05f7-11e8-8777-2a059f168dd2_story.html?utm_term=.b3815af70cb6(검색일: 2018.01.30).

Chaitin, Daniel. 2017. "Lindsey Graham: Trump won't allow the 'crazy man' in North Korea to strike the US.", Washington Examiner. 2017.11.28. http://www.washingtonexaminer.com/lindsey-graham-trump-wont-allow-the-crazy-man-in-north-korea-to-strike-the-us/article/2641959(검색일: 2018.02.18).

Cho, Eunjeong R. 2012. *EURATOM: Nuclear Norm Competition between Allies, 1955-1957*. PhD Thesis. Department of Politics and International Studies. University of Warwick, Coventry.

Cho, E. J. R. 2017. "Nation Branding for Survival in North Korea: The Arirang Festival and Nuclear Weapons Tests", *Geopolitics*, 22:3, pp.594-622.

Cho, E. J. R. and Kiyoung Shin. 2018. "South Korean Views on Japan's Constitutional Reform Under the Abe Government", *Pacific Review*, 31:2, pp.256-266.

Choi, Shine. 2017. "The Art of Losing (In) the International", *Millennium*, 45:2, pp.241-248.

Cohen, Zachary. 2017. "CIA: North Korean leader Kim Jong Un isn't crazy", *CNN*. 2017.10.06. https://edition.cnn.com/2017/10/05/politics/cia-kim-jong-un-intelligence-profile/index.html(검색일: 2018.02.18).

Cohen, Zachary. 2018. "Missile threat alert for Hawaii a false alarm: official blame employee who pushed wrong button", *CNN*. 2018.01.14. https://edition.cnn.com/2018/01/13/politics/hawaii-missile-threat-false-alarm/index.html(검색일: 2018.02.20).

Committee on Foreign Relations United States Senate(CFRUSS). 2012. A Minority Staff Report: China's Impact on Korean Peninsula Unification and Questions for the Senate. One Hundred Twelfth Congress Second Session(2012.12.11). Washington: US Government Printing Office.

Cooper, Helene, Eric Schmitt, Thomas Gibbons-Neff, John Ismay. 2018. "Military quietly prepares for a last resort: War with North Korea", *The New York Times*. 2018.01.14. https://www.nytimes.com/2018/01/14/us/politics/military-exercises-north-korea-pentagon.html(검색일: 2018.02.08).

Desch, Michael C. 2007/8. "America's Liberal Illiberalism: The Ideological Origins of Overreaction in US Foreign Policy", *International Security,* 32:3, pp.7-43.

De Soysa, Indra, John Oneal, and Young-hee Park. 1997. "Testing Power-Transition Theory Using Alternative Measures of National Capabilities", *Journal of Conflict Resolution,* 41, pp.509-28.

Dye, Jessica and Katrina Manson. 2017. "Trump: 'no choice but to totally destroy North Korea' if provoked", *The Financial Times.* 2017.09.19. https://www.ft.com/content/feb89a57-cfc1-3cf9-909d-6e3d510d4bb5(검색일: 2018. 01.30).

Fifield, Anna. 2018. "First Hawaii, now Japan sends a false alarm about incoming North Korean missile", *The Washington Post.* 2018.01.16. https://www.washingtonpost.com/world/asia_pacific/first-hawaii-now-japan-sends-a-false-alarm-about-incoming-north-korean-missile/2018/01/16/d8961ef4-fac1-11e7-b832-8c26844b74fb_story.html?utm_term=.06a3fdeeb6f8(검색일: 2018.02.24).

Fragile States Index (취약국가지수) http://fundforpeace.org/fsi/(검색일: 2018.02.11).

Gilpin, Robert. 1981. *War and Change in World Politics. Cambridge.* Cambridge University Press.

Johnson, Jesse. 2018. 'Trump plays down talk of war with North Korea, reiterates openness to talks', *The Japan Times.* 2018.01.11. https://www.japantimes.co.jp/news/2018/01/11/asia-pacific/politics-diplomacy-asia-pacific/trump-plays-talk-war-north-korea-reiterates-openness-talks/#.WnvfoblG19A(검색일: 2018.02.08).

Layne, C. 1994. "Kant or cant: the myth of the democratic peace", *International Security,.* 19:2, pp.5-49.

Lima, Cristiano. 2017. "Tillerson: Kim Jong Un 'is not crazy'", *Politico.* 2017.04.27. https://www.politico.com/story/2017/04/27/rex-tillerson-kim-jong-un-not-crazy-237721(검색일: 2018.02.18).

Lima, Cristiano. 2017. "Trump: North Korea's Kim a 'sick puppy'", *Politico.* 2017.11.29. https://www.politico.com/story/2017/11/29/trump-north-korea-kim-jong-un-sick-puppy-270135(검색일: 2018.02.18).

Liptak and Diamond. 2017. "Trump to UN: 'Rocket Man is on a suicide mission'", *CNN.* 2017.09.19. https://edition.cnn.com/2017/09/18/politics/donald-trump-un-speech-iran-north-korea/index.html(검색일: 2018.02.18).

Matzinger, Polly. 2007. "Friendly and Dangerous Signals: Is the Tissue in Control?", *Nature Immunology,* 8:1, pp.11-13.

McGrory, Mary. 2002. "Bush's Moonshine Policy", *Washington Post*(op-ed). 2002.12.29. http://www.washingtonpost.com/wp-dyn/articles/A46120-2002Dec27.html(검색일: 2018.02.18).

"NAPSNet Daily Report 13 October, 1999", *Daily Report NAPSNet.* 1999.10.13. https://nautilus.org/napsnet/napsnet-daily-report/napsnet-daily-report-13-october-1999/(검색일: 2018.02.18).

Michaels, Jim. "Is Kim Jong Un crazy? The North Korea leader is just a cold calculator, experts say", *USA Today.* 2017.12.07. https://www.usatoday.com/story/news/world/

2017/12/07/kim-jong-un-crazy-north-korea-leader-just-cold-calculator-experts-say/
930356001/(검색일: 2018.02.18).

Mint. 2014. "North Korea, Secrecy and Madman Theory". 2014.07.29. http://search.proquest.
com/ docview/1548799339?accountid=6802(검색일: 2017.05.01).

Patrick, Stewart. 2011. "Why failed states shouldn't be a biggest national security fear",
The Washington Post. 2011.04.15. https://www.washingtonpost.com/opinions/why-
failed-states-shouldnt-be-our-biggest-national-security-fear/2011/04/11/AFqWmjkD
_story.html?utm_term=.162e7ed78c97(검색일: 2018.02.10).

Pearson, James. 2014. "Why North Korea is not, and should not be regarded as a 'failed
state'", *Political Reflection Magazine,* 2:4. http://cesran.org/why-north-korea-is-not-
and-should-not-be-regarded-as-a-failed-state.html(검색일: 2018.02.10).

Pence, Mike. 2018. "Vice President Mike Pence", 트위터. 2018.02.02.

Reuters, "US says all options are on the table in standoff with North Korea", *New York
Post.* 2018.02.01. https://nypost.com/2018/02/01/us-says-all-options-on-the-table-in-
standoff-with-north-korea/(검색일: 2018.02.10).

Risse-Kappen, T. 1995. "Democratic Peace: Warlike democracies", *European Journal of
International Relations,* 1:4, pp.491-517.

Roy, Denny. 2009. "China and Nuclear Standoff over N. Korea", *Korea Herald.* 2009.08.25.

Scobell, Andrew. 2005. "Making Sense of North Korea: Pyongyang and Comparative Com-
munism", *Asian Security,* 1:3, pp.245-266.

Sisk, Richard. 2018. "Neller: US seeking diplomacy but planning for war with North Korea",
Military.com. 2018.01.25. https://www.military.com/daily-news/2018/01/ 25/neller-
us-seeking-diplomacy-planning-war-north-korea.html(검색일: 2018.02.08).

Söderberger, Marie. 2006. "Can Japanese Foreign Aid to North Korea Create Peace and
Stability?", *Pacific Affairs,* 79:3, pp.433-454.

Stumer, Jake and Yumi Asada. 2018. "North Korea: Japan hosts first ballistic missile
evacuation drill", ABC News. 2018.01.23. http://www.abc.net.au/news/2018-01-
23/tokyo-hosts-first-ballistic-missile-evacuation-drill/9350598(검색일:
2018.02.08).

The Telegraph. 2018. 'Mike Pence announces 'toughest sanctions ever' on North Korea and
vows not to let Pyongyang hijack Winter Olympics'. 2018.02.07. http://www.tele
graph.co.uk/news/2018/02/07/mike-pence-announces-toughest-sanctions-ever-nor
th-korea-vows/(검색일: 2018.02.08).

Wagner, John and Anna Fifield. 2017. 'Trump: 'All options are on the table' after North
Korea launched missile over Japan', *The Washington Post.* 2017.08.29. https://
www.washingtonpost.com/news/post-politics/wp/2017/08/29/trump-all-options-are
-on-the-table-following-north-korea-missile-launch-over-japan/?utm_term=.6669ef
609b2d(검색일: 2018.02.07).

The European Union. 2013. *European Security Strategy: A Secure Europe in a Better World.*
2013.12.12. https://europa.eu/globalstrategy/en/european-security-strategy-secure-

europe-better-world(검색일: 2018.02.11).

The US Department of Defense. 2018. *Nuclear Posture Review*. 2018.02.06. https://www. defense.gov/News/SpecialReports/2018NuclearPostureReview.aspx(검색일: 2018.02.07).

The White House. 2002. *National Security Strategy of the United States of America*. 2002.09.17. https://georgewbush-whitehouse.archives.gov/nsc/nss/2002/(검색일: 2018.02.07).

The White House. 2017. *National Security Strategy of the United States of America*. 2017. 12.18. https://www.whitehouse.gov/wp-content/uploads/2017/12/NSS-Final-12-18- 2017-0905.pdf(검색일: 2018.02.07).

WTOL. 2018. "False missile alert spurs hysteria, panic in Hawaii". 2018.01.14. http://www. wtol.com/clip/14048369/false-missile-alert-spurs-hysteria-panic-in-hawaii(검색일: 2018.02.24).

제8장

북핵해법에 대한 세대 간 인식차이: 누가 대북 선제공격을 지지하는가?*

장기영

* 이 글은 2018년 "북핵 해법에 대한 세대 간 인식차이: 대북 선제공격 대(對) 대북 원조"라는 제목으로 『미래정치연구』 제8권 제2호에 게재된 논문을 수정 및 보완한 것임.

I. 서론

'요즘 젊은이들은 너무 버릇이 없다'라는 말은 기원전 1700년경 수메르 점토판에서도, 기원전 300년경 그리스 아테네 유적에서도, 그리고 기원전 200년경 중국 한비자에서도 찾아볼 수 있다고 한다. 이처럼 동서고금을 막론하고 세대 간 갈등 및 인식차이는 보편적인 사회문제였다고 할 수 있다. 최근 한국에서도 저성장으로 인한 심각한 분배문제와 인구 고령화로 말미암아 세대 간 갈등은 점점 심각해지고 있으며 그러한 세대 간의 상이한 인식은 북한의 핵위협이나 그 해법에 대하여도 다르지 않다. 2010년 천안함 사건과 연평도 포격과 같은 북한의 직접적 군사도발과 최근의 북핵 문제가 동북아 안보를 위협하는 현실에서 북한에 대한 인식은 세대 간 경험의 차이 및 인터넷을 중심으로 한 '정보격차(Digital Divide)'로 인하여 그 간극이 점점 심해지고 있다.

특히 유사시 선제공격을 할 수 있는가에 대한 논의는 한국이나 미국의 선제공격 이후 군사적 위기가 전면전으로 확대될 수 있다는 가능성 때문에 이와 같은 공세적인 정책의 효과는 한국사회에서 많은 논란이 되고 있다. 북한은 이미 미국 본토를 공격할 수 있는 대륙 간 탄도미사일 기술을 갖추고 있다고 보고 북한의 핵과 미사일을 사전에 제거하기 위한 미국의 선제타격(preemptive strike) 시나리오가 최근 언론에 자주 등장하고 있다. 그렇다면 한국사회에서 세대 간 인식과 경험의 차이를 염두에 둘 때, 누가 대북 선제공격을 더욱 지지할까?

이러한 문제의식 아래 본 연구는 구체적으로 북한에 대한 선제타격의 필요성에 대하여 한국 국민들의 세대 간 또는 연령 간 인식이 어떻게 다른지 밝히고자 한다. 이러한 목적을 달성하기 위하여 본 논문은 다음과 같이 구성되었다. 제Ⅱ장에서는 대북 선제공격이 한국 정부의 정책 대안에서 어떠한 위치를 차지하고 있는지 알아보고, 선제타격에 대한 최근 국내여론의 동향에 대하여 대략적으로 기술하였다. 제Ⅲ장에서는 정부의 대북정책 이슈에 대하여 보수-진보 진영과 서로 다른 세대 간의 상이한 정치적 태도를 보여주는 이론적 근거에 대하여 설명하였다. 제Ⅳ·Ⅴ장에서는 본 논문의 경험적 분석을 위한 데이터 및 핵심 변수들을 소개하고 대북 선제타격에 대한 세대 간의 인식차이를 회귀분석을 통하여 규명하였다. 마지막으로 결론에서는 본 논문을 요약하고 연구결과의 정치학적 함의에 대하여 논의하였다.

II. '대북선제공격'과 국내여론

　최근 북한의 핵위협이 고조되고 있는 상황에서 많은 학자들은 한국정부가 취할 수 있는 두 가지 가능한 억제방안에 대하여 언급하고 있다. 학자들이 주로 언급하는 억제 방안은 '보복적 억제(deterrence by punishment)'로 적이 감내할 수 없을 정도의 반격할 수 있는 능력을 바탕으로 적이 도발하지 않도록 하는 억제를 의미한다. 이러한 보복적 억제의 논리에 의하면 북한의 핵위협은 미국과 남한이 북한의 핵위협에 대한 충분한 보복능력을 가질 경우에 이를 피할 수 있다. 따라서 성공적인 억제를 위하여 방어자의 충분한 방어능력과 북한이 신뢰할 수 있는 보복의지가 중요하다(Kang 2003, 318-320; Morgan 2003, 270-272). 예를 들어 현재 한국군이 북한의 핵미사일 위협에 대한 독자적인 대응능력을 위하여 2020년대 중반까지 구축 완성을 목표로 하는 '한국형 대량응징 보복(KMPR: Korea Massive Punishment and Retaliation)'[1]은 보복적 억제에 해당한다고 할 수 있다. 이러한

1　한국군이 북한 핵미사일에 대응하기 위해 독자작전 계획으로 발전시켜왔던 3축 체계는 2020년대까지 57조 4,795억 원을 투입하는 초대형 프로젝트다. 제1축은 북한의

억제 전략은 북한이 핵무기로 위해를 가할 경우 동시에 다량의 정밀 타격이 가능한 미사일 전력 및 전담 특수작전부대 등을 운용하여 북한의 지휘부를 직접 겨냥하여 대규모로 응징 보복하는 것을 말한다.

반면에 '거부적 억제(deterrence by denial)'는 적이 핵위협과 같은 군사적 도발을 통해 얻고자 하는 정치적 이익(benefit)을 감소하게 만드는 억제전략이라고 할 수 있다(Bennett 2012, 127; Snyder 1961, 14-15). 베넷(Bennett 2012)은 거부적 억제는 '반격(counter-force)', '능동적 방어(active defense)', '수동적 방어(passive defense)'와 '사후 대응관리(consequence management)'를 포함하는 포괄적 개념이라고 정의한다. 그에 따르면 능동적 방어와 수동적 방어는 미사일 방어체계나 대피소 등을 건설함으로써 핵공격에 의한 피해를 줄이도록 하는 반면에, 반격은 적의 핵시설을 사전에 제거하는 것을 의미한다. 한국형 3축체계의 다른 축인 '한국형 미사일 방어체계(KAMD, Korea Air and Missile Defense)'는 북한의 미사일을 공중에서 요격하는 시스템이며, '킬 체인(Kill Chain)'은 북한의 미사일 및 관련 시설 등을 타격하기 위해 구축되며 핵미사일 공격이 임박한 상황에서 선제타격(preemptive strike)의 핵심수단이라고 할 수 있다.

따라서 북한 핵위협에 대응하는 한국의 3축 체계는 공격, 방어, 보복의 개념을 모두 포함하고 있으며, 보복적 억제와 거부적 억제의 개념 역시 포함된 핵 대응전략이라고 할 수 있다. 북한의 위협에 대처하는 여러 전략 중에서 한국이나 미국이 유사시 북한 핵시설에 대하여 선제공격을 할 수 있는가에 대한 논의는 그러한 선제공격 이후 군사적

핵미사일 발사 징후를 발사 이전에 탐지해 제거하는 선제공격 계획(Kill Chain)이고, 제2축은 북한 핵미사일이 발사된 이후 공중에서 한국군의 요격미사일로 방어하는 한국형 미사일방어 체계(KAMD)이며, 제3축은 핵미사일로 공격받은 이후에 북한에 대량으로 보복·응징하는 계획(KMPR)이다.

갈등이 전면전으로 확대되어 막대한 피해를 야기할 수 있다는 가능성 때문에 현재 한국사회에서 많은 논란이 되고 있다. 남한이나 미국의 선제공격 이후 만약 북한이 반격하게 되면 사정권 안에 있는 2,000만 명의 서울 시민은 즉각 위험에 빠지게 된다는 것은 자명한 사실이기에 다수의 한국인들은 선제공격에 대하여 반대하는 경향이 있다. 또한 중국정부 입장에서도 유사시 한국에 살고 있는 101만 명의 중국인을 대피시킬 방안이 충분하지 않고 한국과 미국 주도의 통일은 중국으로선 가장 재앙스러운 결과이기 때문에 선제공격이 초래할 수 있는 중국의 군사적 개입 역시 자주 언급되고 있다(Kydd 2015; Chang and Lee 2017). 그러나 선제공격이 초래할 수 있는 많은 위험에도 불구하고, 최근 아산정책연구원의 조사에 따르면 선제타격을 긍정적으로 인식하고 있는 한국 국민들의 숫자가 과거에 비하여 증가하고 있는 추세이다. [그림 1]을 살펴보면 2013년 조사에서는 유사시 선제타격에 대하여 응답자의 36.3%만이 확전 가능성이 있더라도 선제타격이 필요하다고 답변한 반면에 북한 5차 핵실험 이후인 2016년에는 43.2%로 6.9%나 증가했다(박지영·김선경 2017, 5-6).

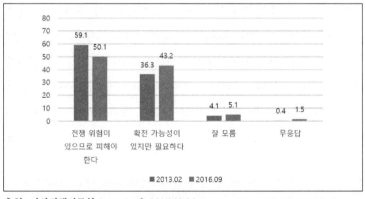

출처: 아산정책연구원 Issue Brief. 2017.01.26.

[그림 1] 유사시 선제타격에 대한 지지율 비교

전통적으로 대북 선제공격에 대한 국내여론의 결과는 정부의 대북정책 결정과정에서 중요한 요인으로 간주되지 않았다. 기존 학자들에 따르면 외교정책 및 대외정책에 대한 여론은 일반 국민들의 단순한 정서의 반영일 뿐이며 정확한 정치정보(political information)의 부재로 인한 대외정책에 대한 일반 국민들의 정책적 선호는 일관성과 체계성이 결여되어 있고 상황에 따라 가변적이라고 보았다(Lippmann 1949; Almond 1956; Cohen 1973). 그러나 이러한 전통적인 접근법과는 달리 이후 많은 국제정치학자들은 민주주의 확산에 따라 국내여론이 정부의 대외정책에 미치는 영향이 중요해지고 있다고 주장하였다(Holsti 1992; 1996). 예를 들어 양면게임이론(two-level game), 민주평화론(democratic peace theory) 및 국면전환이론(diversionary theory)과 같은 국제정치이론들은 국내정치와 국제정치 및 외교정책이 서로 밀접하게 연계되어 있음을 밝히고 있으며 국가지도자는 자신의 정치적 생존(political survival)을 위하여 일반 국민들의 대외정책에 대한 정치적 선호를 중요하게 고려해야 한다고 주장하였다.

탐즈 외(Tomz et al. 2017)에 따르면 국내여론은 구체적으로 다음과 같은 두 경로를 통하여 정부의 대외정책에 영향을 미칠 수 있다. 첫째, 국민들은 대외정책에 근거하여 국가지도자를 선택할 수 있다. 국민들은 자신과 비슷한 대외정책에 대한 선호를 갖는 정치인을 선택함으로써 국가지도자가 자신들의 정책선호에 반하여 결정하는 위험을 줄일 수 있다. 이러한 국민들의 선택(selection)은 '주인-대리인 문제(principal-agent problem)'[2]에 대한 사전적 해결책(ex-ante solution)

---

[2]   민주주의 국가에서 국민들이 자신들의 이익에 영향을 미치는 대내 및 대외 정책결정을 국가지도자에게 위임하기 때문에 '주인-대리인' 관계가 성립된다고 할 수 있다. 그런데 이들 사이에는 정보의 불균형, 감시의 불완전성 등으로 인해 국가지도자가 자신의 사적 이익을 추구하고도 국민들을 위하는 정책을 수행하고 있는 것처럼 보이게 할 수 있다.

이라고 할 수 있다. 둘째, 유권자의 정치적 의견을 따르지 않는 국가 지도자는 재선의 기회가 줄어들고 국내·국제적 정책 아젠다를 진행할 정치적 자산을 잃게 되어 인기가 없는 정책 실행을 주저하게 된다. 이는 '주인-대리인 문제(principal-agent problem)'에 대한 사후적 해결책(ex-post solution)이라고 할 수 있다. 한국적 맥락에서 이 같은 논의들은 유사시 북한에 대하여 선제공격이 필요하다고 느끼는 국민들이 많아질수록 정부는 유화적인 대북정책을 추진하기가 어렵게 되며, 북한의 도발에 대하여 때로는 단호한 움직임을 보이지 않으면 심각한 정치적 손실을 얻게 될 수도 있다는 가능성을 시사한다.

Ⅲ. '정치세대'와 대북선제타격

한국사회에서 대북 선제공격에 대한 논란의 이면에는 세대 간의 상이한 경험 및 인식이 중요하게 자리 잡고 있다고 할 수 있다. 흔히 한국사회에서 보수와 진보 이념을 구분하는 가장 핵심적인 기준 중의 하나는 북한에 대한 인식의 차이를 들 수 있다. 학자들에 따르면 통일방식, 정상회담, 국가보안법 폐쇄, 대북지원, 북핵위기, 전시작전권 환수 문제 등 북한 관련 이슈들이 주로 보수와 진보 이념을 가르는 타당한 기준으로 평가된다(이내영 2002; 강원택 2003; 이현출 2005; 허석재 2014). 예를 들어 윤성이(2006)의 연구에 의하면 유권자의 주관적 이념성향에 영향을 미치는 주요 변인은 국가보안법이었고 이러한 연구 결과는 안보이슈가 한국인의 이념성향을 결정하는 주요 요소임을 뒷받침한다고 할 수 있다.

한국사회에서 보수주의적 시각은 북한 자체가 개방 및 개혁을 원하지 않는 상황에서 북한을 대화의 상대로 여기는 정책이 문제라고 여기며 북한에 대하여 불신하는 것이다. 반면 진보적인 관점에서는 북한을 대화와 타협이 가능한 상대로 여기는 경향이 있어 왔다(강원택 2010, 64-65). 예를 들어 17대, 18대 대선 당시 대통합민주신당·민주통합당

(현 민주당)은 전통적인 야당노선을 따르는 정당으로 김대중 정부와 노무현 정부 당시의 대북정책인 남북협력을 바탕으로 평화체제를 구축하며 평화통일을 지향한다고 밝혔다. 특히 북한문제와 관련하여 남북기본합의서와 6.15 남북공동선언, 10.4 남북공동선언 등의 정신과 성과를 계승한다고 주장하였다. 반면에 당시 한나라당·새누리당(현 자유한국당)은 김대중, 노무현 정부시기를 제외하고는 많은 기간 동안 집권정당으로서 기존질서의 유지를 근간으로 한 보수 정당이었다. 대북정책은 호혜적 상호공존 원칙에 의하여 적극적인 통일정책을 추구하며 국민적 공감대와 투명성을 확보하여 교류협력과 인도적 지원을 확보하고 북한의 개혁과 개방을 촉진한다고 선언하였다(한관수·장윤수 2012).

하지만 북한과 관련된 이슈들은 보수·진보 진영 사이뿐만 아니라 세대 간에도 상이한 정치적 태도를 야기한다. 일찍이 헌팅턴(Huntington 1974)은 미국에서 정치적 변화와 안정을 설명하는 데 있어서 계급차이보다 세대차이가 가장 중요한 집단균열을 나타낸다고 말했다. 벡(Beck 1984) 역시 1984년 민주당 대통령 경선에서 세대 간 설명 및 생애주기 설명에 대하여 언급한 적이 있다. 슐레진저(Schlesinger 1986)는 미국 역사에서 정치세대의 교체 때문에 "공공목적(public purpose)"과 "사적이익(private interest)" 사이의 주기적 변화가 일어났다고 주장하였으며, 퍼트남(2000)은 그의 저서 『Bowling Alone』에서 세대를 분석단위로 사용한 바 있다. 대북정책과 관련된 사회적 갈등에 있어서도 한국사회에서 '정치세대'의 형성과 그러한 세대의 상이한 정치태도 및 인식에 대하여 이해할 필요가 있다. '정치세대(political generations)'는 대략 18세부터 25세까지의 젊은 시기에 공통의 정치적 경험을 통하여 유사한 사회정치적 태도를 보이는 집단을 의미한다. 정치세대 형성은 사회가 위협에 처해 있다고 인지되는 이른바 '형성사건(formative events)'으로 인하여 발생한다고 할 수 있다. 정치적 암살, 전쟁, 자연 재해와 같은 사건을 함께 경험하면서 정치세대는 유사한 사회정치적 태도를 견지한다고 할 수 있다(Mannheim 1952; Beck 1984; Luecke 2014).

흔히 젊은 세대들은 상대적으로 진보적이고 나이가 들수록 보수화되는 경향이 있다고 한다. 민주당 정권 10년(1998-2007)에 걸쳐 대북포용정책이 지속되면서 이 시기의 정치세대는 북한에 대하여 우호적인 태도를 견지하였고 이와 반대로 지속적인 반공교육을 받았거나 무엇보다도 6.25를 겪은 정치세대들은 북한에 대하여 상대적으로 부정적인 인식을 갖는다고 할 수 있다(허석재 2014, 78). 그러나 박원호(2012)의 연구에 의하면 2012년 한국의 대선에서 20대가 과거의 20대나 30대보다 북한에 대해 오히려 부정적인 태도를 보이고 있는데, 그 이유는 당시의 20대가 북한 핵실험, 미사일 위기, 개성 공단 패쇄 등과 같이 북한에 대하여 다수의 부정적인 정치적 사건들을 경험하였기 때문이라고 할 수 있다. 2012년 대선 당시 결과적으로 진보적인 문재인 후보를 지지했던 다수의 20대 유권자도 대북정책에 대한 정책적 입장만을 고려했을 때는 박근혜 후보에게도 문재인 후보와 비슷한 정도의 정치적 선호를 보여주었다(박원호 2013). 이처럼 한국사회에서 세대 간 상이한 인식은 젊은 나이에 경험했던 국내 또는 세계적 사건들이 더욱 선명하게 기억이 남아 있으며, 향후 정치적 태도와 행위를 형성하는 데 있어 보다 중요한 영향력을 주었기 때문이라고 할 수 있다(Schuman and Corning 2012).

이러한 맥락에서 최근 한국에서도 북한에 관한 정책이나 인식에 대하여 세대 간 차이를 밝히려는 연구들이 나오고 있다. 예를 들어 박정란(2011)과 김병로(2013)의 데이터 분석에 의하면 20대는 통일에 대한 유보적 입장을 보이고, 50대 이상은 가장 보수적인 세대로 평가되고 있다. 반면에 30대는 중도성향을 보이고 40대는 보수성과 진보성이 공존하는 세대라고 한다. 따라서 6.25와 같은 전쟁을 겪거나 사회적으로 반공이라는 이데올로기에 지속적으로 노출되었던 고령층과 최근 북한의 핵실험 및 북한위협을 겪어왔던 젊은 세대일수록 대북 선제공격에 대하여 긍정적인 인식을 할 것이라는 예측이 가능하다. 반면에 민주당 정권 10년(1998-2007)에 걸쳐 20대였던 현재의 30·40대는 상대적으로 대북 선제공격에 대하여 우려하는 경향을 보일 것이다.

학자들은 10세 단위 연령집단을 생물학적 연령집단으로 간주하기보다는 사회화 과정에서 특정 시점에 역사적·정치적 사건을 같이 경험하는 집단으로 '정치세대'로 분리하는 것이 이론적인 관점에서 보다 타당하다고 한다(Erikson and Tedin 2005, 136-137; 어수영 2006; 이내영·정한울 2013, 44-45). 따라서 본 연구에서는 언론에서 흔히 언급되는 10세 단위 연령집단뿐만 아니라 특정시점에 역사적·정치적 사건을 어릴 때 함께 경험한 세대를 정치적 세대로 간주하였다. 또한 본 연구에서는 세대효과와 연령효과를 구분해서 분석하는 것이 중요하다는 인식하에 세대 변수와 연령 변수를 동시에 주요 핵심 변수로 간주한다. 세대 중심의 설명은 나이가 많아짐과 동시에 사회적 성숙에 의해 발생하는 연령효과(aging effect) 또는 생애주기 효과(life cycle effect)와는 다르다고 할 수 있다. 세대효과는 나이가 들어가면서 보수적 경향이 강화된다는 선형적 설명과는 구별되는 특성을 보인다고 할 수 있다(박원호 2013; Tilley and Evans 2014).

Ⅳ. 변수와 통계모형

대북 선제공격에 대한 세대 간의 인식 차이를 검증하기 위하여 본 논문은 2017년 3월 명지대 미래정치연구소가 한국리서치와 공동으로 실시한 '정당과 사회통합에 대한 국민의식조사'를 이용하였다. '정당과 사회통합에 대한 국민의식조사'는 CAWI 방식을 이용하여 전국 만19세 성인남녀 1,000명을 성별, 지역별, 연령별 기준으로 비례할당하여 추출한 여론조사이다. '정당과 사회통합에 대한 국민의식조사'는 대북 선제공격지지 여부와 관련된 문항뿐만 아니라 연령 및 세대에 관한 변수 및 다양한 통제변수를 포함하고 있기에 본 논문의 경험적 분석을 위한 이상적인 데이터라고 할 수 있다.

본 연구의 종속변수는 설문 응답자의 '대북 선제공격'에 대한 지지 여부이다. 선제공격 지지 변수는 "북한위협에 대응하기 위해 유사시 북한을 먼저 공격할 수 있다"라는 질문에 반대한다고 대답할 경우 0이며, 찬성한다고 대답했을 경우 1로 코딩하였다. '정당과 사회통합에 대한 국민의식조사'에서 응답자의 대북선제공격에 대한 입장은 [표 1]과 같다. [그림 1]에서 보여준 2016년 아산정책통구원의 조사 결과와 비교해 볼 때 2017년 '정당과 사회통합에 대한 국민의식조사'에서

10% 정도 증가한 53%정도의 응답자들이 유사시 선제타격에 대하여 지지를 표명하고 있다는 것을 알 수 있다.[3]

[표 1] 유사시 대북 선제공격에 대한 지지

	빈도	퍼센트
반대한다	469	46.90
찬성한다	531	53.10
합계	1,000	100

본 연구는 대북 선제공격에 대한 세대 간의 인식차이를 규명하는 것을 목표로 하고 있기에 핵심 독립변수는 응답자가 속한 '세대'라고 할 수 있다. 사실 세대 간 경계 구분은 학자들마다 다른 기준을 갖고 있기에 세대 변수를 코딩하는데 있어 가장 중요한 쟁점 중의 하나는 세대 구분의 경계선을 어떻게 설정하느냐에 있다. 본 연구는 10세 단위의 연령을 세대의 기준으로 간주한 것과 동시에 노환희 외(2013)의 세대 구분을 따라 출생년도를 기준으로 7개의 세대 –촛불 세대(1988~), 월드컵 세대(1979~1987), IMF 세대(1970~1978), 386세대(1960~1969), 유신 세대(1952~1959), 전후 산업화 세대(1942~1951), 한국전쟁 세대(~1941) –로 구분한다. 또한 통제변수로 진보-보수 이념, 교육수준, 여성, 뉴스청취 시간, 집권당 지지자, 대북위협 인식[4]

---

[3]   물론 2017년의 조사에서는 '알 수 없음'이라는 응답항목이 없고, 조사방법이나 표본 추출 방식이 어느 정도 다를 수 있기에 두 설문을 단순히 비교하는 것은 문제가 있을 수 있다.

[4]   설문 응답자의 대북위협에 대한 인식을 측정하기 위하여 먼저 '국지적 도발 가능성'에 대한 위협인식을 위하여 "선생님께서는 현시점에 북한에 의한 국지적 도발 가능성(예: 연평 해전)에 대해 어떻게 생각하십니까?"라는 설문 문항을 사용하였고, '대규모 전쟁 발발 가능성'에 대한 위협인식을 측정하기 위하여 "선생님께서는 현시점에 북한에 의한 대규모

등을 사용하였다. 본 논문의 통계분석에서 사용된 모든 변수들의 기술 통계량은 [표 2]와 같다.

[표 2] 종속변수와 독립변수에 대한 기술통계량

변수	평균	표준편차	최소값	최대값	N
대북선제공격 지지	0.531	0.499	0	1	1,000
세대	3.318	1.522	1	6	1,000
나이	45.798	14.159	19	70	1,000
국지적 대북위협	3.591	0.916	1	5	1,000
전면적 대북위협	2.800	1.051	1	5	1,000
진보-보수 이념	4.744	2.113	0	10	1,000
여성	0.511	0.500	0	1	1,000
교육수준	2.499	0.548	1	3	1,000
뉴스 청취시간	3.330	1.026	1	4	1,000
임금수준	4.740	2.380	1	12	1,000
집권여당(새누리당) 지지자	0.052	0.222	0	1	1,000
지역(영남)	0.289	0.454	0	1	1,000
지역(호남)	0.169	0.375	0	1	1,000

전쟁 발발 가능성(예: 6.25 전쟁)에 대해 어떻게 생각하십니까?"라는 질문을 활용하였다. 두 질문의 응답은 각각 '1. 매우 낮음, 2. 낮음, 3. 보통, 4. 높음, 5. 매우 높음'의 5단계 척도(5-point scale)이다.

V. 분석 및 평가

본 연구의 경험적 분석에서는 종속변수인 응답자의 대북 선제공격 지지 여부가 이항변수로 코딩되었기 때문에 대북 선제타격 지지의 세대 및 연령 효과를 추정하기 위하여 로짓 모형(logit model)을 사용한다. [표 3]은 이러한 회귀분석 결과를 보여준다. [표 3]에서는 대북 선제타격에 대한 세대 간 인식 차이를 규명하기 위하여 두 종류의 다른 세대 변수를 사용하였고 또한 응답자의 연령과 대북 선제타격 지지 사이에 U자형 관계가 있음을 밝히기 위하여 응답자의 나이뿐만 아니라 나이에 대한 제곱값을 변수로 사용하였다. 모형 1의 세대변수는 10세 단위 연령집단을 기준으로 응답자를 다섯 세대로 나누었고 모형 2에서는 노환희 외(2013)의 세대 구분을 따라 출생년도를 기준으로 여섯 세대로 각각 구분하였다.[5]

모형 1과 모형 2에서 세대변수는 더미변수(dummy variable)로 처리되었기 때문에 가장 젊은 '20대'와 '촛불세대'가 세대효과를 판단하는

---

[5] '정당과 사회통합에 대한 국민의식조사에는 1941년 이전에 출생하여 한국전쟁세대에 속하는 응답자가 존재하지 않는다.

기준세대라고 할 수 있다. 모형 1에서 각 세대 변수의 음(-)의 계수는 20대에 비하여 30대, 40대, 50대, 60대 이상의 응답자 모두 대북 선제 공격에 대하여 덜 지지하는 경향이 있다는 것을 말해준다. 다시 말하면 20대 젊은 응답자들이 대북선제공격에 대하여 가장 지지한다는 의미이다. 정치세대의 변수를 사용한 모형 2에서도 비슷한 양상을 보여준다. 모형 2의 결과에 의하면 촛불 세대가 월드컵 세대, IMF 세대, 386 세대, 유신 세대, 전후 산업화 세대보다 대북선제공격을 더욱 지지한다고 말할 수 있다. 이러한 결과는 나이가 들어가면서 더욱 보수화되고 보수적인 유권자는 유화적인 대북정책 보다는 공세적인 대북정책을 선호한다는 일반적인 통념에 반하는 결과를 보여준다고 할 수 있다. 최근 한국의 젊은 세대들이 북한 핵실험과 대륙 간 탄도 미사일 실험과 같은 북한에 대한 부정적인 정치적 사건들을 경험하면서 북한체제에 대하여 더욱 부정적인 태도를 보이고 선제공격의 필요성에 대하여 공감한다고 여겨진다.

[표 3] 세대 및 연령이 대북선제공격 지지에 미치는 영향(N=1000)

	모형 1	모형 2	모형 3	모형 4
진보-보수 이념	0.172** (0.038)	0.169** (0.038)	0.177** (0.038)	0.173** (0.038)
국지적 도발 가능성	0.118 (0.096)	0.119 (0.096)	0.143 (0.095)	0.127 (0.096)
대규모 전쟁 발발 가능성	0.310** (0.084)	0.312** (0.084)	0.307** (0.083)	0.309** (0.084)
연령			−0.022** (0.006)	−0.111** (0.034)
연령^2				0.001* (0.0004)
30대	−0.849** (0.240)			
40대	−0.969** (0.237)			

	모형 1	모형 2	모형 3	모형 4
50대	−1.189** (0.256)			
60대 이상	−1.046** (0.255)			
월드컵 세대		−0.918** (0.245)		
IMF 세대		−0.923** (0.241)		
386 세대		−1.114** (0.256)		
유신 세대		−0.997** (0.252)		
전후 산업화 세대		−1.228** (0.401)		
여성	−0.794** (0.140)	−0.806** (0.141)	−0.782** (0.139)	−0.795** (0.139)
교육수준	−0.490** (0.135)	−0.471** (0.135)	−0.458** (0.134)	−0.481** (0.135)
임금수준	−0.006 (0.030)	−0.008 (0.030)	−0.005 (0.029)	−0.0003 (0.029)
뉴스 청취시간	0.003 (0.071)	−0.007 (0.071)	−0.010 (0.071)	0.006 (0.071)
새누리당 정당일체감	−0.368 (0.339)	−0.354 (0.340)	−0.266 (0.336)	−0.373 (0.339)
영남	−0.006 (0.158)	−0.010 (0.158)	−0.029 (0.157)	−0.014 (0.158)
호남	−0.279 (0.189)	−0.282 (0.189)	−0.291 (0.188)	−0.295 (0.189)
constant	0.600 (0.531)	0.598 (0.533)	0.617 (0.550)	2.435** (0.887)
Log Likelihood	−624.467	−624.918	−629.963	−626.458
N	1000	1000	1000	1000

주: **p<0.01 *p<0.05 +p<0.1, two-tailed test. 괄호 안은 표준오차를 나타낸다.

모형 3과 4에서는 세대변수를 사용하는 대신 응답자의 연령을 핵심 독립변수로 사용하였다. 모형 1과 모형 2의 결과와 같이 연령변수가

음(-)의 계수 값을 갖는다는 의미는 나이가 들어가면서 대북 선제공격에 대하여 반대하는 경향이 있다는 의미이다. 또한 연령과 대북 선제공격 지지 사이의 U자형 관계(U-shape)를 규명하기 위하여 모형 4에서는 응답자의 나이와 나이의 제곱값을 독립변수로 사용하였다. [그림 2]는 모형 4의 결과를 바탕으로 응답자의 연령의 한계효과(marginal effect)를 보여준다. [그림 2]는 응답자의 나이가 많아질수록 대북 선제공격을 반대하지만 50세보다 많아지면 점차 선제공격을 찬성하는 패턴을 보여준다. 이와 같은 연령의 한계효과는 95% 신뢰구간을 고려할 때 전 연령에서 통계적으로 유의미하다고 할 수 있다. 따라서 이러한 패턴으로 유추하건대 70세 이상의 한국전쟁 세대는 젊은 세대와 비슷하게 유사시 북한에 대한 선제타격에 대하여 더욱 찬성할 것이라고 추정하게 한다. 종합적으로 볼 때, 본 연구의 경험적 분석은 민주당 정권 10년(1998-2007)에 걸쳐 20대였던 30·40대는 상대적으로 대북 선제공격에 대하여 우려하는 반면에 촛불세대와 전후 산업화 세대 (1942~1951)와 한국전쟁 세대(~1941)는 대북 선제공격을 찬성하는 경향이 있음을 보여준다.

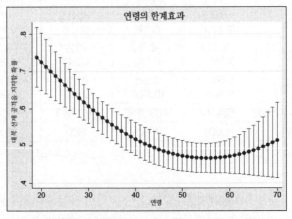

[그림2] 대북 선제공격 지지에 대한 연령의 한계효과

본 연구에서는 통제변수로 응답자의 보수-진보 이념과 대북위협 인식, 교육수준, 성별, 임금수준, 뉴스청취시간, 정당일체감, 지역(호남 또는 영남) 변수를 사용하였다. 응답자의 보수-진보 이념, 대북위협 인식, 교육수준, 성별은 모든 모형에서 통계적으로 유의미한 결과를 보여주었다. 우선 이념변수가 양(+)의 값을 갖는다는 것은 응답자가 보수적일수록 대북 선제공격을 지지하는 경향이 있음을 말해준다. 일반적으로 보수적인 관점에서는 북한 자체가 개방 및 개혁을 원하지 않는 상황에서 북한을 대화의 상대로 여기는 정책이 문제라고 여기며 북한에 대하여 불신하기 때문에(강원택 2010, 64-65), 보수적인 응답자가 선제공격에 대하여 찬성한다고 할 수 있다. 반면에 교육수준 변수의 음(-)의 계수 값은 교육수준이 높을수록 선제공격의 효과를 믿지 않는다고 결론지을 수 있다. 또한 여성일수록 대북 선제공격에 대하여 반대하는 경향이 있음을 보여준다. 마지막으로 한국전쟁처럼 북한에 의한 대규모 전쟁 발발 가능성이 있다고 생각하는 응답자들은 유사시 선제공격이 더욱 필요하다고 인식하였다. 반면에 임금수준, 뉴스 청취시간, 집권당과의 정당일체감, 호남과 영남과 같은 지역 변수들은 통계적으로 유의미하지 않았다.

Ⅵ. 결론

　북한의 위협에 대처하는 여러 대북정책 중에서 유사시 선제공격을 할 수 있는가에 대한 논의는 선제타격 이후 전면전으로 확대될 수 있다는 위험 때문에 한국사회에서 많은 논란이 되어 왔다. 본 연구는 중국과의 사드갈등 및 북한의 핵개발로 한반도에서 북한발 전쟁위협이 점차 고조되었던 2017년 당시 조사되었던 '정당과 사회통합에 대한 국민의식조사'를 바탕으로 대북 선제타격에 대한 한국 국민들의 정치태도에 세대가 미치는 영향에 대하여 분석하였다. 본 연구에서는 정치사회화 시점을 기준으로 '촛불 세대', '월드컵 세대', 'IMF 세대', '386 세대', '유신 세대', '전후 산업화 세대' 등의 세대구분뿐만 아니라 언론 등에서 많이 쓰이는 10세 단위 연령집단을 기준으로 세대를 구분하여 선제타격 지지에 대한 세대 효과 및 연령 효과에 대하여 분석하였다.

　분석결과 다음과 같은 흥미로운 점을 발견하였다. 대북 선제공격에 대한 응답자의 정치태도는 세대 및 연령별로 매우 분명하게 차이를 보였다. 첫째, '촛불 세대'와 '20대'와 같이 젊은 세대들이 다른 세대들보다 대북 선제타격에 대하여 더욱 긍정적으로 인식하고 있음이 드러났다. 북한 핵실험, 미사일 위기, 개성공단 폐쇄 등과 같이 북한에 대하여 부정적인 정치적 사건들을 주로 경험한 젊은 세대들은 대북 선제타격을 북한의 위협을 막는 현실적인 방안으로 여기는 것으로 보인다. 둘째, 본 연구에서는 연령과 대북 선제타격에 대한 정치적 태도 사이에 U자형 관계(U-shape)가 있음을 확인하였다. 즉, 응답자가 50대 중반 이후의 고령층에서는 대북 선제공격에 대하여 오히려 찬성하였음이 밝혀졌다. 이러한 결과는 일정 부분 나이가 들어가면서 보수적 경향이 강화된다는 기존의 연구를 반영한다고 할 수 있다. 연령의 한계효과에 대한 예측확률(predicted probabilities)은 20대의 70% 이상이 선제공격에 대하여 긍정적으로 인식하고 있으며 50대 중반의 응답자는 47% 정도로 가장 낮은 인식을 갖고 있으며 70대는 50% 이상이 유사시 대북 선제공격을 찬성하는 것으로 나타났다.

끝으로 본 연구에서 드러난 세대 간 대북정책 선호 차이가 엄밀하게 세대 효과에 기인한 것인지 또는 연령 효과에 의한 것인지는 분명하지 않다. 이는 연령효과와 세대효과를 구분할만한 충분한 데이터가 확보되지 않았다는 한계로 인해 발생한 것이라 할 수 있겠다. 하지만 적어도 본 연구의 경험적 분석을 염두에 둘 때 한국사회가 고령화됨에 따라 보수화된 국민들이 점차 대북강경책을 선호할 것이라고 단순하게 결론짓기는 어려울 것 같다. 대신 본 연구에서는 비록 50대 중반 이후의 고령자들도 대북 선제공격을 더욱 지지하였지만 젊은 세대들 역시 압도적으로 대북 선제공격을 포함한 대북강경책을 정부가 고려할 수 있는 전략으로 여기는 것으로 드러났다. 적어도 대북 선제공격에 관한 정치적 태도를 고려할 때 '청년은 진보적이고 나이든 세대는 보수'라는 일반적인 도식은 더 이상 맞지 않는다고 할 수 있다. 따라서 대북정책에 대한 정치적 태도를 이해하는데 있어 청년세대가 어떠한 성향을 갖게 될지는 사회구조와 청년세대의 반응에 달려 있다고 말했던 만하임(Karl Mannheim)의 주장은 시사하는 바가 크다고 할 수 있다. 향후 연구에서는 데이터를 보완하거나 실험방법을 활용하여 세대 간 서로 다른 '형성사건(formative event)'이 대북정책에 미치는 인과적 메커니즘(causal mechanism)에 대하여 더욱 분명하게 규명할 계획이다.

참고문헌

강원택. 2003. "한국정치의 이념적 특성," 『한국정당학회보』, 2권 1호, pp.5-30.

강원택. 2010. "정치의식과 대북정책", 서울대학교 통일평화연구원, 『2010 통일의식 조사 발표: 통일의식 통일론 통일세』.

김병로. 2013. "통일 및 북한인식의 변화: 불안한 복귀, 천정을 치고 내려오다", pp.11-37. 2012통일의식조사 발표.

노환희·송정민·강원택. 2013. "한국 선거에서의 세대효과: 1997년부터 2012년까지의 대선을 중심으로", 『한국정당학회보』, 12권 1호, pp.113-140.

박원호. 2012. "유권자의 정치이념과 정책선호, 그리고 후보자 선택", 박찬욱·강원택 공편, 『2012년 국회의원 선거 분석』, pp.35-62. 서울: 나남.

박원호. 2013. "세대론의 전환: 제 18대 대통령 선거와 세대", 박찬욱·김지윤·우정엽 엮음, 『한국 유권자의 선택 2: 18대 대선』, pp.201-247. 아산정책연구원.

박정란. 2011. "세대별 통일의식과 통일준비", pp.115-156. 2011 통일의식조사 발표.

박지영·김선경. 2017. "북한대응을 통해서 본 한국인의 안보의식", 『Issue Brief』, 6, pp.1-16.

윤성이. 2006. "한국사회 이념갈등의 실체와 변화", 『국가전략』, 12권 2호, pp.168-182.

어수영. 2007. "세대와 투표양태", 어수영 편, 『한국의 선거V』. 서울: 오름.

이내영. 2002. "세대와 정치이념", 『사상』, 통권 54호, pp.53-79.

이현출. 2005. "한국 국민의 이념성향: 특성과 변화", 『한국정치학회보』, 39(2).

한관수, 장윤수. 2012. "한국의 보수와 진보의 대북관에 대한 연구", 『한국정치학회보』, 3, pp.63-88.

허석재. 2014. "세대교체와 북한인식의 변화: 코호트 분석", 『평화연구』, 가을 호.

Almond, Gabriel A. 1956. "Public Opinion and National Security Policy", *Public Opinion Quarterly,* 20(2), pp.371-378.

Beck, Paul A. 1984. "Young vs. Old in 1984: Generations and Life Stages in Presidential Nomination Politics", *PS,* 17(3), pp.515-524.

Bennet, Bruce. 2012. "Deterring North Korea from Using WMD in Future Conflicts and Crises", *Strategic Studies Quarterly,* 6(4), pp.119-151.

Chang, Kiyoung and Lee Choongkoo. 2017. "North Korea and the East Asian Security Order: Competing Views on What South Korea Ought to Do", *Pacific Review,* forthcoming.

Cohen, Bernard C. 1973. *The Public Impact on Foreign Policy.* Boston, MA: Little Brown and Co.

Erikson, Robert S. and Kent L. Tedin. 2005. American Public Opinion: *Its Origins, Content, and Impact,* 7th Edition. New York: Pearson Education.

Holsti, Ole R. 1992. "Public Opinion and Foreign Policy: Challenges to the Almond-Lippmann Consensus", *International Studies Quarterly,* 36(4), pp.439-466.

Holsti, Ole R. 1996. *Public Opinion and American Foreign Policy.* Ann Arbor. MI: University of Michigan Press.

Huntington, Samuel. 1974. "Paradigms of American Politics: Beyond the One, the Two, and the Many", *Political Science Quarterly*, 89(1), pp.1-26.

Kang, David C. 2003. "International Relations Theory and the Second Korean War", *International Studies Quarterly*, 47(3), pp.301-324.

Kydd, Andrew H. 2015. "Pulling the Plug: Can There be a Deal with China on Korean Unification?", *The Washington Quarterly*, 38(2), pp.63-77.

Lippmann, Walter. 1949. *Public Opinion*. New York, NY: Alfred A. Knopf.

Luecke, Tim. 2014. "Political Generations in American Politics: Insights from Research in International Relations", *The Forum*, 12(3), pp.447-463.

Mannheim, Karl. 1997[1952]. "The Problem of Generations", In *Studying Aging and Social Change*, edited by Melissa A. Hardy. London, U.K.: Sage Publications.

Morgan, Patrick M. 2003. *Deterrence Now*. Cambridge: Cambridge University Press.

Putnam, Robert. 2000. *Bowling Alone: The Collapse and Revival of American Community*. New York: Simon and Schuster.

Schlesinger, Arthur M. 1986. *The Cycles of American History*. New York: Houghton Mifflin.

Schuman, Howard and Amy Corning. 2012. "Generational Memory and the Critical Period: Evidence for National and World Events", *Public Opinion Quarterly*, 76(1), pp.1-31.

Snyder, Glenn H. 1961. *Deterrence and Defense: Toward a Theory of National Security*. Princeton. NJ: Princeton University Press.

Tilley, James and Geoffrey Evans. 2014. "Aging and Generational Effects on Vote Choice: Combining Cross-Sectional and Panel Data to Estimate APC Effects", *Electoral Studies*, 33, pp.19-27.

Tomz, Michael, Jessica Weeks, and Keren Yarhi-Milo. 2017. "How Does Public Opinion Affect Foreign Policy in Democracies?". Working Paper.